AF189352

Berchtold Friedrich von Haller, Johann Georg Heinzmann

Beschreibung der Stadt und Republik Bern

Berchtold Friedrich von Haller, Johann Georg Heinzmann

Beschreibung der Stadt und Republik Bern

ISBN/EAN: 9783743668836

Hergestellt in Europa, USA, Kanada, Australien, Japan

Cover: Foto ©ninafisch / pixelio.de

Weitere Bücher finden Sie auf **www.hansebooks.com**

Beschreibung
der
Stadt und Republik
Bern.

Zweyter Theil.

Welcher auch verschiedene wichtige Verbesserungen und Zusätze zum ersten Theil enthält.

das grosse Kornmagazin.

Bern, bey der typograph. Societät, neben dem Hotel,
1796.

Vorbericht.

Es war leicht voraus zu sehen, daß die im vorigen Jahre im Druck erschienene Beschreibung der Stadt und Republik Bern, mannigfaltige Berichtigungen und Zusätze erleiden würde, besonders wenn die allgemeine Stimme des Publikums über sie ergangen, und zu ihrer Vervollkommnung mehrere Männer mitwirken wollten. Die Verleger dieses Buchs, haben sich alle erdenkliche Mühe gegeben, nicht nur von bekannten Literatoren und Landskundigen, Verbesserungen einzuholen, sondern sie haben auch jeden Käufer aufgefordert, die Lücken zu bemerken, damit die gleich anfänglich versprochenen Zusätze und Berichtigungen auf das best=möglichste erscheinen könnten. Nun ist es ein vollständiges Jahr, seitdem das Buch ausgegeben worden, und man nöthiget uns von allen Seiten, unser Versprechen endlich zu erfüllen. Wir geben also in nachfolgenden Blättern, was wir theils selbst mit vieler Aufmerksamkeit haben entdecken können, theils dasjenige was uns von Vaterlandsfreunden zugekommen, die mit Wohlwollen, Güte und Nachsicht unserer Bitte haben Gehör geben wollen. Mit gebührendem und herzlichem Danke erkennen wir diese Gewogenheit; und solchen brafen, edlen Patrioten etwas zu verdanken haben, ist eine süße Empfindung.

Bern den 10ten Weinmonats 1795.

Innhalt des zweyten Theils.

*) Die Kriegsthaten der Berner in vorigen Zeiten und die Geschichte der Stadt, enthält das kürzlich in Bern gedruckte Kroniklein ziemlich vollständig. Der Titel ist: Kleine Kronik für Schweizer, mit 23 Kupferstichen 1795.

)(

Seite

Noch einige Verbesserungen zum 2ten Theil.

Seite 13, unten, Röhre ꝛc. lies Kanäle. Seite 51, schreibe deCrousaz; de Cerja; von Herrenschwand; von Lerber; de Vigneule. Seite 90 oben, 350 tausend Kronen (jährlich) ein. Seite 358 und 359, dem kleinen Rath kommen die Todesurtheile auf dem Lande alle zu. Seite 369, Sanen hat nur 4 Hauptthäler; die übrigen kann man nur Hohlwege nennen. Saanen, G'steig, Lauenen, Ablentschen, diß sind Thäler. Die Volksmenge ist auch nicht 9, sondern höchstens 6 tausend Seelen; denn es sind nur gegen 9 hundert Mann zur Miliz eingeschrieben; die übrigen sind Greiße oder Kinder, Weiber und Mädchen. Seite 370. Ein Kenner von Aelen behauptet, daß auch hier die Einwohner dem Trunk höchst ergeben sind; also das Lob der Wohlhabenheit nur auf wenige paßt.

Folgende Zahlenfehler, bitte ich vor dem Gebrauch mit der Feder zu ändern.

Seite 49 unten 12 statt 16. Seite 158, 24 statt 23 Artillerie Komp. Seite 365, 3 statt 5 Stunden. Seite 366, 6 statt 10 Stunden lang. Seite 369, unten, 6 nicht 9 tausend Seelen; und 4, nicht 8 Kirchspiele. Seite 380, unten, 1200, 1500.

Anbau und Geschichte der Stadt.

(Zu Seite 1 : 4.)

Daß dem Erbauer von Bern, Berchtold V. seine Söhne vom Adel vergiftet worden, hat Schöpflin in der Historia Zæringo-Badensis, auch Herr Prof. Walther in einer besondern Schrift widerlegt. Schon lange glaubte auch kein Mensch mehr an diese alte Volkssage, ob sie gleich in allen Geschichtsbüchern als Volkssage noch vorkommt, und auch bey der Beschreibung von Bern sich mit eingeschlichen hat. Man hat uns dagegen vorgehalten: der Zweck Berchtolds V. bey Erbauung der Stadt, sey

1) Nicht Rache gegen den Adel, wegen Vergiftung seiner Söhne;
2) Nicht Bezähmung der Tyranney des größern und zu mächtigen Adels *);

---

*) Doch muß der benachbarte Adel diese Erbauung ungern gesehen haben, weil die Berner sogleich Krieg mit ihnen bekommen; und der Graf von Savoyen sie gegen die Ueber

3) Auch nicht Zusicherung eines Zufluchtsorts für Unterdrückte *)

gewesen. —

Man sehe die Schriften Herrn Professor Walthers, wo umständlich und gut darüber gehandelt wird. Auch mag man in Müllers Schweizergeschichte, 1ter Theil, nachlesen, wie er die Sache erklären will.

Die Ableitung des Namens der Stadt von der Geschichte des Bärenfangs, ist eben so ein abgeschmacktes Histörchen. Bern war schon vor dem Jahr 1191 ein bewohnter Ort. Die Nydeck war lange schon ein Schloß, auch die Matte stand wirklich.

Was die alte Stein-Inschrift am untern Thor sagen wollte: Hir erst Bärn Fäm. — War wahrscheinlich nichts weiter, als das Gränzzeichen des Weichbildes der Stadt.

Die Edlen von Tentenberg haben kurz nach Erbauung der Stadt, die Mühlen samt dem großen Damm anlegen lassen; sie kamen hernach durch Erbschaft an die Edlen von Bubenberg. (Dadurch wird berichtiget was Seite 14 irrig stehet.)

Das Stift führt seinen Namen von den Chorherrn, die hier gewohnt haben, als Bern noch katholisch war.

---

macht ihrer Feinde schützen mußte. Haben die Edelleute ihnen doch auch nicht erlauben wollen, eine Brücke über die Aare zu bauen.

*) Und doch waren alle, die ein Jahr in Bern gewohnt haben, als Freye anerkannt, und von der Leibeigenschaft gerettet. — Laut Kayserl. Bestätigungs-Brief. —

Es wurde etwa 40 Jahre vor der Reformation zuerst erbauet; (wie es jezt ist, sehe man Seite 16.)

Den wohlfeilen Anbau der Stadt nach dem Brande erleichterten die in der Nähe liegenden großen Sandsteine. Sie können noch jezt mit geringen Kosten herbeygeschaft werden. Daß diese weißgrauen Steine, woraus unsre Häuser erbauet sind, die Ursache eines unerträglichen und der Gesundheit nachtheiligen Grades der Hitze seyn sollten, wie der Verfasser der Beschr. von Bern (Seite 6) behauptet, leuchtet wenigen ein. Ja es streitet gegen die Erfahrung.

In den letzten 30 Jahren hat die Stadt ihre schönsten Häuser bekommen; und man bauet noch stets fort. Die Häuser in der Stadt, besonders die Größern, sind ungeachtet der Erhöhung der Hausmiethe, immer noch im gleichen Preise wie vor 30 und 40 Jahren; hingegen fühlt man fast allgemein eine Theurung in den Hausmiethen, seitdem eine Menge von Fremden, durch die französische und Genferische Revolution hieher gekommen sind. Die ältern Einwohner fühlen sich eng und theuer. Denn wer etwas zu vermiethen hat' giebt es lieber an Fremde die theuer bezahlen, oder für welche man möblirte Zimmer um hohen Preis hält. Dies Gewerb treiben selbst Leute, die keine eigene Häuser haben und solche miethen; es wird ein Zweig ihrer Nahrung: daß sie, wo ein weites Logis zu haben ist, es an sich ziehen und damit wuchern. —

Was vor 2 hundert Jahren die Häuser zu Bern galten, mag folgende kleine Probe zeigen:

Im Jahr 1539 verkaufte Hans Lenzburger, Bürger zu Freyburg, um 1360 Goldkronen das Haus zum Falken; welches in vorigen Zeiten das Haus und Herberge des Bischofs von Lausanne gewesen.

Im Jahr 1560 ward die Wirthschaft zum Schlüssel um 2 tausend Pfund verkauft.

1565. Die Wirthschaft zur Kronen galt 7000 Pfund, und wurde zehn Jahre darauf mit 2 tausend Pfund Verlust abermals verkauft à 5000 Pfund.

Merkwürdig ist es, daß vor ein paar hundert Jahren ein starker Graben mitten durch die Stadt gieng, nämlich schreg über, vom Marzilithor gegen die Promenade; und da wo jezt das große Korn-Magazin stehet, war ein Thiergraben. Eine Brücke verband die untere Stadt mit der obern. Mit dem Schutt von dem großen Brand füllte man den Graben aus. Als man die Fundamente zum neuen Kornhaus im Jahr 1711 legte, fand man noch viele Stellen dieser alten Mauerwerke, und einen Theil der alten Brücke. —

Ich kann nicht unterlassen, über die Grundsätze der ersten Stifter von Bern hier noch beyzufügen, was vor etwa 25 Jahren ein brafer Berner mit voller Brust und warmer Empfindung gesagt hat. In der patriotischen Rede vor dem aussern Stande, von Hrn. Chorschreiber R. Tschiffeli, sel. heißt es unter anderm :.

„Bern hat in seinen drey bis vier ersten Jahrhunderten ein größeres Schicksal als Rom in dem gleichen Zeitraum erlebt: Waren die kleinen Städte Latiums schwerer zu besiegen als der hartnäckige, unversöhnliche, stolze Schwarm der um Bern her gelegenen benachbarten Grafen, Fürsten und Herrn, deren Stolz zuerst bey Laupen gedemüthiget worden, und die durch alle folgende Zeiten an den Bernern unversöhnliche Feinde und kühne Bezwinger fanden; deren weite Länder nun seit mehr als 3 Jahrhunderten dem Berner Scepter gehorchen? Welcher Römer war herzhafter als der Biderbe von Greyers; wo war ein größerer Heerführer als Ulrich von Erlach; wo ein redlicherer Magistrat als Fränkli der Seckelmeister; wo ein tugendhafterer Bürger als Adrian von Bubenberg? Die Mauren des stolzen Roms können sie sich, wie unsere Wälle rühmen, daß sie niemals erstiegen worden?

Die scheußlichen Abschilderungen die uns die Mönche von dem Charakter des Erbauers von Bern, Berchtold dem V. machen, ist uns Beweis genug, und ein untrüglicher Beweis, daß er einer der würdigsten und seltensten Männer seiner Zeit war, der uns von den tückischen und hungrigen Anfällen der weltlichen und geistlichen Tyrannen zu verwahren suchte. Er war ein wahrhaft fürstlicher Mann, der keine andere Ehre kannte als die Sicherheit und das Wohl des ihm anvertrauten burgundischen Volkes — aus dessen Mitte wir empor gewachsen. Er war zu groß, zu reich, zu mächtig, zu gerecht, als daß er das Vermögen seiner Untergebenen hätte antasten lassen sollen. — Sollte es jemand noch in Zweifel ziehen, daß Bern einen solchen Wohlthäter hatte — so steige man hinauf zu dem Anfang unsrer Geschichte. — Man betrachte die Stiftung unsrer Vaterstadt, ihre Aufnahme, und ihren heutigen Zustand! —

An einem fast unmerklich erhabenen Orte, auf dreyen Seiten durch den schnellfliessenden Fluß, und an der vierten durch Gräben und Mauern befestiget, legte der weise Herzog die neue Freystadt an. Diese Zuflucht, die seine Menschenliebe, seine beschützende Gerechtigkeit, den Bedrängten von allen Ständen öfnet, ist eben so sicher, eben so heilig, als die Hörner des Israelitischen Altars. Auf dem freyen Boden des römischen Reichs erbaut, stark durch ihre vortheilhafte Lage, noch stärker durch den gewaltigen Schutz ihres mächtigen Stifters, wird die Stadt in wenigen Jahren mit Einwohnern, mit Bürgern, angefüllet.

Nicht nur bedrängte Landmänner, gleich dem Vieh gehaltene leibeigene Leute aus Dörfern und Städten, sondern selbst eine Menge des in Uechtland sitzenden gedruckten Adels, flüchteten sich in ihre Mauren. Durch die Erfahrung belehret, bringt ein jeder die Empfindung eines ächten Republikaners, den Abscheu vor Gewalt und Tyranney, in seinem Busen mit. Jeder fühlet den Schmerz seines neuen Mitbürgers in dem eigenen vormals erlittenen Unrechte. Jeder segnet die erworbene Freyheit, den Nachdruck der gemeinsamen Vertheidigung, den rettenden Fürsten. Berchtold höret sie, lächelt ihnen Muth und Beyfall zu, und gründet auf diese Stützen unsern noch heute blühenden Freystaat.

Kaum hatte der großmüthige Stifter seine Augen geschlossen, und seine verwaisete Stadt die ersten Thränen verweint, als sie das doppelte Glück hatte, von dem Kayser die Bestätigung ihrer Freyheiten zu erhalten, und ihrem Abgesandten, Herrn Walthern von Aeschibach, den edelsten Beweis ihrer Dankbarkeit zu erstatten. In ihm erwählte man den ersten Schultheissen.. Glückselige Staaten, wo sich die Grösse der Belohnung nach der Grösse der Verdienste messen darf!

Diese Freyheiten, diese ursprüngliche Rechte der Stadt, verdienen die gröste Aufmerksamkeit. In ihnen liegt der Grund unserer spätern Wohlfahrt. Das Erbrecht der Eheleute; das Verbot fremder Richter, in Streitigkeiten zwischen Bürgern; die gesetzte Schmach auf die Verletzung des Ehrenworts und des Gastrechts; die gesetzliche Verbannung lüderlicher Haushälter *); die Bürgerspflicht, ein eigenes Haus in der Stadt zu besitzen, sind Verordnungen, die das Band der Mitbürger noch enger und ehrwürdiger, und aus allen Geschlechtern gleichsam eine einzige Familie machen mußten.

*) Wer seine Schulden nicht bezahlen konnte, hatte sein Bürgerrecht verlohren.

Was aber zu der täglichen Vermehrung der Bürgerschaft und der Stärke des Staates am meisten beygetragen hat, war das edle große Vorrecht, daß jeder Leibeigene, wenn er ein Jahr in der Stadt Bern gesessen war, die Freyheit, das erste und edelste Kleinod der Menschheit, wieder erworben hatte. Welch ein stechender Dorn in den Augen der umliegenden kleinen Tyrannen! Welch ein mächtiger Beweggrund, die Mauren zu zerstören, hinter welchen sich ihre Unterthanen vor dem Uebermaaß ihres Muthwillens und ihrer Eigenmacht sichern und schirmen konnten. Denn Bern trug den edeln Namen einer Freystadt nicht vergebens. Sie hatte Muth und Kräfte genug, die Flüchtlinge wider ungerechten Angriff zu schützen. Kaum ein halbes Jahrhundert nach ihrer Erbauung hatte sie wirklich das wichtige Amt eines Procuratoris Burgundiæ erhalten. Ein Amt, welchem sie, wie mir scheinet, die ersten hohen Rechte über die vier Landgerichte zu verdanken hat..."

Lage und Klima.

(Zu Seite 4.)

Sulzer beobachtete, als er das letztemal in Bern war, im Jahr 1776: die Gegend um Bern herum ist von Natur wild, mit mannigfaltiger Abwechselung von Bergen, Thälern, Wäldern, Aeckern und Triften. Ehe das Land angebaut worden, mag es eine fürchterliche Wildniß gewesen seyn. Jezt ist diese Wildniß in eine höchst angenehme Landschaft verwandelt." —

Unser Stadtbach trägt nicht wenig zur Reinheit der Luft bey *). Hingegen sind wir sehr den Nordwinden (la Bise) ausgesetzt; diese schneidende, rauhe Winde durchstürmen unsre Lauben oder Arkaden mit Heftigkeit; und man kann viele endemische Uebel daher zur Ursache annehmen. So findet man bey uns auch viele Leute mit schlechten Zähnen; und Zahnschmerzen sind fast durchgängig sehr Mode; vorzüglich leiden daran die Bewohner auf den Seiten der Aare. Rheumatische Uebel sind also die Folgen dieses Klimas.

Luzern liegt den Schneegebürgen viel näher als Bern; und doch ist es um ein gutes wärmer. Die Kälte des Berner Klima rührt her:

1) Von seiner hohen Lage; und

2) Vorzüglich von seiner örtlichen Lage (Exposition.)

Diese machen Bern zu einem der kältesten Orte von gleicher Erhöhung.

---

*) Dieser Stadtbach, welcher auch durch alle Nebengassen streicht, wird noch durch Röhre unter die Häuser geleitet, um die Unreinlichkeiten der Sekrete wegzuschwemmen. Er giebt nicht nur Erfrischung bey der Sommerhitze, sondern ist auch bey Feuersbrünsten sehr bequem, da er, wenn man ihn schwellt, Wasser genug liefert.

Bauart.

(Zu Seite 5.)

Bern, wie die Stadt heut zu Tage stehet, ist im fünfzehenden Jahrhundert neu aufgebaut worden, da durch eine allgemeine Feuersbrunst im Jahr 1405 fünfhundert und fünfzig Häuser im Rauch aufgiengen *). Die alten Gebäude waren meistens schlecht und von Holz. Im Jahr 1575 brannten abermals 43 Häuser ab; und die letzte merkwürdige Brunst hatten wir 1678, wo 30 Häuser in Asche verwandelt worden. Die geraden und breiten Straßen, sind also nicht auf Rechnung der ersten Erbauer der Stadt zu setzen.

Lange nach den Burgundischen Kriegen hat die Stadt ihre Festungswerke erhalten: von der Seite gegen das Welschland war sie fast offen. Im Jahr 1622 fieng man den Bau an, und kaum sind es 100 Jahre, daß die obere Schanz vollendet stehet.

Ueber die Arkaden giebt es, wie über alles in der Welt, mancherley Meynungen. Sie haben ihr bequemes und ihr unbequemes. Bequem ist das Gehen darunter bey schlechtem Wetter, aber unbequem das gedruckte Aufeinanderstoßen, wenn die Volksmenge sich

*) In diesem Brand verlohr die Stadt ihre alte Urkunden und Schriften, daher wissen wir so wenig von den ersten Stiftern und Gründern unsrer Republik.

häuft, oder um Mittagszeit die Arbeitsleute und die Kostgänger sich alle begegnen, und zu Ceremonien und Complimenten gezwungen werden, die man zwar wohl unterlassen könnte; aber nicht gerne gegen Bekannte und Angesehene nach den Regeln der guten Lebensart unterlassen darf.. — Bequem sind die Lauben des Nachts wenn die Lichter brennen; unbequem, wenn sie erloschen sind, und man wie in Todtengewölbern gehet; sonderlich spät, wenn keine Leute mehr sich hören und sehen lassen; bequem sind die Lauben für die Besitzer der Häuser, die aus ihren Läden bessere Hausmiethe ziehen, aber unbequem für die Hausleute selbst, die dadurch enge Eingänge und dunkle Stegen erhalten; bequem sind die Lauben für Kaufleute und Krämer, die ihre Waaren im Trocknen auspacken und vor der Nässe und dem Wetter besser schützen können; aber unbequem sind sie im höchsten Grade beym Einkauf der Waaren, da man die Güte oder Schlechtigkeit bey dem gebrochenen Lichte nicht erkennen kann; oft an dunkeln Tagen, muß das Kerzenlicht fast den ganzen Tag in den hintern Komtoiren brennen; in diese Niederlagen kann auch die Sonne nie eindringen, sie sind feucht, und für die Waaren und die Bewohner schädlich.

Daß diese Bauart von Arkaden aus den Zeiten der Kreuzzüge zu uns gekommen, ist eine Vermuthung, die man sich wohl erlauben kann, da wir nichts gewisses darüber aufgezeichnet finden. Viele alte Städte in Deutschland und der Schweiz haben diese Bauart. Doch ahmt man sie in neuen Zeiten selten nach. Vermuthlich sah man die größere Unbequemlichkeit ein. Die alten Landstädte, haben sie noch; hingegen da wo ganze Quartiere von den Feuersbrünsten aufgeräumt worden, sind die neuern Gaßen nicht mehr in diesem Styl aufgeführt. Man sehe Aarau, Lenzburg, Nidau u. s. w.

Merkwürdige Gebäude der Stadt.

(Man sehe im 1n Band Seite 11 bis 59.)

1.

Das neue Chorhaus und Stift.

(Zu Seite 15. der Beschreib. von Bern. 1r Band.)

In dem Chorhaus welches die ganze Breite des Münster-Platzes ausmacht, und im Rücken eine herrliche Aussicht gegen die Gebürge hat, wohnen im Stock neben dem Kirchhof der Herr Chorschreiber, und einer der Stadtgeistlichen; daselbst versammelt sich auch das Ehe- oder Chorgericht. In der Mitte des Gebäudes, au Corps de logis, ist das sogenannte Stift, darinn wohnt der Hr. Stiftschaffner, (eine Art Landvogtey über die vormaligen Klostergüter, die zum Münster gehörten); im andern Flügel gegen die Stege, wohnt der Herr Dekan, oder oberste Pfarrer.

Bibliothek.

(Zu Seite 19 = 21.)

Man siehet beyden nun hierzu dienenden Gebäuden sogleich an, daß sie weder zu gleicher Zeit, noch nach einem übereinstimmenden Plan sind gebaut worden.

In der Bildergallerie sind weder Reformatoren- noch Dekanen- noch Professoren-Portraits befindlich: nur Hallers und Morells Portraite aus der gelehrten Welt.

Das Naturaliencabinet füllt ein eigenes kleines Zimmer an; wird aber gegenwärtig so vermehret, daß man bald noch ein anderes Zimmer dazu wird bestimmen müßen.

In einem eigenen Schrank werden viele Merkwürdigkeiten von den freundschaftlichen und Sandwichs-Inseln, auch von Nootkasound, als Kleidungen, Hausgeräthe, Wafen, u. dergl. aufbewahrt. Ein Geschenk des durch seine schönen Gemählde zu der lezten Cookischen Reisebeschreibung berühmten Webers, welcher Bürger von Bern, und in seiner ersten Jugend ein Schüler von Aberli war. Er starb, allgemein bedauert, in der Blüthe seiner Jahre, zu London im Frühjahr 1793.

Zwey andere große Schränke in eben diesem Zimmer enthalten eine schon ziemlich schöne Sammlung von Conchylien, vielerley Meeresprodukte, und vorzüglich schöne Mineralien, unter welchen leztern sich einige ausserordentlich große Quarzkristalle auszeichnen, die am Fuße des Zinkenberges in der Nachbarschaft der Grimsel sind gegraben worden. Eine ansehnliche Suite von italiänischen, französischen, badenschen ꝛc. Marmortäfelchen, von Gebürgs- und Erzarten aus dem Bleybergwerk in Lauterbrunnen ꝛc. Da schon verschiedene beträchtliche Geschenke von Naturseltenheiten an die Bibliothek gemacht worden, und man zur Vermehrung dieses Kabinetes gute Anstalten getroffen hat; so wird dasselbe in einigen Jahren, besonders an bernischen Produkten, reich und unterrichtend werden.

Ein kleines Crocodil, das gewundene Horn des Narvalls (Monodon Monoceros), ein ganzer Störfisch, der Kopf des Wallroses (Trichecus Rosmarus) mit seinen zwey langen hervorstehenden Hauzähnen, verschiedene Waffen, Körbe, Zierrathen, von den Süd-Indischen Inseln, zieren die Wände dieses Kabinetes.

Die Sammlungen von Münzen, Medaillen, Antiquitäten ꝛc. werden auch in einem eigenen Zimmer aufgestellt werden.

Die Insel oder das Krankenhaus.

(Zu Seite 27.)

Der Namen Insel kommt her von dem an diesem Ort gestandenen Nonnenkloster, die Insel genannt. Es waren zu Brunnadern auf einer kleinen Insel die Klosterfrauen wohnhaft, die sich nach Bern geflüchtet und zu grösserer Sicherheit hernach dies Kloster gebaut haben. Jezt ist diese Insel ein Krankenspital; lange noch brauchte man das alte Klostergebäude; da es aber den

17 Juny 1713 größtentheils abgebrannt, so entschloß sich die Regierung, und setzte sogleich 50 tausend Bernkronen dafür aus, ein neues, bequemes Krankenhaus zu errichten. 1718 den 28 Januar wurde der Grundstein gelegt. Im May 1720 stund es fertig da. Aller Hausrath, alle Betten wurden neu angeschaft. Den Plan des Baues hat ein Baumeister von Bregenz, Namens Bär entworfen, und Werkmeister Dünz hat solchen ausgeführt. —

In dieses Krankenhaus werden nicht nur arme Kranke aus der Bürgerschaft, sondern auch Fremde uud Landleute, Dienstboten, Gesellen, verunglückte Reisende aufgenommen. Vorzüglich aber kommen dahin die kranken Unterthanen aus dem ganzen Kanton Bern, die mit einer schweren, aber heilbaren Krankheit befallen werden. Die Landsgemeinden liefern dahin Eyer, Hüner, Obst. Auch besitzt dieses Haus grose Einkünfte von Gütern und Zehenden.

Ein eigener Operator, oder Wundarzt wohnt in einer freyen Wohnung gegen der Insel über. Ausser demselben aber sind 6 Stadtärzte bestellt, wovon jeder seine Reihe hat (die 2 ältesten ein ganzes Jahr, die 4 jüngern aber, ein jeder 4 Monate), welche als Ordinarii des Hauses täglich 2 mal dahin gehen, alle Kranke besuchen; und dafür ein gewisses Einkommen haben. Auch 3 Stadt-Chirurgen gehen da ein und aus. Es ist keine Operation, welche in diesem Hause nicht schon geschehen, und wo die Möglichkeit der Heilung, auch der schwersten Fälle nicht versucht worden wäre.

„Vielleicht (sagt Hirschfeld) ist diese wohlthätige Anstalt, die einzige in der Christenheit, und welche der Berner Regierung in der That große Ehre macht; denn hier werden Einheimische wie Fremde mit gleicher Sorgfalt behandelt. (Aller Unterschied von Landskind oder Ausländer fällt hier weg; man siehet nur den leidenden Zustand des Menschen an, sein dringendes Bedürfniß, und alle andere Rücksichten verschwinden). Hier finden also nebst den Armen vom Lande und aus der Stadt, vorzüglich auch fremde Kranke — ihre Pflege und Unterhalt, ohne Ansehung der Religion und des Vaterlandes. Wenn ein solcher armer Kranker wieder genesen ist, giebt man ihm Kleidung, Wäsche und Reisegeld, oft auch Empfehlungsbriefe, daß er seinen Weg weiter fortsetzen könne.“ — Ich weiß der Fälle, wo solchen Schwerkurirten und ganz hülflosen Kranken zu 6 und 10 Neuenthalern gegeben worden.

Spital zwischen den Thoren.

(Zu Seite 28.)

An dem Ort wo jezt der Spital stehet, war sonst ein Kloster der barmherzigen Brüder, wo also auch Kranke gepflegt worden: diese sogenannte fromme Brüder sind aber in der Folge der Zeit solche ärgerliche Buben geworden, daß kein ehrlicher Mensch mehr zu ihnen gebracht seyn wollte. So schön die Stiftung an sich selbst war, so hat der zunehmende Reichthum des Klosters sie alle verderbt. Durch viele Stiftungen gottseliger Leute, sind sie reich geworden, und so trieben sie Hochmuth und das schändlichste und wollüstigste Leben; es waren stolze Bettler und schamlose Säufer und Hurer. — Daher die Obrigkeit damaliger Zeit im Jahr 1506 sich in einem Schreiben an die Ordensbrüder also ausdrückt: „Wo euer Vorsteher nicht dazu „thut, daß es mit diesen Bachusgesellen besser werde, „so werden wir das ganze Gebäude niederreißen, wel„ches von Bürgerstiftung erbauet, und durch ihr Almo„sen ernährt worden, denn das Volk sey müde, durch „solche elende Prahler und Schwelger sich noch ferner „mißbrauchen und zu Aergernißen verleiten zu lassen. „Die Obrigkeit werde nicht länger zusehen, wie durch „diese Greuel, die Sitten des gemeinen Mannes im„mer mehr und mehr verderbt werden." — Bald darauf ward dieses Haus verändert, und unter die Aufsicht der Obrigkeit gesetzt. — Es kamen viele neue Stiftungsgelder ein, die von wohlthätigen Menschen dahin gegeben worden, dadurch ward es bald zu einem reichen Spital. Der Platz ward zu enge und das Gebäude wurde alt; also dachte man im Jahr 1722 zuerst daran ein neues Gebäude aufzuführen. Die Berathschlagungen giengen bis aufs Jahr 1731, wo man endlich zum Entschluß kam, und an der Spitalmatte, ausser der Stadt, nahe bey der Ziegelhütte den Bau aufführen wollte. Als man Hand ans Werk legte, fanden sich aber unübersteigliche Hindernisse; es ward auch für unschicklich angesehen, ein Haus, das den Stadtarmen bestimmt war, ausser der Stadt zu verlegen. Man wählte also die heutige Spitalgaße dazu, gerade neben der heil. Geist Kirche. Hier kaufte man eine ganze Reihe alter Häuser, die man abriß, und schon war man mit dem Aufbauen beschäftiget, als der unvermuthete neue Vorschlag allgemeinen Beyfall fand, den großen Platz zwischen den Thoren dazu anzuwenden — die alten Baracken die dort stunden abzureißen. Ein französischer Baumeister, Abeille, machte den Plan, und so ward das Werk schon im Jahr 1734 angefangen, den 17 May das Fundament gegraben; den 22 July der Grundstein gelegt; 1737 am 23 December stund es bereits unter Dach. 188 Arbeitsleute zogen an diesem Tage frölich durch die Stadt, und feyerten die Beendigung des Baues durch ein allgemeines Jubelfest. —

1742 ward das Gebäude zu bewohnen angefangen. Aber bald sah man mit Bedauren, daß die Sandsteine zu verwitten anfiengen, und der Salpeter sie noch mehr zerstöre; man mußte fürchten das Gebäude bald sinken zu sehen. Es ward allerley versucht; aber kein Mittel half. Endlich sah man sich nolens volens genöthiget im Jahr 1782 einen neuen Untersatz von wildem Marmor zu legen; und nun stehet das Gebäude solide für manches Menschenalter.

Dieses jezt so schöne Gebäude, ist eines der weitläuftigsten in der Stadt. Es enthält 80 warme Zimmer. Die Obrigkeit gab gleich anfänglich zum Bau 140 tausend Thaler her.

Das neue Kornhaus, neben dem neuerbauten Knaben-Waysenhaus, ist für den Spital erbaut worden, und zwar nicht auf Kosten der Regierung, sondern aus dem Fond des Spitals.

Das große Kornmagazin beym untern Graben, welches wir in Kupfer gestochen auf den Titel dieses zweyten Theils setzen, ist in der Beschreibung von Bern, Seite 24, beschrieben. Hier fügen wir noch bey, daß das unterste Stockwerk ein mit vielen Pfeilern unterstüztes Gewölbe ist, sehr gut gepflastert, geräumig, durchaus helle und zum Fruchtverkauf vorzüglich gut angelegt. — Das Weinmagazin, das darunter liegt, und Seite 26 beschrieben ist, enthält nicht Weine zum Verkauf, sondern die Zehenden- oder Domänen-Weine — womit die Regierung die Weinbesoldungen in Natura ausrichtet.

Zu Seite 47. Nicht die Unbequemlichkeit den Schatz und das Archiv des Staates zu transportiren, sondern andere wichtigere Ursachen haben bisher den Bau eines neuen Rathhauses aufgehalten. Vorzüglich die grossen Ausgaben die dieses Gebäude erfordern würde, und vorzüglich auch, daß ein geschmackvolles und prächtiges Rathhaus bey den Patriziern den Geschmack an der edlen Einfalt ihrer Privathäuser verderben, Pracht und Luxus aber noch mehr befördern möchte. Viele Berner sehen auch das alte Rathhaus, auf welchem jeder Saal, jedes Gemählde irgend eine merkwürdige Scene aus der vaterländischen Geschichte ins Gedächtniß zurückruft, und in welchem ihre Voreltern so viele große und gute Entschlüße gefasset, als eine Art von ehrwürdigem Heiligthum an, das nicht ohne absolute Nothwendigkeit abgeschaft werden sollte.

Zu Seite 52. Nur die Reitschule beym Ballhaus, hat Hr. J. F. Fischer der Bereuter aufführen lassen, hingegen die neue Reitschule so neben dem großen Kornhaus stehet, ist ein obrigkeitliches Gebäude, und ist auch viel ansehnlicher als das alte, so nunmehr ganz eingegangen ist. —

Zu Seite 53. Das Ballenhaus ist lezthin zu Handen des Krankenspitals (der Insul) zu Anlage eines neuen Kornhauses angekauft worden.

Die Zuchthäuser.

(Man sehe Seite 33 - 42. der Beschreib. von Bern.)

Die erste Stiftung des Zuchthauses zu Bern, das noch jezt den Namen Schallenhaus trägt, ist nicht bekannt. Die ältesten gewissen Nachrichten davon geben doch bis ins Jahr 1615 zurück. Von den Jahren 1624 und 1631 hat man schon ordentliche obwohl etwas unvollständige Zuchthausordnungen. Damals wurden Verbrecher, Bettler, Landstreicher, herumschweifende Dirnen ohne Unterschied in das gleiche Zuchthaus aufgenommen. Ihre Arbeit bestand in Säuberung der Strassen der Stadt. An täglicher Nahrung erhielt jeder Gefangene zwey Pfund Brod und eine halbe Maaß Suppe, doch mußten die Vermögenden diese Kost bezahlen. Nachdem erlitten aber jene Verordnungen noch manche Abänderungen. Eine Erkanntniß von 1753 bestimmte die Arbeitsstunden für den Sommer auf eilf und für den Winter auf zehn; diejenigen Weibspersonen aber, die blos zum Spinnen gehalten wurden, mußten noch zwey Stunden mehr arbeiten. 1763 traf man eine Sonderung der Gefangenen. Man errichtete damals, gleich neben dem Schallenhaus, ein neues Gebäude, dem man den Namen des äussern Zuchthauses beylegte, und das man für solche Leute bestimmte, die sich nur geringer Vergehen schuldig machen würden. Auch ward diesen die Kost dahin verbessert, daß sie alle Sonntage ein halb Pfund Fleisch, und ein Viertel-Maaß Wein Zulage bekamen. Die Vermögenden hatten aber jährlich 28 Kronen 20 Batzen Kostgeld zu bezahlen.

Der verschiedenen so oft verbesserten Zuchthausordnungen ungeachtet, waren doch bey dieser Anstalt viele Mängel und Unvollkommenheiten. So befanden sich grobe Verbrecher und Leute, die nur geringe Vergehen begangen, selbst gegen jene Erkanntniß, miteinander in einer Klasse, und wurden in Wohnung, Nahrung und Arbeit durchaus gleich gehalten. Dann wurde auch nicht genugsam auf die Sonderung zwischen Manns- und Weibspersonen gesehen. Mit andern Leuten hatten sie ebenfalls zu freyen Umgang. Ungehindert verkauften sie ihre, ihnen auf eigene Rechnung zu machen erlaubte Waaren, und kauften sich dagegen beliebige Speisen ein. Es gab fleißige Züchtlinge, die sich während einer etwas längern Strafzeit so viel verdienten, daß sie bis 100 Kronen mit sich nach Hause nehmen konnten. Darüber litt aber die Arbeit, die sie für das Haus machen sollten, ungemein viel. Nicht mehr als 7 Stunden lagen sie derselben ob, und noch diese nachläßig genug. Neben dem war selbst die Eintheilung der Arbeit fehlerhaft. Auch kann man den Verdienst einer Mannsperson nicht höher als auf 3 Batzen berechnen, und die Weibspersonen verdienten mit Spinnen nicht mehr als 3 Kreuzer des Tags.

Ueberhaupt war zu wenig Aufsicht, die Strafen waren nicht zweckmäßig, und Prämien für fleißige Züchtlinge kannte man gar nicht. Die Aufseher wurden zu schlecht bezahlt, weswegen sich dann selten tüchtige Leute dafür anmeldeten. Ueberdem machte die zu grosse Anzahl von Züchtlingen, die sich in dem gleichen Zimmer befanden, die Aufsicht wirklich schwer. Das Gebäude selbst hatte auch seine grossen Fehler. Ein Hauptmangel war der, der Geräumigkeit. Auf Reinlichkeit ward beynahe gar nicht gesehen. So lange die mitgebrachten Kleider noch tragbar waren, so zogen sie die Gefangenen an. Betten hatten sie äusserst schlechte, und keine Leintücher. Auf Besserung der Züchtlinge ward wenig Rücksicht genommen.

So mangelhaft auch diese Einrichtung war, und so übel sich die Züchtlinge selbst dabey befanden, so kostete gleichwohl jeder Gefangene, bloß an Nahrung und Kleidung, jährlich 41 Kronen 1 Batzen, denn hierzu wird weder Aufsicht noch irgend eine andere Auslage geschlagen.

Im Jahre 1782 trug nun die hohe Landesregierung einer eigenen Kommißion die gänzliche Umarbeitung der alten Verordnungen auf, und der souveraine Rath der Republik geruhete darauf, am 3 May 1783, die vorgetragene Zuchthausordnung durchaus zu bestätigen, und die sonst angerathenen Einrichtungen gnädigst zu genehmigen. Nachdem wurden noch einige, zwar nicht beträchtliche Abänderungen vorgeschlagen, die im November 1788 gutgeheissen worden, und nach welchen gegenwärtig diese Häuser verwaltet werden.

Einer der wichtigsten Punkte der neuen Anordnung ist wohl die gänzliche Sonderung der groben Verbrecher von den Leuten, die sich nur geringer Vergehen schuldig gemacht haben. Jene bleiben im Schallen- oder Zuchthaus, das aber jetzt sehr beträchtlich ist ausgebessert und zurechte gemacht worden; diese aber enthält das neu aufgeführte, von jenem selbst abgelegene Arbeitshaus. Die

Einsperrung in dieses leztere geht nicht an die Ehre, die in das Schallenhaus aber wohl; beyde Häuser stehen unter einer Direction von fünf Regierungsgliedern.

Das Arbeitshaus ward schon im August 1783 von 21 Manns- und 26 Weibspersonen der minder schuldigen Züchtlinge bezogen, und im October fieng man die neue Einrichtung auch im Schallenhaus mit 106 Mannspersonen an; schon im November 1788 befanden sich im Arbeitshaus 56 Manns- und 48 Weibspersonen, und im Schallenhaus 126 Manns- und 48 Weibspersonen, und diese Zahl steigt noch täglich.

Die Arbeiten dieser Gefangenen sind sehr verschieden. Denen des Schallenhauses liegt insbesondere die Reinigung der Stadt ob, und dazu werden täglich im Durchschnitt 40 bis 50 Personen gebraucht. Den Kehricht müssen sie selbst auf Karren wegführen, bey deren jedem 5 bis 7 Männer, und die Gefährlichern angeschlossen sich befinden.

Ausser dem Haus werden die Züchtlinge, zur Anpflanzung ihrer eigenen Erdfrüchte, wozu ihnen das benöthigte Land angewiesen ist, auch noch zu Strassenarbeiten, bey Bauen, rc. gebraucht, und hiefür sowohl den Regierungscollegien, als den Privaten gegen 5 Batzen des Tages überlassen.

Im Haus selbst ist ihre Hauptverrichtung das Spinnen und Weben. Neben dem werden alle Kleidungsstücke und sonst noch sehr viele Bedürfnisse des Hauses an Werkzeug, wie auch Wagner-, Schreiner- und Drechslerarbeit von denen dieser Arbeit kundigen Züchtlingen selbst gemacht.

Ausser den Sonntagen, Weyhnacht, Auffahrt und dem Bettag, soll alle Tage gleich gearbeitet werden. Die Gefangenen sollen für die Arbeit im Haus in Klassen getheilt werden, in gute, mittelmäßige und schlechte, und von dem Weber- und Zuchtmeister über ihre Arbeit eine Tabelle gehalten werden: diese dient aber nur zu einiger Beurtheilung, ob die Zucht- und Spinnmeister das ihrige gethan und die ihnen übergebenen Züchtlinge zu ihrer Schuldigkeit angehalten haben; giebt es aber unter den Gefangenen solche, die durch ihre eigene erlernte Handarbeit mehr verdienen können, als durch die Hausarbeit, so soll ihnen solches, wie lismen, (stricken) schaubhütlen, nähen, schneidern, schustern rc. zum Nutzen des Hauses zugelassen seyn, und ihnen das Nöthige dazu angeschaft werden.

Leider aber sind bey aller landesväterlichen Sorgfalt doch die Beweise am Tag, daß selten ein Züchtling aus diesen Häusern mit einem wirklich gebesserten Leben heraus kommt. Die große Anzahl von Leuten, die sich noch täglich vermehrt, die Menge von groben Sündern und Lasterhaften, die sich da beysammen finden, und die bösen Exempel, die auch die nur halb Verdorbenen anstecken, die Verführung ausgelernter Bösewichter, die oft eine ganze Gesellschaft zum Ungehorsam und zur Entweichung beredet haben; dies alles läßt uns diese Häuser noch immer mit einem Schreckengefühl ansehen. —

Das Zeughaus.

(Zu Seite 43 bis 46 der Beschr. von Bern, 1ter Theil.)

Dies alte Zeughaus stehet seit 1579. In der Mitte des Gebäudes ist ein weiter Hof. — Auf dem untern Boden der Rüstkammer stehet das schwere Geschütz. Die Kanonen, die man siehet, sind gröstentheils seit 1725 neu gegoßen. — Ein guter Theil der von Maritz gegoßenen Kanonen taugen eben nicht viel. Er verdiente den Ruf nicht, in dem er stand. Aber sein Tod hat uns neue geschickte Arbeiter verschafft. Unsre Stückgießerey ist seit mehrern Jahren aufs neue stark in Betrieb gekommen; die Direktion darüber führen 2 eben so geschickte Artilleristen, Herr Obrist Johann Anton Wyß, und Herr Hauptmann Nikolaus Gerber.

Sehenswürdig sind die eroberten Fahnen aus den Kriegen mit Burgund.

Aus dem Schwabenkrieg 1499 brachten die Berner einiges grobes Geschütz mit. Man zeigt eine große Stückbüchse 55 Zentner schwer, das Rätterlin von Enzheim genannt. —

Eine Kanone von besonderer Schönheit, ist jene, so von der Madame de Langallerie an die Berner verehrt worden.

Die Waffenrüstung Kuno von Bubenbergs, Hans Franz Nägelins, (des Eroberers vom Welschland).

Die Rüstungen, so dem Herzog Berchtold, Kuno von Bubenberg u. s. w. zugeeignet werden, haben ihnen gewiß nie zugehört; ausgenommen vielleicht des

Schultheißen Nägelins, der in neuern Zeiten gelebt hat. Nägeli war noch nicht Schultheiß, als er im Jahr 1536 das Bernische Heer kommandierte.

Hier wird auch verwahrt der Blutstab, so im Vilmergerkrieg der Stadt Baden ist abgenommen worden. Auch 56 andere Kriegsgeräthe aus diesem Religionskrieg werden in einer besondern Kammer verwahrt.

Nicht nur für 30 tausend Mann Gewehr, sondern beynahe für 60 tausend ist Vorrath da. Ueber 60 tausend neue Flinten und gegen 15 tausend alte. Und nahezu 5 hundert Kanonen, und Pieces von jedem Calibre, von 2 bis 16 Pfund. Das Berner Pulver ist nicht nur in der Schweiz das Beste, sondern weit und breit. Bey den Bataillionsstücken verhält sich die Ladung der Berner zu jener der Franzosen wie 21 zu 54 oder wie 7 gegen 18.

Die Anmerkung des Herrn Meiners über die Harnische im Zeughaus, die er für kleinere Männer gemacht ansiehet, ist doch der Wahrheit näher, als die des Verfassers der Beschreibung von Bern 1ten Bandes, S. 45, da er gegen jenen behauptet, die Figuren seyen durch Stäbe die der Erde nahe sind, aufgesetzt, und dies mache einen großen Unterschied. — Wahre Kenner des Vaterlands und der heutigen Berner kommen darinn überein, daß unsere Vorfahren, die in einer gewissen Art von Gefechten, im Krieg unüberwindlich waren, doch in der That kleiner von Person gewesen, als unser heutiges Landvolk; denn wo dies nur einigermassen im

Wohlstand ist, da hat es einen schlanken schönen Wuchs, und eine männliche schöne Grösse. Die Alten müssen dickleibig, zusammengestossen und dabey kraftvoll genug gewesen seyn, denn die Schwerdter die sie führen konnten, beweisen Stärke. — Aber grösser waren sie nicht, ja weniger gross als der gewöhnliche heutige Schlag von Menschen bey uns im Kanton Bern ist. Diese Anmerkung wird um so wichtiger, da sie sich auf einen Versuch gründet, den man bey Gelegenheit einer gewissen Feyerlichkeit gemacht hat, die Harnische aus den Zeughäusern zu gebrauchen; sie befanden sich aber fast alle zu kurz, daß die wenigsten in ihrem Zustande dienen konnten. (Man sehe die Schriften der ökon. Ges. von Bern 1766. 2s Stück, Seite 18).

Das neue Zeughaus.

Dieses ist im 1ten Theil der Beschreib. von Bern mit Stillschweigen übergangen worden, aber es verdient vorzüglich einen Platz unter den merkwürdigen Gebäuden der Stadt. Es stehet zwischen den Thoren; in der Mitte vom Spital gegen das Schellenwerkerhaus. Die Fremde können es zwar von innen selten beschauen, aber sein Aeusserliches verkündiget schon eine gute Eintheilung, Anständigkeit, Nettigkeit, Umfang; es ist ohne Praleren, simpel und doch in einem sehr guten Geschmack in der Baukunst hingestellt. Das Gebäude stehet nicht nur an einem sehr schicklichen Ort, ist auch ohne allen Aufsehen erregenden Pomp, wie man andern Gebäuden

bäuden den Vorwurf hat machen wollen; dafür aber ist es desto bequemer eingerichtet. Das Ganze entspricht so sehr dem Zweck, wofür es da ist, daß man es zu einem Muster von einem Zeughaus geben kann. Die Höhe ist nur ein ansehnliches Stockwerk, und das ist gerade was bey eiliger Hülfe recht gut ist. Unten aber sind weite Gallerien, und dieses nützliche Gebäude schließt einen geräumigen Hof ein. Für Rüstwägen, Zelten und schwere Armatur, ist daselbst hinlänglich Platz, und man kann auch die Mannschaft darinn versammlen. Im erforderlichen Falle kann dieses Zeughaus noch erweitert werden.

Allgemeine Notiz von den Gebäuden.

In den Ringmauern der Stadt zählt man jezt gegen eilfhundert Häuser. Viele scheinen nur ein Haus zu seyn, sind aber durch starke Wandmauern von einander getrennt; sie gehören verschiedenen Herrn an, und sind nur zu gleicher Zeit gebaut. Schmale Zimmer trift man also oft, wo man äusserlich Zusammenhang vermuthet. Doch unterscheiden sich vortheilhaft die neuen Häuser an der Spitalgaße, auf dem Platz wo der Spital, der jezt vor dem obern Thor stehet, hat sollen gebaut werden; diese laufen auch unter einem Dache fort, aber es sind so viele getrennte Wohnungen als Hausthüren und Keller voranstehen.

Im Jahr 1764 fanden sich in der Stadt und im Kanton Bern überhaupt 73,876 Feuerstellen; und

336,689 Menschen, welches gerade auf 5 Menschen 1 Haus ausmachte. Dies beweißt allerdings einen großen Wohlstand, da man in andern Ländern 7 Menschen auf 1 Wohnnng rechnen darf. Jezt nach 20 Jahren ist die Theurung der Wohnung mit der Anzahl der fremden Einwanderungen merklich gestiegen.

Es wird auch in dem 1ten Theile (Seite 7.) behauptet: Bern habe keine elende zusammenfallende Häuser. — Im Ganzen ist dies wahr. Aber daß nicht einige sehr geringe, selbst sehr schlechte Barracken in der Metzgergaße, Neuengaße, Brunngaße, ja selbst ein Paar in der Hauptstraße unter den bestgebauten Häusern stehen, wird niemand im Ernst behaupten.

Bevölkerung.

(Siehe Seite 9 - 11. des 1ten Bandes.)

Das Resultat der Bürgerschaftszählung von 1787, ist etwas richtiger, vollständiger und anschaulicher dargestellt in der Tabelle I. Nur ist zu bemerken, daß nicht alle Bürger, die darauf bezeichnet sind, zu Bern wohnen, wie man aus dem Buche schließen sollte, denn diese Liste fasset alle Bürger in sich, sie mögen in der Stadt, oder auf dem Lande leben, oder in Aemtern auf Landvogteyen stehen; und auch ausser den als Landsabwesend angezeigten, halten sich sehr viele ausser der Stadt, aber doch im Kanton auf.

tay 1787.

	Mannsperf. Regim. Bürg.	Mannsperf. Ewige Einw.	Weibspersonen Regim. Bürg.	Weibspersonen Ewige Einw.
Abgeschied.	139	6	312	9
	739	42	739	42
von 16 = 60.	678	24		
von 16 = 50.			615	24
s Alter.	32	4	138	8
Jahren.	565	35	598	31
erson unter	2153	111	2402	114
r verheura=				
Unterschied				
genstehenden				
—				
ibegriff der				
iten=Orden.	181	9		
irt. Milit.				
	161	2		
—	37	1		
ischaftliche,				
Künste	178	13		
	332	40		
—				
, die bloß				
den advou=				
dienst abge=				
	135	9	74	4
—				
frauen.			1051	51
Fremde die				
recht geheu=				
			316	33

:n, beweißt folgende Tabelle, die bloß
hwerksbursche, Dienstmägde :c begriffen

si

me.

7

3

8

7

4

…ons.

…	Sum̃e des Zuwachs.
	7821
	7923
	8198
	8344
	8186
	8224
	8427
	9007
	8552
	8889
	8774
	9174
	[illegible]

1787	[illegible]
1788	11
1789	12
1790	13
1791	12
1792	12
1793	13

*) Die Waadt im Berner Kan…
wachsene, und 19,000 Ehen …
die Leute, die stets im ledig…
kennen. — In diesem Lande…

= *).

[illegible]	Summe des Zuwachs.
–	3738
–	3627
–	3686
–	3568
–	3605
–	3500
43	3460
41	3786
49	3787
41	3827
63	3506
69	3901
58	3717
32	3718
46	3947
53	3860

[illegible]
850
921
913
9[illegible]9
605
261
105
9[illegible]2
1058
[illegible]

Die Insaßen dürfen nicht nur keinen Wein verkaufen, sondern auch keinen Kleinhandel treiben. Ueber ihre Stärke und Vermehrung siehe Tabelle II.

Es verlohnt sich der Mühe, die Bevölkerungslisten des Kantons aus der Schweizer-Bibliothek (S. 214-216) hier abdrucken zu lassen. Die Anzeige der Vermehrung von 1778-91 ist von daher genommen. Hingegen ist die Fortsetzung dieser Liste von einem Gönner uns mitgetheilt worden; beydes findet sich auf Tabelle III. IV.

Canton Bern überhaupt.

Wahre Vermehrung seiner Bevölkerung.

Jahre.	Seelen.	Jahre.	Seelen.
1778	1216	1786	3313
1779	2476	1787	3558
1780	3488	1788	3511
1781	3181	1789	4543
1782	1744	1790	3969
1783	1892	1791	4158
1784	1227	1792	5457
1785	3589	1793	2409
		1778-93	49731

Summe der Vermehrung
von den Jahren 1778-1793. 49731.
bringt auf jedes Jahr . . . 3109.

Wie genau und ehrlich diese Tabellen seyen, wird jedem einleuchten, der auch nur einigermaßen in diesem Fache bewandert ist. Der Abgang wird nicht, wie gewöhnlich, nur in den Verstorbenen gesucht, sondern auch die Weggezogenen werden dazu gerechnet, und selbst die, welche nur auf wenige Jahre ihr Vaterland verlassen. So kommen alle Soldaten, welche sich in advouirte Regimenter anwerben lassen, unter diese Rubrik. Daher die ungewöhnliche Stärke des Jahres 1785, in welchem die in Holland stehenden zwey Regimenter vermehrt wurden.

Ueber das Jahr 1778 hinauf gehen die allgemeinen Geburts = und Sterbelisten nicht. Hingegen hat man die bekannte Zählung vom Jahre 1764 *). Nach dieser lebten damals Seel. 336689

man rechne zu diesen die Vermehrung von 1764 = 1777, die wir doch nicht zu hoch zu 2000 aufs Jahr annehmen	28000
und die von 1778 = 1791 zu 3109. jährlich; machen	49731
Also: Bevölkerung des ganzen Cantons Bern . . . Seelen,	414420.

*) Die große Bevölk. Tabelle befindet sich in der Beschreibung von Bern, Seite 345. Aus Irrthum stehet dort 1784. Von der Tabelle, Seite 346, ist die erste Hälfte in der That von 1787. (Diese ist aber jetzt in der neuen Beylage Nr. I. eingerückt). Die zweyte Hälfte ist aber von 1764.

Staatsverfassung.

(Zu Seite 92.)

Man kann die Regierungsgrundsätze von Bern auf folgende Hauptsätze zurückbringen; diesen haben wir die Gründung und den lang fortdaurenden Segen zu verdanken, der auf unserm Lande ruhet; denn die Väter führten solche Grundsätze nicht nur im Munde, sondern sie waren in der That in ihr ganzes Wesen verflochten. Voraus kann man mit Wahrheit sagen, daß der Kanton Bern erst seine wahre Blüthe und Wohlstand bekommen hat, als die Kirchen-Reformation im ganzen Lande eingeführt worden, im Jahr 1528. Vorher war der Einfluß des Bischofs von Lausanne und der Geistlichkeit sehr merklich, überall herrschte noch die Leibeigenschaft unter den Bauren *), das Land war nicht frey — Zinß und Gülten floßen in die Klöster; den Reichthum und das Fett des Landes zogen die Pfaffen an sich; Ablaß, Beichten und Indulgenzien; überflüßige Fasten, Fest- und Bußtage, Prozeßionen, Wallfarthen verhinderten den gemeinen Mann an der Arbeitsamkeit; überall war viel schnödes Gesindel,

*) Von der Leibeigenschaft wurden die Landleute bey der Reformation von der Obrigkeit losgekauft; Mannspersonen verheyrathete um 50 Pfund; ledige um 30 Pfund; Weibspersonen, verheyrathete um 20 Pfund; ledige um 10 Pfund.

Müßiggänger und Bettler, sie zogen von Kloster zu Kloster und lebten von dem Schweis der wenigen Fleißigen. Kühn und öffentlich behaupteten die katholischen Pfarrer im Kanton die höchste Gewalt in der Republik stehe den Priestern zu. —

Brafe, religiöse Männer aber hatten das Steuerruder in die Hände bekommen. Gott und Bibel galten ihnen etwas. Das Gewissen schlug stark in ihrer Brust. Sie stimmten für die Reformation. Die einsichtsvollsten Männer damaliger Zeit wurden um Rath gefragt; man versammelte ein ganzes Konvent in Bern, wo beyde Partheyen, Katholiken und Protestanten sich öffentlich hören lassen sollten. — Uebereilt gieng man gewiß nicht zu Werke, wohl 8 Jahre giengen über den Berahschlagungen hin, bis man den festen Entschluß ausführte, das ganze Berner-Gebiet zu reformiren. —

So zeigte die Regierung Muth. Es waren oft Partheyen, aber jeder Theil nahm sich in Acht. In Betreibung der Geschäfte wendete die Regierung bald Großmuth, bald Kunst, — beständig aber einen Ernst an, der sie nicht hinderte, sich in die Umstände zu schicken. — 1572 und 1682 nahm man an den reformirten Orten die aus Frankreich vertriebenen Hugenotten in die Regierung auf; Bern aber weigerte sich, die Obrigkeit gab ihnen Schutz aber kein Herrscherrecht. Die nach Reichthum begierigen Nachbarn nahmen diese reichen Fremdlinge zu Mitbürgern an; diese brachten den Geist der Neuerung und neue Sitten in die Schweiz. Die

Berner verwarfen alle solche Anerbietungen, und sind dafür auch noch das, was sie waren.

Oft weñ die Stadt Bern Bürger annahm, geschah es zur Belohnung wichtiger Dienste, oder lang erprobter Treue.

Der große Rath bestand theils aus Adelichen, welche von den Stiftern des Staats herstammen, und deren Namen durch die Geschichte und mündliche Ueberlieferung verewigt sind; theils aus jenen Bürgern, die durch ihre Geisteskraft und Thätigkeit dem Staat wahrhaft nutzen konnten. Den brauchbaren Bürgern, die durch das Loos oder durch Nebenursachen nicht selbst in die Regierung kommen konnten, gab man doch solche Aemter, wo sie fast auf die gleiche Art oder noch wirksamer der Republik dienen konnten. Man beförderte sie zu militärischen, zu geistlichen und weltlichen Würden und Bedienungen. —

Man durfte, um nützlich zu seyn nur wollen und man konnte. — Ein jeder hatte eine offene Thür dem Staat gute Bürger zu erziehen, dem Staat zur Hand zu seyn; — denn so will es die Vaterlandsliebe, die nicht von Eigendünkel und Stolz geleitet, nicht von Nebenabsichten gestimmt ist. Er stammt aus dem innern Trieb der Seele, und kann nicht ermatten — auch wenn er noch so viele Hinderniße findet. Endlich besiegt der Patriot alle Müheseligkeiten — und das Vaterland erndtet die Früchte bis auf folgende Geschlechter.

Es wird beständig so gehalten, daß aus einem Geschlechte nur ein Senator erwählt werden kann, und nur das Loos ertheilt dem Einen einträglichere oder angenehmere Vogteyen, als dem Andern. —

Es ward erlaubt Geschlechtskassen zu haben, wovon das Geld bestimmt ist, der Dürftigkeit der Söhne von gutem Herkommen, welche in Armuth verfallen, wieder aufzuhelfen, oder sie bis zu einer schicklichen Gelegenheit, wo ihnen sonst geholfen werden konnte, zu unterstützen.

Die Aristokratie von Bern entsprang aus der Hochachtung welche eine Familie ihren Wohlthätern schuldig ist. Bey einer solchen Regierung mußte gesunder Verstand und Redlichkeit herrschen, nicht Klügelen; aber Muth und Entschloßenheit; nicht Feigheit, nicht Mißtrauen. — Beharrlichkeit und kindliche Anhänglichkeit machte unsern Staat groß. Noch hat Bern viele Patrioten von den edelsten Geschlechtern, die fast das ganze Jahr auf ihren Landsitzen wohnen. Daselbst können sie durch Großmuth und Herablassung sich beliebt machen, und sie haben auch Gelegenheit das Volk von seinen wahren Vortheilen zu unterrichten. Diese wahrhaft landsmännische, Schweizerische Denkart, wenn sie nur jezt noch allgemein wirkt, sollte nothwendig die besten Einwohner und die feurigsten Patrioten machen!

Seit der Gründung des Staats war es eine Hauptmaxime der Regierung allen billigen und mit Gelindigkeit gemachten Vorstellungen — Gehör zu geben; ja man wartete oft nicht bis Bittschriften einkamen, sondern, so wie sich ein Uebel im Land zeigte, so kam man ihm mit kräftigen Hülfsmitteln entgegen. —

Niemals aber bewilligte die Obrigkeit etwas, das man mit Trotz oder Unverschämtheit erzwingen wollte, — denn das hätte ihr Ansehen beleidiget, die Ehre der Regierung verletzt. — Oft frug man selbst die Dorfschaften über Krieg und Verträge um Rath, und sie waren immer bereit ihr Gut und Blut hinzugeben. — Die Zeit der wahren Freyheit ist allemal diejenige, wo man nicht über Vorzug und Vorrechte streitet, sondern wenn sich alle als Glieder eines Staats ansehen, da keine des andern entbehren kann, denn sie sich alle nothwendig sind.

Wo aber Eifersucht über Macht und Vorrang die Gemüther theilt; wo das Privat-Interesse — der Eigennutz die Seele des Obern und des Niedern ist; wenn man den Rang den man nicht hat, erzwingen will, o, da gehet alles den Krebsgang, und das Vaterland zehret sich ab wie ein Schwindsüchtiger. —

So lange der Berner-Staat wenig einnahm, so bemühete man sich noch weniger auszugeben. Und dies war der erste Hauptgrundsatz, so wie es die Handlungsmanier jedes guten Hausvaters ist. Man muß in den guten Zeiten auf die ungewissen Fälle zurück legen, die nicht ausbleiben; und die desto empfindlicher sind, wenn man gar nicht darauf vorbereitet ist. Hat man diese Regel beobachtet, so kann man den zweyten Hauptgrundsatz bald hinzu thun, wie es die Berner Regierung bey grösserer Einnahme konnte: Keine Ausgaben zu sparen, welche das Wohl des Staats schleunig befördern können! —

Die Bürgerschaft der Hauptstadt.

(Man sehe Seite 128 - 131. und vorher noch Seite 101. auch Seite 114 - 119. des 1ten Bandes).

Die Bürgerschaft von Bern ist seit einem Jahrhundert weit über die Hälfte zusammengeschmolzen. Damals, als die Stadt lange noch nicht so groß war, wie sie heut zu Tage ist, wohnten oft über 5 und 6 tausend Bürger darinn; denn nicht selten zogen sie ihren Feinden mit 4 und 5 tausend Mann stark, bloß Bürger der Stadt, entgegen, wie dies die Jahrbücher unsrer Republik oft genug wiederholen; wie wäre es sonst möglich gewesen, den auf sie eindringenden Adel mit seinen Söldnern und Knechten über den Haufen zu werfen, und sich gegen jeden Feind wehrhaft zu stellen? — Freylich blieben viele im Treffen bey den Burgundischen Kriegen, andere verliessen die Schweiz und zogen in auswärtige Kriegsdienste, wo man sie suchte und wohl bezahlte. Auch bey der Reformation entfernten sich viele Bürger, von der Stadt, die lieber katholisch bleiben wollten, und gaben ihr Bürgerrecht auf. Einige zogen dahin, andere dorthin. Von den alten Bürgerfamilien, welche in sehr großer Anzahl Adeliche waren, sind also sehr wenige noch übrig. Ausser den geführten Kriegen und der Emigration war aber auch die Pest oft Ursache der starken Zusammenschmelzung der Bürgerschaft; sie kam so oft und heftig, daß man in einem Jahr mehrmals dreytausend Todte zählte. Die Pest vor 2 hundert Jahren, (nämlich im Jahr 1565) raffte gar 6 tausend Menschen hin. — Froh war man also in dieser Zeit, wenn sich Fremde für die Aufnahme meldeten; und in gleichem Verhältniß, wie die Bürgerschaft sich schwächte, sorgte die Regierung auch für die Anpflanzung neuer Geschlechter, daher man oft die benachbarten Landeinwohner aufforderte, sich in die Stadt zu begeben, und da das Bürgerrecht anzunehmen. — Fremde, die sich nur eine kurze Zeit in der Stadt aufgehalten hatten, und von deren guten Aufführung man überzeugt war, belohnte man mit Aemtern und Ehrenstellen, wodurch sie viele ihrer Verwandten ins Land lockten. Zuletzt häuften sich aber auch die schlechten Leute, die sich hier einbürgern wollten, so sehr an, daß die Regierung sich verbunden sah, ein Gesetz zu machen, welches den 13 September 1635 publicirt worden, daß fernerhin keine Kammer oder einzelnes Gericht das Bürgerrecht zu ertheilen Macht haben soll; (denn ehemals konnte man es durch einen einzigen Patron erschleichen) sondern der große Rath müsse solches zuerkennen. Zu gleicher Zeit ward erkannt und beschlossen, daß künftig jeder neu angenommene Bürger seine ihm auferlegte Zahlung sogleich erlegen soll; bey seinem erlernten Beruf soll er verbleiben, und so er Söhne habe, müsse er wenigstens durch einen derselben sein Handwerk forttreiben lassen. Ferner ward statutenmäßig festgesetzt, daß kein neu aufgenommener Bürger prätendiren könne, in den großen Rath zu kommen; wohl aber seine Söhne, wenn sie in der Stadt gebohren worden. In den täglichen Rath sollte erst der Enkel wahlfähig seyn. Dieses merkwürdige Grundgesetz der Stadt Bern neuerer Zeit, wurde nicht nur 1681 und 1694 abermals bestätiget, sondern auch noch beygefügt: daß nur von 20 zu 20 Jahren neue Bürger angenommen werden sollen, und vor Räth und Bürger soll darum angefragt werden. Alle Habitanten sollen zwar das Recht haben jedes bürgerliche Gewerb und Geschäft zu treiben (laut Decret 1643) der Unterschied aber soll darinn bestehen, daß sie den Weinverkauf meiden, und an keine Aemter oder Bedienungen Anspruch machen.

Damit die bürgerlichen Familien wohl unterschieden seyn, so wurde auf Obrigkeitliche Verordnung eine Tabelle gemacht, worauf die Bürgerlichen Familien gezeichnet, und auch die Habitanten oder ewigen Einwohner mit ihren Wappen stehen. Eine Kopie davon befindet sich fast in allen Häusern zu Bern. Das erste Original ist zur Einsicht der Bürgerschaft und der Habitanten in dem Archiv der Bürgerkammer aufbewahrt.

Nach der gleichen Verordnung muß ein jeder Bürger, welcher sich mit einer fremden Frauensperson verheyrathet, ein gewisses Geld erlegen — man nennt es Einzüg-Geld. Für eine Landsfremde zahlt er 100 Kronen; für eine aus der Schweiz 75 Kronen; für eine aus dem Kanton 50 Kronen. Dieses Verbürgerungsgeld wird so vertheilt: Ein Drittel erhält seine Zunft, oder Gesellschaft, wohin er gehört; die 2 andern Dritttheile fallen dem Fisco - oder der Bürgerkammer zu. Ein Bürger, wenn er heyrathet muß sich auf seiner Zunft mit Erlegung einer gewissen, doch mäßigen Summe Geldes einschreiben lassen; wogegen er einen Bürgerschein empfängt. Unterläßt er diese Anmeldung, so giebt er gleichsam tacitè sein Bürgerrecht auf.

In vorigen Zeiten wurde den zu Stadt-Pfarrern und Professoren erwählten Herrn, wenn sie noch nicht Bürger waren, das Bürgerrecht geschenkt. 1674 aber ist dieses Vorrecht abgestellt und beschlossen worden, daß einem Konventsglied nur das Habitantenrecht zukommen soll. Aus diesem geistlichen Stamme kommen viele heutige Bürger her.

Die Berner Bürgerschaft wird eingetheilt in Regimentsfähige Bürger, und in ewige Einwohner oder Habitanten. Die ganze Bürgerschaft bestehet in 16 Zünften, und muß ein jeder Bürger, wenn er eine Bedienung erhält oder sich verheyrathet in eine dieser Gesellschaften sich aufnehmen lassen. Gemeiniglich bleibt er bey eben derselbigen Zunft wo sein Vater eingekauft war; oder wenn er einen andern Stand erwählt hat, und ein Handwerk treibt, das nicht auf seiner Gesellschaft zünftig ist, so muß er sich dorthin wenden, wo dieses Gewerb seine Niederlage hat.

In der Beschreibung von Bern, 1ter Band, Seite 128, ist die Abtheilung in regierende und nicht regierende Geschlechter nicht passend. Freylich sind mehrere Geschlechter die seit Jahrhunderten immer Mitglieder der Regierung gehabt haben; andere, die aber mehrentheils erst im vorigen Jahrhundert zum Bürgerrecht gelangten, sind bisher niemals in den grossen Rath gekommen; doch ist in den regimentsfähigen Geschlechtern immer eine gewiße Fluctuation, so daß von einer Regierungsbesatzung zur andern immer mehrere abgehen, und bey der folgenden Ergänzung andere einrücken.

Vom Jahr 1768 bis zum Jahr 1787 verminderten sich die Familien nicht nur um 19 Geschlechter, sondern um dreyßig. Wie auch auf Seite 130 (des 1n Bandes) richtig stehet. Die Bürger-Zählung von 1787 giebt 2153 männliche Seelen.

Gegenwärtig sind nicht mehr als 256 bürgerliche Familien. So bald aber 3 alte Bürgerfamilien aussterben, so werden sogleich 3 neue angenommen. Doch sind dies gemeiniglich schon alte Einwohner oder Landeskinder. (Man sehe den 1ten Band, Seite 101).

Das Minimum der regierungsfähigen Geschlechter soll 236 seyn, ohne die, so aus der Zahl der ewigen Einwohner angenommen werden; und das Minimum der Familien, die an der Regierung Theil nehmen, ist bey jeder Ergänzung des großen Raths die Zahl 76, nicht 72. (Verbesserung der Stelle Seite 162 im 1ten Band).

Die Namen aller jetzt lebenden bürgerlichen Geschlechter in Bern, nebst denjenigen, so neulich zu Bürgern angenommen worden.

Die mit *) bezeichnete, sind seit wenigen Jahren in das Bürgerrecht aufgenommen worden.

Amport.
Bachmann.
Bäckli.
Bänteli.
Baumgarter.
Baumann.
Bay.
Bellmund.
Benoit.
Berchtold.
Bergen, von.
Berseth.
Bickard.
Bigler.
Bitzius.
Blau.
Blauner.
Bogdan.
Bondeli.
Bonstetten, von
Brugger.
Brunner.
Bucher.
Büren, von.
* Bürcki.
* Cerja.
* Christen.
Dachs.
Daxelhofer.
* Dekrousaz.

Delosea.
Desgoutes.
Dick.
Dießbach, von
Dietzi.
Dittlinger.
Diwy.
Dohna, von.
Dößi.
Dübi.
Düfresne.
Dulicker.
Dünki.
Dünz.
Durheim.
Dyß.
Edelstein.
Effinger.
Engel, von.
Erlach, von.
Ernst, von.
Eyen.
Faßnacht.
Feer.
Fellenberg.
Fels.
Fetscherin.
Feürstein.
Fischer.
Flügel.
Forer.
Frank.
Freudenberger.
Freudenreich.
Frisching, von.
Fruting.
Fuhrer.
Fueter.
Ganting.
Galley.
Gatschet.
Gaudard.
Gerber.
Gerwer.
Gingins, von.
Goumoens, von.
Graf.
Graffenried, v.
Graviseth, von.
Grätz.
Greber.
Greyers, von.
Groß, von.
Gruber.
Gruner.
Gryff.

Güder.
Haag.
Hahn.
Halker.
Hallwyl, von.
Harder.
Hartmann.
Hebler.
Heggi.
Heintz.
Hemmann.
Henzi.
Herbort, von.
Herrmann.
Herrmann.
* Herrenschwand.
Herzog.
Höffli.
Hortin.
Hug.
* Hunziker.
Jäger.
Jäggi.
Jenner, von.
Imhof.
* Imhof.
Im Hoff, von.
Jenzer.

Jonquiere.
Jordan.
Isenschmied.
Ith.
Kachelhofer.
Kastenhofer.
Kaufmann.
Kentzi.
Kirchberger.
Knecht.
Knuchel.
Koch.
Kohler.
Kohler.
König.
Kuenz.
Kuhn.
Küpfer.
Langhans.
Läßer.
Lauterburg.
Lehmann.
Lehmann.
Lentulus.
Lerber.
Leü.
Lienhard.
Lombach.

* Losenegger.
Louer.
Lupichi.
Luternau, von.
Lüthard.
Lutstorff.
Lutz.
Mader.
Manuel.
Marti.
Maser.
May.
Meley.
Meßmer.
Meyer.
Meyer.
Morell.
Morlot.
Mülinen, von.
Müller.
Müller, von.
Muralt, von.
Müßlin.
Mutach.
Neser.
Niehans.
Nöthiger.
Ochs.
Otth.
Ougspurger, von.
* Pillichodi.
Plüß.
Rätzer.
Ris.
Risold.
Ritter.
Roder.
Rodt, von.
Rohr.
Rohr.
Roßelet.
* Roverea, von.
* Rüsillon.
Rüthe, von.
Rütimeier.
Rütschi.
Ryhiner, von.
Schärer.
Schärer.
Schaufelberger.
Schelling.
Scheürer.
Scheürmeister.
Schmalz.
Schneider.
Schnell.
Schönweiz.
Schumacher.

Schweizer.
Sinner, von.
Sprüngli.
Stanz.
Stark.
Staufer.
Steck.
Steck.
Steiger.
Steiger, von.
Stempfli.
Sterchi.
Stettler.
Stoß.
Stuber.
Studer.
Stürler.
Suter.
Sybold.
Tawel, von.
Thormann.
Tillier.
Tillmann.
Triboleth.
Tscharner.
Tschiffeli.
Vigneule.
Ulrich.
Wäber.
Wägeli.
Wagner, von.
Walthard.
Walthard.
Walther.
Wattenwyl, von.
Weiß, von.
Werdt, von.
Wernier.
Weyermann.
Wiegsam.
Wild.
Wildbolz.
* Wilhelmi.
Willading, von.
Wolf.
Wurstemberger.
Wyß.
Wyß.
Wyttenbach.
Wyttenbach.
Zeender.
Zeerleder.
Zehender.
Ziegler.
Ziegler.
Zollinger.

Vorschlag für die Landsassen und armen Kinder im Kanton.

Da die Armuth und Betteley im Kanton Bern von Jahr zu Jahr merklich zunimmt, und man schon von allen Seiten nach Hülfsmitteln fragt, so mag folgender Vorschlag hier nicht am unrechten Orte stehen; er zeigt die Bedürfnisse des Landes und der Gemeinden an; und die Sicherheit vor Dieben und Gesindel hängt davon ab.

Man errichte für den Kanton Bern ein Kinder-Hospitium, da sollen sie arbeiten lernen. Es sey aber nicht in der Stadt sondern auf dem Lande. Wozu hat zum Beyspiel Lausanne ein so kostbares Gebäude in der Stadt für arme Bettelkinder gebauet, die da nichts lernen als was man in den Städten zu wissen braucht, hingegen wozu diese Kinder eigentlich bestimmt werden sollten, zum Landbau und Gartenarbeit, davon lernen sie nichts. Sie werden also Fabrikler, Herrenknechte, Dienstmädchen in den Städten; gewöhnen sich frühe an den Ton der ihnen gar nicht zukommt, und der noch immer ihr Unglück ausgemacht hat; glückseliger wären sie an Leib und Seele wenn sie die Mühe und Beschwerden von Jugend auf hätten ertragen lernen, und nichts von den Bequemlichkeiten einer mißverstandenen Barmherzigkeit erfahren hätten. Wenn solche Waysen- und Findelkinder einmal größer geworden und zum Handwerk oder in Dienst bey Herrschaften kommen, so empfinden sie alles viel stärker als selbst bürgerlich erzogene Kinder — weil diese nicht so viel Aufwartung haben, kein so bequemes Haus, keine so weitläufige Zimmer und schöne Gärten um sich sehen — wie die, so im Waysenhause aufgezogen werden, und von der Güte des Publikums viele Jahre genährt und reichlich gepflegt worden sind.

Und es braucht da nur, daß ein solcher Waysenknabe eine schöne Handschrift schreibt, so glaubt er sich zum Handwerker schon zu gut; er will ein Schreiber, ein Kaufmann, ein Kammerdiener, ein Sekretär bey einem Herrn werden; kann er braf schmeicheln und kriechen, so kommt er leicht an, und findet seinen Patron, der schenkt ihm reiche Kleider, empfiehlt ihn einem Herrn, und der junge Mensch ist fix und fertig ein Mann comme il faut zu werden.

Gemeiniglich aber giebt es keine insolentere Leute, als die auf solche Art über andere ihres gleichen hinaufgestiegen sind; ihre Arroganz und große Anmassungen werden allen Leuten, die mit ihnen zuthun haben, unerträglich; selten daß man eine Ausnahme von dieser allgemeinen Regel siehet. — Also nicht zum Herrendienst, nicht zum Stadtleben soll man armer Leute Kinder erziehen. Wir brauchen fleißige Hände, die das Land bauen; es sind noch genug Gegenden in unserm Kanton, die braach liegen, wo Wälder ausgereutet werden können, wo der Kornbau fehlt, und der Bauer nur Gras wachsen läßt. Wir bedürfen arbeitsamer Hände, die unser nur wenige Zolle tiefes Erdreich mit Geduld und Anstrengung bauen; der gewöhnliche Landmann ist zu träg und bequem dazu. Wollen die Gemeinden ihre Steuern für die Armuth nicht täglich anwachsen sehen, so sollen sie den Vorschlag ausführen, und ihre Armen, klein und groß in das Hospitium der Fleißigen schicken. So solle das Haus genannt und darum von dem ganzen Lande gepfleget werden. Wer einen Taglöhner, Haushälter, Pächter; wer eine treue Dienstmagd und Haushälterinn verlangt, der komme da in dieses

Haus, und suche sich die Fleißigsten aus. O, wie eine große Aufmunterung würde so eine Stiftung dem ganzen Lande geben!

Praktische Männer, die in der Landwirthschaft erfahren sind, fleißige geschikte Hausmütter müssen dazu als Lehrer und Lehrerinnen bestellt werden. Solche Leute die selbst angreifen und nicht nur bloß mit dem Munde schön reden. — Ihr Beyspiel muß die Kinder reizen. In dieser Erziehungsschule sollen sie die Handgriffe kennen lernen, alle Arten von Erdreich zu bauen. Ein Probeacker und ein weitläufiges Feld gehört nothwendig dazu, und dies wird ihnen die Obrigkeit anweisen. Da sollen sie einen Küchengarten, dort eine Baumschule anlegen; hier ein ausgestecktes Feld zu allerley Apothekerkräutern pflanzen; an einem andern Ort müssen sie eine Matte und Wiesenwässerung haben; — jenseits vertraue man ihnen ein Stück Wald an. Dieses ihnen angewiesene Land sollen sie bauen, bearbeiten, pflügen, düngen, schneiden; — ihre selbstgepflanzte Kräuter sollen sie zu ihrer Speise haben; von ihrem eigenen Melkvieh sollen sie ihre Milch ziehen; von ihren Schaafen die Wolle spinnen, und im Winter weben. — Ihre Wohnstuben, ihre Keller, ihre Scheuern sollen sie selbst so reinlich wie einen Tanzsaal halten, und ihre Speisen müssen so schmackhaft und einfach wie ihre ganze Behandlung ohne Künsteley und ohne Zierereyen seyn.

Auch könnte man den Knaben eine Dreh- und Hobelstube halten, wo sie allerley Handwerkszeug selbst machen lernen. Das übt ihre Kräfte und schärft ihren Geist. Allerley Schnitzwerk, Züber, Kästchen könnten sie beym Regenwetter verfertigen; — damit lernen sie mit Aexten, Beilen, Messern, Sägen und andern Instrumenten umzugehen, das freuet die jungen Leute. — Und so könnten auch die Mädchen Pflanzen und Kräuter aussuchen und jeder Pflanze ihren Namen geben lernen; bey der Hausmutter sollen sie allerley weibliche Kleidung machen lernen; auch Distilliren; Brod backen, Kuchen kneten u. s. w. Kurz, meine junge Leute müssen stets mit etwas Nützlichem beschäftiget seyn, denn sonst bekommen sie Langeweile, werden Schwätzmäuler, treiben Bosheit, und sind dem Lande, das sie nährt, eine Erdenlast und ein Strafübel.

Man gebe ihnen ein Stück Moosland auszutrocknen; man zeige ihnen wie sie Stoppeln ausgäten können, wie die Waldungen reinlich zu halten, und neue Holzarten anzupflanzen; wie die Futerkräuter getrocknet und zur Stallfüterung angewandt werden müssen. — Ihr Lehrer lehre sie im Buch der Natur was zum Wachsthum der Pflanzen gehört; was die Natur für ewig festgesetzte Regeln hat; da werden die jungen Leute einsehen lernen, wie die Jahreszeiten zu benutzen sind; was die Mechanik und Naturlehre zu besserer Einrichtung des Baurengewerbs beytragen kann, — wie man Proben mit neuen Entdeckungen macht. Der junge Erdbürger und die junge Erdbürgerinn werden bey diesen Arbeiten vernünftig denken lernen, bessere Ueberlegungen machen, mehr Nachdenken bekommen als bey allen künstlichen Logiken und schwerfälligen Demonstrationen. Dies, und noch unzählig andere Vortheile lernen sie auf diesem Wege — auf diesem einfachen wahren Naturwege. — Das räumt gewiß ihre Köpfe auf; und solche Menschen werden den Gemeinden die so ihre Wohlthäter seyn werden, und einem ganzen Lande, ewig nicht zur Last fallen, sondern die Mühen und die Kosten des ersten Aufwandes sehr reichlich vergüten.

Bey der Landmeßkunst können die jungen Leute die Mechanik lernen; beym Zusammenrechnen der Jahresfrüchte sollen sie zählen und eine Eintheilung zu machen lernen. — Was man verkauft, was man für den Hausverbrauch nöthig hat, was die neue Saat erfordert, das alles müssen sie berechnen.

Müßten nicht auch die Stadtleute und die Landleute bey dem Anblick einer solchen vaterländischen Pflanzschule, den Ackerbau ehrwürdig finden! Müßte sich nicht das Herz jedes braven Mannes hoch erfreuen! Bald könnten dann die Erwachsenen, die Kleinern unterrichten, und sie mit zu der Arbeit ziehen. Nur der Anfang ist schwer, der Fortgang leicht und für alle Geschlechter der Nachkommen von unendlichem Segen! So kann man in Lust verwandeln, was sonst dem Lande ein bleibender fressender Wolf ist..

Helfe, wer helfen kann!! Ihr reichen Landesgemeinden, habt ihr kein Stück Land das ihr zu solcher Bestimmung gerne und mit Freuden hergeben möchtet? Würden nicht selbst eure Kinder, die nicht in diese Schule gehen, aus dem Beyspiel dieser Landesfremden und Armen recht viel gutes und edles lernen können?

Die Landsaßen.

(Zu Seite 132 und 166.)

Landsaßen sind Leute, die im Kanton leben, und doch nirgend im Land ein Bürgerrecht haben; — die zu arm sind sich eines zu kaufen. Ihre Anzahl ist etwas mehr als 4 tausend. Sie wachsen noch mehr an durch die unehlich erzeugten Kinder, welche auch dahin zum Theil gezählt werden. Erst seit 15 Jahren haben sie eine gewisse feste Einrichtung; und da es interessant ist, diese für Fremde und Einheimische wichtige Sache genauer zu kennen, so ziehen wir aus der Obrigkeitlichen Satzung folgendes aus, welches die Natur ihrer Existenz darstellt.

Wenn ein Fremder in der Landsaßenkammer angenommen zu werden wünscht, muß er darthun, daß er dem Land nicht zur Last fallen werde, daß er ein bestimmtes nothwendiges Geschäft habe, und sich der Ordnung unterziehen wolle, eine jährliche Steuer zu bezahlen, auch daß er den ärmern Mitgliedern dieser Korporation in Nothfällen mit beysteuren helfen wolle. — Die jährliche Steuer aber soll nach Gutbefinden von der Landsaßenkammer festgesetzt werden. — Aus diesem Fond soll ein Kapital angelegt werden, damit die jährlichen Interessen zur Unterstützung der Armuth dienen mögen. — Was aber noch mehr erforderlich ist, das steuert die Obrigkeit; ja sie selbst schenkt auch jährlich noch eine Summe zur Vermehrung des Kapitalfonds. Stirbt ein Hausvater, so wird von der Landsaßenkammer dessen Hinterlassenschaft unter Bevogtung gelegt. Heyrathen darf keiner — der nicht die Erlaubniß dazu bey der Kammer eingeholt hat. Auch soll kein Prediger einen einsegnen, oder er habe ihm seinen Schein und Landsaßenbewilligung vorgelegt. Die Kinder der Landsaßen sollen vornemlich zum Landbau gezogen werden. —

Man nennt diese Leute auch sonst die Heimatlosen. Aber wenn sie der Staat in seinen Schutz nimmt, so paßt dieser Titel nicht mehr. Freylich geniessen diese Leute nirgend kein Bürgerrecht, aber doch sollen sie von den Dorfgemeinden nach den angewiesenen Distrikten geduldet werden als Unglückliche — die auf die Hülfe ihrer Mitmenschen Anspruch haben. —

Seit dem Jahr 1288 sind keine Juden mehr in der Stadt wohnhaft; und ist dies eine der grösten Wohlthaten, welche unsre theure Altvodern uns hinterlassen haben. Unreinlichkeit, Müssiggang, schlechte Streiche siehet und höret man stets wo diese Nation einhauset. Sie sind uns Europäern ganz fremd an Sitten und Gebräuchen; und sie wollen es seyn; daher wird man auch schwerlich jemals aus ihnen gute Einwohner machen. —

Sonst sind die Juden auch noch bis zum Jahr 1790 fleißig nach Bern gekommen, um an den Roßmärkten Pferde für Frankreich zu kaufen. Doch hatten sie niemals die Erlaubniß lange an einem Ort zu verbleiben, sondern bloß durchzureisen war ihnen gestattet; welches ihnen aber jetzt untersagt ist, wegen des erzählten Vorfalls. (1ter Band, Seite 131).

Die Polizey und öffentliche Sicherheit zu Stadt und Land.

Die Kennzeichen einer guten Polizey sind nach dem Urtheile eines jeden vernünftigen Weltmannes folgende:

1) Die Sorge für die Gesundheit der Einwohner und der erforderlichen Anzahl von Lebensmitteln;
2) Erhaltung der möglichst billigen Preiße im Verhältniß mit andern benachbarten Ländern und Gegenden;
3) Strenge Gesetze gegen die Wucherer in den ersten Nothwendigkeiten des Lebens;
4) Sicherheit des Eigenthums, und Entfernung derer, so die Ruhe stören;
5) Seltenheit von Diebstählen;
6) Schleunige, ernstliche aber nicht grausame Justiz über die Verbrecher;
7) Sorge für das Vergnügen der Einwohner, durch Spaziergänge und öffentliche Plätze; auch guter gesitteter Wirthshäuser;
8) Versorgung der Armuth.

Für alle diese Polizeygegenstände sind in der Stadt Bern und im Kanton die besten Anstalten und

Verordnungen geschehen; und wenn es hie und dort an der Ausführung fehlt, oder sie nicht in der rechten Art befolgt werden; so hat die Obrigkeit daran gewiß keine Schuld. Sie sucht und will Ordnung. Wo aber ist der Staat in der Welt, da nicht noch viele Wünsche übrig bleiben! ach, daß die Gesetze auch so befolgt werden möchten, wie sie gegeben sind! Erfrischung und öftere Einschärfung möchte also auch bey uns nöthig seyn.

Wir haben in Bern einen Sanitätsrath, welcher alle Pfuschereyen der Marktschreyer verbietet; die Stadt und Landärzte prüft; bey ansteckenden Krankheiten und Viehseuchen *) thätige Vorsorge thut. Er hält auch die

*) Ein würdiger Landgeistlicher schreibt mir unter andern folgendes: Diese höchstwichtige Vorsorge des hohen Sanitätsraths gegen die Viehseuche verdient Hochachtung. Wie schrecklich würde das Uebel oft seyn, wie sichtbar ist der Nutzen der Vorkehrungen! Sehr oft werden Nachrichten von den Kanzeln verlesen; und bald diese bald andere Bezirke an den Gränzen mit der Sperre belegt. Unter den vielen Bemühungen zum Besten des Landes greift keine tiefer in Bauern Herzen als diese. Sie, die gewohnt sind, die edelsten Handlungen mit dem Maasstabe des Eigennutzes zu messen, und Absichten zu suchen, die nicht sind, werden durch die unermüdete Wachsamkeit, den scharfen Blick auf alle Gefahren, die ihnen sonst verborgen blieben, und durch die Unkosten, welche mit Einziehung der Nachrichten verbunden seyn müssen, und diß alles für ihr Vieh, wobey sie gar keine andere Absicht als landesväterliche Sorgfalt entdecken können, so gerührt, daß sie mit vieler Bewegung ihr Erstaunen äussern; es sind nicht Vermuthungen, ich bin Zeuge."

Apotheken in Aufsicht; und wenn schädliche Lebensmittel in Umlauf kommen, wodurch die Gesundheit angegriffen wird, da warnt er durch öffentliche Ankündigungen. Es sollen auch keine Medikamente von auswärts zum Verkauf angeboten werden, und wenn sie noch so approbat wären, ohne einen vorher erhaltenen Erlaubnißschein vom Sanitätsrath.

Wir haben eine Commerzienkammer, wo für gute Ordnung im Handel und Wandel gesorgt werden soll; wo sich auch alle Landkrämer einzeichnen lassen müssen, sonst werden ihnen ihre Waaren consiscirt.

Wir haben vortreffliche Anstalten für Arme. Auch sollen die Prediger nach ihrem besten Wissen und Gewissen in ihrem Bezirk Aufsicht über die Armuth halten; unpartheyisch Hülfe gewähren, wozu ihnen Mittel und Wege genug offen stehen und an die Hand gegeben sind, ja mehr als in irgend einem Staat. Man fordert dieses von Obrigkeitswegen von ihnen; welche es aber versäumen, die haben es auf ihrem Gewissen zehnfältig *).

*) Jeder Pfarrer vom Land übergiebt jährlich dem Herren Landvogt ein Verzeichniß der Armen, so von ihm und den Vorgesetzten unterschrieben ist; mit der Anzeige, was die Gemeinde einem jeden steuert. Reichlich werden die, welche durch Unglücksfälle oder Krankheiten zur Arbeit untüchtig geworden, und der hohen Landsallmosen-Kammer empfohlen werden mit Frucht und Geld unterstützt. Kommt ein besonderes Unglück über einen Hausvater, so hat er an seiner Obrig-

Wir haben eine Landsassenkammer, wo allen Heimathlosen und Verlassenen Rath und Beystand geleistet wird; auch werden alle Findelkinder von einer eigenen Direction besorgt, in Schutz genommen, gepflegt und erzogen. —

Wir haben eine eigene Münzdirektion, die alle Verfälschung der Geldsorten verhütet; und von Zeit zu Zeit schlechte Sorten verbietet; auch eine genaue Prüfung der gangbaren Münzen anstellt. —

Wir haben im Lande herrliche Kornhäuser; eine große Niederlage von Salz, welch letzterer Artikel besonders wohlfeil erlassen wird, weil die Obrigkeit den Alleinhandel dabey führt. —

Wir haben eine Marechaußee, die im Lande auf und abstreift; die Sicherheit auf den Landstrassen unterhält, oder wenn Gesindel sich findet, zur Stelle liefert, und wieder aus dem Lande hinaus schaft. —

Wir haben eigene Anstalten zur Aufsicht über die Fremden.

Wir haben eine Stadtwache, welche das ihrige auch zur Sicherheit in der Gegend und zur Ruhe in der Stadt mitwirkt.

Uebrigens lese man was schon im 1ten Band von Seite

keit allemal eine gewisse Stütze. Die Wohlthaten für die Dürftigkeit von Seiten der Regierung sollen sich jährlich auf mehr als 200000 Pfund belaufen.

Seite 61 bis 64 von der öffentlichen Sicherheit und Bequemlichkeit geschrieben worden.

Daß aber für das Hebammenwesen auf dem Lande noch nicht so gesorgt wird, wie es die Wichtigkeit des Gegenstandes wohl verdiente, muß hier nicht mit Stillschweigen übergangen werden. An vielen geringen Orten in Deutschland geschiehet in dieser Rücksicht weit mehr als hier. Die Unwissenheit dieser Weiber ist an dem Tod vieler Kindbetterinnen und Kinder schuld; ich muß dies anzeigen, weil es eine allgemeine Klage ist. Der Bauer thut nichts, wenn es die Obrigkeit nicht thut; ja ohnehin ist es bekannt, daß der Bauer mehr für sein Vieh, als für seine Kinder sorgt. — Daß es hier und da auch noch Ausnahmen geben kann, will ich nicht leugnen, aber das Allgemeine ist so; und bey den zerstreuten Wohnungen und in den Bergen weit entfernten Hütten kommt oft die gute Hülfe aus der Stadt viel zu spät. Auch wird darum unsre Insel mit vielen erkrankten Kindern und Weibern vom Land genug belastet.

Konsumption; Preis der Lebensmittel.

(1ter Band, Seite 76-79.)

Die Konsumption der Lebensmittel und ihr Preis; ihre Menge, Obrigkeitl. Tax, und Seltenheit, hängt wie überall von den Umständen ab. In den ruhigen fruchtbaren Jahren lebt man gewöhnlich um ein Drittheil, ja um die Hälfte wohlfeiler, als in Jahren der mindern Fruchtbarkeit, oder bey der Fruchtsperre, oder bey dem Anwachs der Fremden, die sich in unsre Gegenden flüchten. So haben z. B. die französische Revolution, der Krieg in Deutschland, und die überall mit großem Widerwillen angesehene Emigranten uns eine ungewöhnliche und lang anhaltende Theurung verursacht. Kommen unter den Flüchtlingen auch reiche und im Ueberfluß lebende Personen an *), die alle wohl bezahlen und überbieten, so steigt der Preis auf den Wochenmärkten

*) Ich weiß eine kleine Stadt, nahe bey Bern, da war eine einzige Haushaltung von reichen Fremden, wo allein jährlich an 50 Klafter Holz verbrannt worden; das Feuer gieng auf dem Heerd niemals aus; im Herbst und Winter, ja sogar den halben Sommer, wenn es nur kühl machte, ward scharf eingeheitzt, das Feuer brannte im Kamin, im Ofen; auf dem Heerde — es war eine wahre Aergerniß solche verschwenderische muthwillige Menschen zu sehen. Sollten diese Art Leute nicht Theurung schaffen können? Und sollte man diese Reiche nicht weit ernstlicher zu entfernen suchen, als alle andere Fremde.

ganz unerhört; die Bauren wissen davon guten Nutzen zu ziehen, aber der gemeine Mann, der Bürger, der von seiner Profession oder gar von einem Amte lebt, das ihn gerade hinlänglich aber nicht im Ueberfluß nährt — fühlt diese drückende Erhöhung so stark, daß er sich in Schulden steckt, und lange Jahre nicht mehr mit seiner Haushaltung in Ordnung kommt. Jetzt da ich dieses schreibe, finden sich folgende ziemlich hohe Preise als die gewöhnlichen, im Berner Wochenblatt angezeigt.

Preiß der Lebensmittel vom Weinmonat 1795.

Dinkel, (Spelz) der Mütt, 196 btz. bis 200 btz.
. . . neuer, der Mütt 170 btz. bis 204 btz.
Kernen, (Korn) das Mäs, 42 btz. bis 43 btz. 2 kr.
. . . neuer, das Mäs, 40 btz. 2 kr. bis 43 btz.
Roggen, das Mäs, 23 btz. bis 30.
Waizen, das Mäs, 42 btz.
Erbsen, das Mäs, 40 btz. bis 44 btz.
Weisse Wicken, das Mäs, 41 btz. bis 45 btz.
Schwarze Wicken, das Mäs, 31 btz. bis 38 btz.
Mühlikorn, (Gemischtes von allerley Getraidarten), das Mäs, 28 btz. bis 30 btz.
Paschi, das Mäs, 25 btz. bis 30 btz.
Gersten, das Mäs, 19 btz. bis 22 btz.
Haber, das Mäs, 10 btz. bis 14 btz. 3 kr.
Habermehl und Haberkernen, das Mäs, 36 btz. bis 41 btz.
Linsen, das Mäs, 45 btz.
Reis, das Pfund, 10 bis 12 kr.

Brodt-Tax vom Weinmonat 1795.

Brod, rauhes:

1 Pf. 8 kr. 2 Pf. 16 kr. 3 Pf. 24 kr. 4 Pf. 32 kr. 5 Pf. 40 kr.

Brod von einzügigem bloß vermahlnem Mehl ohne Zusatz; 1 Pf. 9 kr. 2 Pf. 18 kr. 3 Pf. 27 kr. 4 Pf. 36 kr. 5 Pf. 45 kr.

Brod in der obrigkeitlichen Brodschaal, 1 Pf. 7 kr.

Brod von zweyzügigem weissen Mehl, 1 Pf. 10 kr. 2 Pf. 20 kr.

1 Kreuzerwerthes Mütschli soll wägen 2 Loth.

Ausgesteckte Tännlein (offene Keller) sind 145, und gilt der Wein von 4 Batzen bis 12 Bz. die Maas.

Fleischtax vom Weinmonat 1795.

Vom 29ten August bis Martini.

Ochsenfleisch in der Schaal, das Pf. 10½ kr.

- - - - im Schlachthaus, das Pf. 10 kr.

Kühfleisch in der Schaal, das Pf. 9 kr.

- - - - im Schlachthaus das Pf. 8½ kr.

Kalbfleisch in der Schaal, das Pf. 10 kr.

- - - - im Schlachthaus 9½ kr.

Schaaffleisch in der Schaal, das Pf. 9 kr.

- - - - im Schlachthaus, das Pf. 8½ kr.

Wir rücken diese Taxe hier ein, weil wir hoffen, daß nach kurzem wir sie mit Verwunderung betrachten werden; auch sollen unsre Nachkommen wissen, welch harte Jahre wir in dieser Zeit erlebt haben, da auch aller Handel und Wandel fast geschlossen und geringe ist. —

Man lerne aber auch schon in der guten Zeit sparen, daß man Zehrgeld in der Noth habe. —

Der Preis des Holzes, welches für ein Klafter Tannen sonst um 2 Laubthaler zu bekommen war, ist jezt gewöhnlich 3 Laubthl. und der Preis des Buchen fast nahe an 4 Laubthaler, auch dann bekommt man es nur noch mit Mühe, weil die Konkurrenz stets groß ist, und die Bauren lachend gestehen, die Städtleute seyen selbst schuld, daß sie es so theuer kaufen müssen, weil es ihnen von denen, die Fremde beherbergen eilig geboten wird. —

Butter oder Anken zahlt man in diesem Monate (Weinmonat 1795) um $6\frac{1}{2}$ bis 7 Batzen das Pfund, sonst $3\frac{1}{2}$ Bz. oder 15 kr. und höchstens 5 Bz. — 5 Eyer um 2 Bz. Lichter, welche sonst das Pfund $5\frac{1}{2}$ bis 6 Bz. kosten, sind bis auf 8 Bz. gestiegen. Der gute Käs *) 8 bz. das Pf. sonst 4 Bz. Das weisse Brod, wird das

*) Käse werden in der Hauptstadt nicht sonderbar viel gegessen. Die Besten gehen ausser Landes. Geiskäse werden auf dem Lande und auch in der Stadt noch mehr geliebt. Auch den sogenannten Fätscherin findet man hie und da auf den Tischen. Lezterer ist aber der Gesundheit im Ganzen so schädlich, daß die Personen, die ihn oft und in Menge geniessen ihren Tod sichtbar beschleunigen. Dieser Tagen ward mir von einem angesehenen Manne erzählt, er habe die Beobach-

Pf. sonst um 6 kr. taxirt, jezt um 9 kr. u. s. w. Zucker und Kaffee werden fast eines wie das andere das Pfund mit 14 Batzen bezahlt. Diese Preise haben auch Einfluß auf den Handlohn der Arbeiter; und alle Gewerbe und Handthierungen stecken und gehen langsamer, weil man keine so theure Kostgänger halten kann und mag, und nur das Höchstnothwendige kauft.

Die Preiße des Fleisches differiren fast so oft als die Preiße des Mehls. Bey dem im 1ten Band angegebenen Tax der Lebensmittel sollte das Wörtchen: auf das Wenigste stehen.

Der Salzpreis ist nach Proportion, da dieser Artikel aus fremden Landen kommt, noch höchst billig. Denn wir im Kanton Bern ziehen von den einheimischen Salzwerken auch bey guten Jahren nicht den sechsten Theil des Nothwendigen, das übrige kommt mit theurer Fracht aus Deutschland u. s. w. *)

---

tung gemacht unter Herrn von seiner genauen Bekanntschaft, die den Fätscherin so vorzüglich liebgewannen, daß von 10 Personen jezt keiner mehr am Leben sey — und diese in Zeit von 8 Jahren sich alle in Tod gefolgt sind.

*) Den Salzhandel führt die hohe Obrigkeit seit 1636. Vorher konnte jeder damit handeln. Man hatte oft Mangel daran, und selbst die mit Frankreich geschloßenen Salztraktate mußte die Obrigkeit durch ihr Ansehen und mit Aufopferung großer Summen wieder erkaufen. Seit dieser Zeit bestehen mit Bayern, Tyrol, Savoyen, Burgund, Lothringen obrigkeitliche bestimmte und sichere Verträge

Der Korn-Preis stehet bey uns nie still, bald steigt er bis über das Doppelte, bald hält er sich eine Zeitlang im Mittel zwischen Wohlfeile und Theurung. So zum Beyspiel galt das Mäs Korn vor 2 Jahren noch 20 Batzen, im Jahr 1794 stieg es im Herbst auf 28, sodann auf 31 und 34 Batzen, und jezt sogar, (da ich dieses schreibe, den 30 Julius 1795) auf 42 Batzen; ja es galt diesen Sommer bis 48 Batzen.

Ueber den Holzmangel sind nun seit den lezten zwanzig Jahren so viele Klagen geführt worden, und die Theurung besonders in den Städten nimmt auch in diesem Artikel so merklich zu, daß es wohl einst eine obrigkeitliche genaue Landesuntersuchung erfordern wird, wie dem Mangel abzuhelfen, eine sparsamere

---

und Uebereinkommnisse, so, daß unser Land niemals Mangel an diesem so nothwendigen Lebens-Produkte haben kann. Und das bey unserer Viehzucht und zum Käsemachen so ganz unentbehrlich und in großer Menge erforderlich ist; 1554 wurden die inländischen Salzquellen zu Paner und Bevieux entdekt, und nachher durch die Sorgfalt und Aufopferung unsrer väterlichen Regierung bald mehr bald minder reichhaltig gemacht. Den Bericht hierüber theilt uns Herr von Haller mit, der Salzdirektor daselbst gewesen, und in seinem Buch den ganzen Verlauf dieser Quellengeschichte erzählt und untersucht hat. Neuerlich aber ist es noch vollständiger, wissenschaftlicher, und nach vieljähriger Selbsterfahrungen geschehen, von Herrn Direktor Wild in dem Buche: Essai sur les montagnes salifères du Gouvernement d'Aigle, au Canton de Berne, 1791.

Holzfeurung eingeführt, und die Feuerheerde und Stubenöfen auch zweckmäßiger gebauet werden sollen. Dazu müßte man die Hafner und Kachelbrenner anhalten, und ihnen bessere Modelle geben. — Mangel an Holz! Wer sollte das in der Schweiz glauben! Sieht man doch nichts als Holz; alle Berge und Anhöhen voller Holz! Aber der Handlohn der Leute ist kostbar; die Fabriken kaufen auch viel auf; und die Fuhrlöhne steigen mit jedem Tag. — Gerecht also ist die Klage über Theurung des Holzes und den unsparsamlichen Gebrauch desselben. Weil unsre Voreltern nicht damit sparen durften, so fahren wir auch fort, es verschwenderisch zu gebrauchen. Man wirft große Stücken Holz ins Feuer. Ein guter Oekonom meldet uns: Axt und Säge werden zu wenig gebraucht, Oefen und Feuerstädte sind zum verschwenden eingerichtet; obgleich die Oefen und Heerde die Hitze nicht auf einmal nutzen können; so werden doch Stöße groben Holzes angelegt; die Hitze wird nicht durch Läufe herumgeführt bis sie nur lau in den Rauchfang käme; sondern $\frac{2}{3}$ wenigstens gehen bey dem schnellen und starken Brand ohne Nutzen davon. —

Schon hat es die Aufmerksamkeit einer weisen Landes-Regierung auf sich gezogen, wie man die Waldungen besser schonen und die Bauren zur Anpflanzung neuer Holzarten gewöhnen könne. Es ist seit den lezten Jahren ernstlich daran gedacht worden, die Wälder frisch anzupflanzen, die faulen und unfruchtbaren Gegenden auszubessern; und Saamen von auswärtigen Holzarten nach Verhältniß des Bodens einheimisch zu machen. Es ist daher in Bern eine eigene Holzkammer oder Regierungs-Ausschuß, welche unter dem Vorsitz des regierenden Welsch-Seckelmeisters und einigen Gliedern des kleinen und großen Raths diese wichtige Lands-Angelegenheit besorgen, und die besten Schriften und Entdeckungen, die über diesen Gegenstand erscheinen, prüfen und zu unserm Vortheil benutzen sollen.

Torf wird noch viel gebrannt, mehr in der Stadt als auf dem Lande. Die Wagenfuhr kostet gemeiniglich 4 Kronen. Wir haben viele Oerter im Kanton Bern, wo Torf gefunden wird. Vor den Thoren der Stadt Bern; — zu Murten; Buchsee; auch würde man viel heben können aus den Morästen bey Orbe, Iferten und im Innsmoos; -- die Landvogtey Nidau liegt fast ganz auf Torferde; am meisten sind zu Orpund, Madretsch, Säffneren.

Auch Steinkohlen braucht man seit etlich und dreyßig Jahren in der Stadt und auf Hammerwerken. Sie sind in unserm Kanton zuerst gegraben worden, wo man sie in Menge noch findet, hinter Frienisberg in einem Walde, eine halbe Stunde westwärts von dem Kloster an einer kleinen Anhöhe von Sandgestein. Von diesen Steinkohlen brannte der holländische Gesandte im Kamin, als er in Bern war, während seines ganzen hiesigen Aufenthalts. —

Fast zu gleicher Zeit fieng man an hinter Boltigen Steinkohlen zu graben. Wäre der Fuhrlohn bis zur Hauptstadt nicht so hoch, so würde man solche in den Schmidten und sonst noch stärker gebrauchen. Der Centner davon wird in Bern von 16 Batzen bis auf 20 Bz. verkauft. Es mögen jährlich gegen 3 bis 4 hundert Centner nach Bern kommen. —

Hinter Oberwyl, im Amt Wimmis, an einem abgelegenen Platz — der Lindekrachen genannt, findet man sehr viel Steinkohlen, desgleichen im Frutigamt. Letztere Art ist aber mager, und kann von den Schmidten und Färbern nicht so vortheilhaft gebrannt werden, wie jene andern, das Feuer ist nicht lebhaft genug. In der Gegend von Thun hat man auch wichtige Entdeckungen gemacht, und da der Transport von daher zu Wasser wohlfeil ist, so ist diese Ersparung des Holzes ausserordentlich wichtig für die Stadt Bern.

Die vornehmsten Orte im Kanton, da Steinkohlen gefunden werden, sind also:

Aarwangen.
Bachtalen bey Erlebach.
Bochat bey Lütry (Welschland).
Boltigen.
Dennwyl bey Büren.
Diesbach bey Thun.
Eggywyl.
Erlach im Julimont.
Frienisberg.
Frutigen.
Grüßisberg, Sieglisberg, Herdlisberg bey Thun.
Langnau.
Oberwyl im Siebenthal.
Oron.
Rychenbach bey Erlenbach.
Siegeriswyl.
Spietz. Krattiggraben.
Wattenwyl.

Berner Haushaltungs-Kosten,

in guten Jahren.

Vor einem Jahre machte der Herausgeber dieses zweyten Theils der Beschreibung von Bern zu einem Frauenzimmerkalender folgende Berechnung des Kostenaufwandes einer Schweizer-Haushaltung die er von der Stadt Bern abgezogen hatte, wo er lebt; er findet keinen schicklichern Ort als den gegenwärtigen, diese damals mit Fleiß berechnete Gegenstände auch für andere Leser nutzbar zu machen, und da es ein Modell seyn kann, wie man sich hier einzurichten habe, so will er den Zeitgenossen und den Nachkommen davon eine Abschrift aufbehalten, die vielleicht auch die Fremden interessiren wird.

Zu besserer Verständniß auch für Ausländer, hat man den Geldpreiß in Gulden und Kreutzer gesetzt; der Gulden zu 15 Batzen; der Batzen zu 4 Kreutzer.

Ueberschlag, was eine schlecht und rechte Bernerische Haushaltung kostet.

	fl.	Btz.
Hausmiethe, für ein mittelmäßiges und gar nicht weitläufiges Logis . . .	60	-
Für eine Magd, die noch gar keine von den besten Köchinnen ist, sondern so unwissend und grob als möglich dafür dient . .	40	-
	100 fl.	

	fl.	Bz.
Summe des Uebertrags . . .	100	-
Hat man Kinder, so kostet die Kindermagd, mit Präsenten und ohne die Kost, jährlich	70	-
An Neujahrsgeschenken und andern Kleinigkeiten, für die Mägde und Kinder und Gevatterkinder, ꝛc. und sonst . .	15	-
Der Wäscherinn alle 4 Wochen auf das wenigste 45 Batzen; machen für das Jahr .	36	-
Für Holz zum Küchenherd, durchs ganze Jahr, wenigstens für . . .	24	-
Für Holz zum Ofen, mehr und weniger, aber auf das billigste angeschlagen, 5 Klafter à 9 fl.	45	-
Frisch Brod, nur für 4 Personen täglich à 3 Batzen gerechnet, macht jährlich .	73	-
Milch und Niedlen, wöchentlich nur à 6 Batzen angeschlagen, macht jährlich .	20	12
(NB. die Maaß dünne Milch kostet 6 Kreuzer, die dicke welche man Nidlen nennet, 4 Bz.)		
Caffee, so wenig man auch in einem Hause trinken mag, so muß man doch für sich und andere im Vorrath haben, bey also nicht ordinairen Kaffeetrinkerinnen jährlich etwa 10 Gulden, bey ordinairem Kaffeetrinken aber, per Tag nur 3 Batzen gerechnet, (könnten wohl 5 gesetzt werden,) da man		
	383 fl.	12 Bz.

	fl.	Bz.
Summe des Uebertrags	383	12
auch mehr Holz verbrennt und mehr Zeit versäumt, mit Innbegriff des Zuckers jährlich	73	-
Wein, täglich nur eine halbe Maaß, à 2 Batzen, machen jährlich . . .	48	10
(Wie wenige Haushaltungen giebt es, wo nicht täglich wenigstens 1 und 2 Maaß getrunken werden; wo Gesellen, Handlungsdiener sind, da muß es ohnehin seyn, weil wir keinen wohlfeilern Trank, wie in Deutschland das Bier, haben, wo man die Maas à 3 Kreuzer kauft.)		
Für Lichter, jeden Abend etwa 2 Lichter, (da man im Winter wohl mehr braucht) also Sommer und Winter in einander gerechnet, wöchentlich nur 2 Pfund, à 6 Batzen das Pfund, machen jährlich . . .	41	9
Oel, jährlich, zum brennen und Salat, auf das wenigste für	7	-
Die Ausgaben für Speisen lassen sich nicht so leicht bestimmen, wir wollen indessen die gewöhnlichen Preise der Lebensmittel durchgehen:		
Das Pfund Rindfleisch, gewöhnlich 2 Batzen.		
Das Pfund Hammelfleisch, gewöhnlich 2 Bz.		
Das Pfund Schweinfleisch, gewöhnlich 3 Bz.		

554 fl. 1 Bz.

	fl.	Bz.
Summe des Uebertrags . . .	554	1
Das Pfund Kalbfleisch, gewöhnlich 6 Kreuzer.		
Eine Gans, 15 bis 18 Batzen.		
Ein Huhn, 6 und 8 Batzen.		
Ein Ey, 1 Kreuzer.		
Ein Pfund Butter (Anken) 4 und 5 Batzen.		
Mehl, Bern-Viertelein 10 und 12 Batzen.		
Salz, das Pfund 1 Batzen.		
Das Mås Erdäpfel, 6 Batzen.		
Das Mås Erbsen, 36 Batzen.		
Das Gemüß für 2 und 4 Personen, à 6 Kreuzer und 2 Batzen, es mögen Bohnen, Kraut, Birn oder andere Fruchtarten seyn.		
Aus diesen Preisen erhellet, daß eine kleine Familie, jede Mahlzeit mit Zugemüß nicht unter 9 Batzen bestreiten kann; machen jährlich für das Mittagsmahl . . .	219	•
Und die Nachtmahlzeit nur à 6 Batzen gerechnet	146	•
Kleider und Weißzeug für den Körper sowohl als zu den Betten, kosten was ansehnliches, wenn man Reinlichkeit und Ordnung liebt; —		
Die Ehle von guter Leinwand kostet zwischen 5 und 6 Batzen.		
Gutes Kleidertuch, der Stab 40 bis 60 Bz.		
	919 fl.	1 Bz.

	fl.	Bz.
Summe des Uebertrags	919	1

Ein paar Mannsschuhe 36 bis 40 Batzen.

Ein paar Weiberschuhe 30 bis 32 Batzen.

Ein tuchener Mannsrock mit Futter, 18 bis 20 Gulden.

Ein Frauenkleid von leichtem Zeug, 16 bis 18 Gulden.

Ein Hut, — 4 und 5 Gulden.

Zwirne Strümpfe, 15 bis 20 Batzen.

Gestrickte Strümpfe, 25 bis 30 Batzen.

Dem Peruckenmacher nur 2 mal die Woche, per Jahr 1 Louisd'or.

Für alle Tage; jährlich 3 Louisd'or.

Puder, das Pfund 3 Batzen.

Dem Barbier, wöchentlich 3 mal zu rasiren, macht jährlich 3 Laubthaler.

Dem Arzt, für einen Krankenbesuch, 5 Batzen.

Wenn wir also für jedes Haus, für den Gebrauch an Weißzeug, Kleidung, Nätherinn-Arbeiten, Schuhmacher, Peruckenmacher rc. nur monatlich 7 Gulden rechnen, so steigt die jährliche Summe auf . . .	84	.
Ist das Ganze des Jahrs auf das billigste gerechnet	1003 fl	1 Bz.

oder 15 hundert Bernfranken, welche gerade 375 neue franz. Thl. ausmachen.

Schon damals als vor 18 Monaten diese Berechnung aufgesetzt worden (im Herbst 1794); fand sie jeder Kenner von Bern, jede brafe Hausfrau, der ich dieses Verzeichniß vorlegte, äußerst billig, ja nur zu gering im Anschlag, weil fast alle Artikel mehr kosten, als sie hier angeschlagen sind. Aber ich wollte mit Fleiß kein theures Jahr, sondern ein wohlfeiles, gewöhnliches Jahr zum Maasstab nehmen, damit der Ueberschlag desto länger gültig bleibe, und allgemein für brauchbar gelten könne. In theuren Zeiten kann man mehrere Artikel wenigstens um $\frac{1}{3}$ Theil höher anschlagen. Lichter, das Pfund statt 6 Batzen zu 9 Batzen. Rind- und Hammelfleisch das Pfund zu 3 Batzen. Das Brod aber steigt am allergeschwindesten im Preiß. Die 3 Batzen-Brode sind jezt so klein, wie vormals die 6 Kreuzer-Brode. So wie man jezt in Bern selten mehr unter hundert Gulden oder 60 bis 80 Kronen, etwas erträgliches von einem Logis mit ein paar Stuben und Kammer wird bekommen können.

Mit wahrer Ueberzeugung konnte ich also damals dem Schluß der Rechnung folgende Worte beyfügen:

Ich fordere jeden ehrlichen und erfahrnen Hausmann auf, ob er nicht diesen Anschlag höchst mäßig finde; und ob er sich getraue, bey allen jezt steigenden Preisen der Lebensmittel damit auszulangen, wenn er nicht genau und wohlbedächtlich alles zu Rathe hält. Hier ist noch nichts für die Mode und den Frauenzimmerstaat gerechnet; nichts für Schulgelder, Kleidung, Putz der Kinder;

der; nichts für Spazierfahrten, Besuche, Festtage; nichts für Arzt; Apotheker; nichts für die Vergnügungen des Geistes, Musik, Bücher, Schreibmaterialien. Das allergeringste also, was heut zu Tage ein Hausvater bey einer kleinen eingezogenen Familie rechnen kann, sind 100 neue französische Louisd'or. Und wie wenige können sich rühmen, daß sie ein solches sicheres, gewisses Einkommen haben!

Die Handelschaft.

Nicht in allen Gegenden unsers Kantons ist der Handel vortheilhaft. Wenn in Gegenden, wo der Ackerbau blühen könnte, sich die Handelschaft zu stark vermehrt, so legen sich reiche Leute, statt das Feld zu bauen und fruchtbarer zu machen, auf die Jüdeley, und denken nur an ihren Privatvortheil, nicht an den Nutzen und die Bedürfnisse des Vaterlandes. Daher hat man immer noch eine zweydeutige Meynung von den Fabriken. Zwar vermehrt sich die Bevölkerung, wo Handelschaft getrieben wird; aber die Fabrikarbeiter sind nach einer langen Erfahrung der schlechteste Theil der Nation. Der Staat hat wenig oder nichts von ihnen zu erwarten, und in Zeiten der Noth fallen sie dem Lande zur Last.

Zwar haben wir auch Gegenden im Kanton, die sonst wenig belebt waren, die jezt mit Menschen angefüllt sind. Dies brachte die Handelschaft zuwege. Im Aergäu sind Distrikte, die um das Doppelte an Menschen zugenommen haben, und auch im Feldbau besser bearbeitet werden, weil die Bedürfnisse größer sind. — Hingegen wissen wir auch, daß die Gemeinden nie stärker mit Armen und Waysenkindern überzogen waren, als seit den lezten 30 Jahren.

Der Handel im Kanton ist nicht unbedeutend. Auch wird von unsern Kaufleuten so fleißig spekulirt, daß kein Zweig der Handlung ohne wichtige Entrepreneurs ist, wie das kürzlich im Verlag der typographischen Gesellschaft in Bern, erschienene Verzeichniß aller Fabrikanten und Handelshäuser im Kanton, genugsam an Tag legt. — Man kauft viele rohe Waaren auswärts, und läßt solche hier im Lande verarbeiten; Hanf, Flachs, Wolle wird überall aufgekauft. Vormals kam vieles aus dem Elsaß; und jezt kommt das meiste aus Schwaben. Dies ist in der That so wichtig, daß ohne Fabriken viele Familien hungern oder doch auswandern müßten, wie dies auch in Zeiten geschiehet, wenn die Geschäfte ganz stocken. Die Bevölkerung aber von Fabriklern gedeihet dem Staat schlecht, weil diese Leute ausarten und ihre Kinder vielfältig schon elende Krüppel sind, die weder zum physischen noch sittlichen Gewinn unseres Landes viel beytragen.

Besser wäre es wenn Hanf und Flachs im Land mehr angebaut würden, da man so vieles von diesen Artikeln aus der Fremde muß kommen lassen. Und da die

Fracht von allen ausländischen Artikeln sehr hoch stehet, so ist für unsre Manufakturisten wenig gewonnen; denn der beste Ertrag wird an Fuhrlohn und an die Ausländer zurückbezahlt. — In den vorigen Zeiten hatte man im Land viel mehr Hanf und Flachs gebaut, und die Schaafzucht zur Wollenschur war um wenigstens 2 mal stärker, als sie heut zu Tag im Kanton abwirft; überall siehet man die Schaafheerden vermindert. Auch war ehemals die Schweizerleinwand, wegen ihrer Dicke, Dauerhaftigkeit und Festigkeit auf den deutschen Messen vor allen sehr gesucht, denn die Schwäbische und Schlesinger thut es ihr an innerer Güte nicht gleich, wozu unsre herrliche Quellwasser und schöne Bleichen, das ihrige beytragen. Aber es fehlt uns an einem guten Ehlenmaaß — durchaus differirt es von einem Ort zum andern.

Den Landmann oder Weber, der für die Fabriken arbeitet, drückt die Verschiedenheit der Gewichte und Maasse. Die Leute wissen nie woran sie sind. Nicht nur sind die Gewichte und Maaße der Aergäuischen Städte, die als Niederlagen von dem Fleiß des dortigen Landmanns angesehen werden müssen, sehr verschieden unter sich selbst, und kommen mit dem der Stadt Bern gar nicht überein; sondern auch diese, so wie die im welschen Antheil, können ihre Brüche nicht berechnen; welches dem Arbeiter seinen Lohn schmälert, und er nie recht weiß, wie er seine Rechnung machen soll. —

Wenn man wahrhaft gemeinnützig seyn will, so sollte man in der Schweiz, oder doch im Kanten ein allgemeines Maaß festsetzen, und es so einrichten, daß man es ohne Brüche berechnen könnte, also für jedermann brauchbar wäre.

Ich mache mir eine Pflicht daraus, diese große Angelegenheit nochmals ernstlich in Erinnerung zu bringen, und die Worte des edlen Mannes, des wahren Patrioten Herrn von Tscharners, verst. Hrn. Seckelmeisters, zu wiederholen, die er schon vor 25 Jahren (1771) der ökonomischen Gesellschaft von Bern gesagt hat; höchst nachtheilig ist die Verschiedenheit im Maaß und Gewicht der Handlung (und dem gemeinen Wesen überhaupt); sie ist auch beschwerlich, denn die Berechnung und Vergleichung kann der Landmann nicht fassen, der seine Tücher dem Kaufmann bringt, er muß sich ihm überlassen. — Wer die Vortheile der Einheit, der Gleichheit des Verhältnisses, in den Absichten und in den Wirkungen der Natur kennt und bewundert, und wer da weiß, daß in dieser Nachahmung auch allein die Vollkommenheit der Künste bestehet, der wird es bedauren müssen, daß wir über so allgemein wichtige Dinge so wunderliche Anordnungen haben: Und soll die Handlung wirklich dazu beytragen, unsern Zustand zu verbessern, so müssen wir einfache, simple, klare Begriffe dabey haben. Gewichte und Maaße sind die Pfänder der Treue und Redlichkeit eines Volkes — diese schätzbaren Mittel dürfen nicht der Willkühr preißgegeben werden, sie müssen in einem richtigen Verhältniß stehen; denn darauf beruhet die Sicherheit des Eigenthums, das Zutrauen; ja redliches Maaß ist das stärkste Band der menschlichen Gesellschaft.

Es beklagen sich öfters die Bewohner in den Städten, daß die Landleute zu stark Krämerschaft, Gewerbe und Handwerker treiben; und in der That giebt es Gegenden, wo die Aktivität unter den Bauren in solchen Gegenständen stärker ist als in den Städten. In einer Schrift, so der ökonomischen Gesellschaft zu Bern übergeben worden, heißt es unter andern: „ — Auch auf der Landschaft ist kaum ein Dorf mehr anzutreffen, wo nicht Krämer wären, die in offenen Laden und auf Jahrmärkten (en gros und en détail) verkaufen. Diese Krämerey schadet unsern Landstädten. Diese Landleute fangen auch an sich der Manufakturen zu bemächtigen; bald werden die Städter auf das Land hinaus wandern müssen, um durch den Landbau und die Viehzucht und andere Hülfsmittel sich wieder empor zu arbeiten.

Ueberall wird braf in unsern Fabriken gearbeitet. Leinene und Baumwollene Tücher, sind nach den Verzeichnissen der beeydigten Tuchmesser von 1781 bis 1790 im Durchschnitte 171000 Stücke jährlich im Lande fabricirt worden. Von 1785 auf 1786 waren es nahe an 199000 Stücke. Jedes Stück hält 16 Pariser-Stäbe.

Leinene Tücher wurden in gleichen Zeitraum jährlich im Durchschnitt 13500 Stücke im Lande verarbeitet. Die Länge eines Stückes ist von 104 bis 118 Ellen.

Diese beyde Manufakturen bringen, sehr mäßig beberechnet, dem Lande wenigstens 350,000 Kronen ein.

Schon vor 30 Jahren ist dieses Gewerb stark getrieben worden. Als um das Jahr 1762, die im Amt Lenzburg etablirten Tuchweber und Manufakturisten anzeigen mußten, wie viel Stücke Baumwollen-Tücher sie jährlich verarbeiten; so fand man nur allein in dem kleinen Umkreiß vom Amt Lenzburg, daß es auf 170 tausend Stücke steige. Als man noch das übrige Unter-Aergäu dazu rechnete, so kamen zusammen 200 tausend Stück in Rechnung. — Ein erfahrner Kaufmann, Herr Wydler von Arau, setzte 1764 folgende Berechnung auf:

Man kann sicher annehmen, daß wenigstens 90 tausend Stück von obigen 2mal hunderttausend, aus innländischem Garn gewoben worden; (denn für mehreres muß man Stoff aus der Fremde kommen lassen, welches allemal den Landesprofit ganz klein macht, da Spesen und Frachten in unsern Gegenden beträchtlich sind): Also gesetzt

90,000 Stücke, jedes von 4 Pfund Garn.	
360,000 Pfund Garn; jedes Pfund überhaupt nur 7½ Batzen Spinnerlohn, macht Franken	270,000
Weberlohn vom Stück 8 Batzen .	72,000
Dem Fabrikanten, für Provision, Mühewaltung, Risiko und Nebenkosten, 10 Bz. per Stück	90,000
Machen Bernfranken	432,000

Diese schöne Summe kann durch Leute erworben werden, die kein eigenes Vermögen haben; Kinder und Gebrechliche können ihr Brod dabey gewinnen; und wenn nicht solche Hülfsmittel der Armuth offen stünden, so würde es um die Betteley in unserm Kanton viel erbärmlicher aussehen. — Nicht Handelsgeist, der das Blut der Armen aussaugt, und Reichthümer häuft, wie der Wolf, der auf Raub ausgehet, aber ehrlichen Erwerb und Arbeitsfleiß wünschen wir unserm Lande. Auch daß man selbst fabricirte Waaren, allen fremden vorziehen möchte. Das ist Patriotißmus.

Man beklagt sich auch fast allgemein, daß so vielerley Leute, die die Handlung nie ordentlich gelernt haben, sich anmassen, offene Läden zu führen, und vorzüglich Personen des andern Geschlechts. Aber für einen kleinen Détail kann man freylich keine schicklichere Personen finden, als Frauenzimmer; sie können noch nebenzu mit Stricken, Nähen und dergleichen weiblichen Arbeiten, das sehr langsame und oft sehr wenig bedeutende Geschäft abwarten. So haben wir auch viele fremde Schneiderinnen die den Modehandel treiben, und wichtige Geschäfte machen. Und dies reizt viele andere zur Nachahmung; ja die Menge von offenen Läden in der Hauptstadt nimmt so überhand, daß die ganze Stadt eine aneinander hängende Boutike vorstellt. Auch kann man nicht läugnen, diese Geschäfte der Weibspersonen greifen fast zu stark in die bürgerlichen Gewerbe und Geschäfte ein; wodurch manchem Bürger sein Brod entzogen wird *). Ich besorge auch ihre Haushaltung und Küche leide. Verheyrathete Bürgerfrauen, wenn sie zu dem Erwerb des Mannes Sorge hätten, würden gar oft mehr nützen, als durch eine so weit getriebene Industrie; denn endlich fällt der Mann unter den Mann, und das Weib steigt über den Mann hinauf; und von den vielen Mägden und Köchinen die jezt so starken Miethelohn ziehen, würde man einen großen Theil abschaffen können. Auch die Töchter gewöhnten sich mehr an die Haushaltung. Das alte Gesetz in der Republik war: Der Mann soll erwerben; die Frau aber das Erworbene zu Rath ziehen und zu erhalten suchen.

Weil indessen jezt der Handel mit den fremden Bedürfnissen zunimmt; denn der Luxus steigt allemal mit dem Handel — so treibt alles in Bern beynahe Handelschaft und Krämerey, so ist auch der Verbrauch an Waaren stärker als zu keiner Zeit; man sucht sich allerley Auswege, aber man bringt dadurch allerley unnöthige Waaren ins Land. Wenn man die Zollbücher in unserm Kaufhaus siehet, wo alle eingehende und ausgehende Waaren verzeichnet werden, so haben die Geschäfte weit über die Hälfte seit den lezten 30 Jahren zugenommen. — Der Staat ist aber nicht reicher geworden. Das eigentliche

*) Auch was sonst nur dem männlichen Geschlechte eigenthümlich angehörig gewesen, die Unterweisung der Jugend, das übernehmen jezt welsche Damen in Instituten. — Man hat dabey auch schon hie und da bemerkt, daß diese fremde Erziehung den Kindern fremde Sitten giebt. —

Schweizerische sollten wir in Flor bringen, das ist das vortheilhafteste im Handel! Die Landesprodukte cultiviren und fremde Waaren entbehren lernen, dagegen alles im Kanton selbst so gut bearbeiten als es möglich seyn kann, das ist patriotisch. Alle Lebensmittel steigen im Preis. Warum thut man also nicht dazu, daß der Landbau mehr Getraide als Gras giebt? Der fremde Fruchthandel, der alle Jahre beschwerlicher und kostspieliger wird, würde nicht nach und nach den Staat aussaugen. — Denn bisher hat die Obrigkeit unermeßliche Summen dafür aufopfern müssen und thut es noch täglich. — Wir geben den Fremden je länger je weniger von unsern Fabrikartikeln, und brauchen doch vom Ausland stets das gleiche. Ist das klug? Ist das schweizerisch gedacht? Denn obgleich die Handelsbilanz in den lezten zehn Jahren noch so gehen mag, so ist doch augenscheinlich die Ausfuhr geringer — die Einfuhr aber stärker. Hat man nicht in vielen Ländern, zum Beweiß im Oesterreichischen, schon unsere Schweizer-Artikel als Contrebande tarirt oder schwere Zölle darauf geworfen, und mit allen Arten von druckenden Beschwerden beladen? Wo will denn das zulezt hin? Raffinirt nicht schon die ganze Welt im Handel; und wo war ehemals die starke Concurrenz wie heut zu Tag?

Ich weiß keinen bessern Rath, als die im 1ten Band dieser Beschreibung gegebenen guten Vorschläge in Ausübung zu bringen; denn dadurch allein kann der Aufwand vermindert, fremde Producte entbehrt, und einheimische dafür benutzt werden. Die Worte von Seite 172 bis 186*), möchte ich mit goldenen Buchstaben hier nochmals abdrucken lassen, wenn ich wüßte, daß es die Aufmerksamkeit darauf vermehren könnte. Wer Ohren hat zu hören, der höre! —

Kaufhaus der Stadt **).

Alle Waaren, Ballen, Pakete von einigem Gewicht, sollen ins Kaufhaus geliefert, dort gewogen und verzollet werden. Käse zahlen Eingangszoll 12 Kreuzer per Centner. Transit-Waaren geben vom Centner nur 1 Kreuzer, und 1 Kreuzer an den Thoren. Ein Schiff, das auf der Aare wegfährt, giebt 30 Kreuzer; ein kleiner Nachen oder Weidlig 4 Kreuzer. Die Schiffleute müssen aber die Waaren die sie bey sich führen, noch extra angeben. Sonst werden von den meisten Handelsartikeln, per Centner vom Bürger 4 Kreuzer, vom Fremden und Ausbürger aber 5 Kreuzer bezahlt.

*) Sie sind aus Herrn Höpfners Magazin der Naturkunde Helvetiens gezogen. Auch eine Abhandlung von Herrn Heinzmann im Schweizer-Journal, 2r Band: Was ist bey dem abnehmenden Handel in der Schweiz zu thun? „ — verdient gelesen zu werden.

**) Die neueste Kaufhausordnung ist vom Jahr 1754. Indessen sind viele neue Artikel hier aufgekommen, die ein neues Reglement erfordern.

Wenn fremde Waaren im Kaufhaus ein oder mehrere Tage, liegen bleiben, so wird 4 Kreuzer vom Centner gefordert. Spetterlohn wird bezahlt für die Zufuhr der Ballen, Waaren und Effekten in die Häuser — vom Kaufhaus bis gegen das Wirthshaus zur Krone — 2 Kreuzer per Centner; weiter hinab 4 Kreuzer. So auch die Stadt hinauf zum Zeitglockenthurm 2 Kr. und höher hinauf 4 Kreuzer.

Alle Fuhrleute, Boten, Ammermehler, Säumer, können ohne einen Kaufhausschein nicht verreisen; sie müssen die Zettel am Thor vorweisen.

Auch sollen in den Wirthshäusern keine Ballen aufgeladen oder ausgepackt werden, ohne solche im Kaufhaus angegeben zu haben. Die Lehnkutscher dürfen nur Koffers, Hardes und Mantelsäcke der Reisenden frey aufpacken, ohne solche erst dem Kaufhaus anzugeben; hingegen sollen sie keine Waarenballen annehmen oder abladen, ohne einen Schein aus dem Kaufhaus zu lösen.

Die Meßfremden und Ausländer, die hier baar oder auf Credit verkaufen, zahlen 1 Kreuzer vom Gulden, welches man den Pfundzoll nennt. Sie declariren selbst den Werth der Waaren und der Loosung.

Die Frachten haben seit den letzten 2 Jahren sehr stark aufgeschlagen, können aber nicht so bleiben. Sonst zahlte man für 1 Centner von Basel auf Bern 20 Bz. jezt 32 Batzen; ein Centner von Zürich auf Bern kostete

30 Batzen, jezt 48 Batzen; ein Centner von Schaffhausen 40 Batzen, jezt 50 auch 55 Batzen. Und so sind im gleichen Verhältniß auch die Waaren schwerer zu bekommen, je seltener die guten wohlfeilen Gelegenheiten zur Herbeyschaffung sind. Das Stockacher Kayserl. Mauthamt (liegt 8 Stunden von Schaffhausen) nimmt auch einen starken Zoll auf alle Güter die nach der Schweiz gehen.

Uebrigens ist in der Stadt Bern selbst der Handel en gros weit weniger bedeutend, als im Kanton, sonderlich im Aergau, wo wir sehr wichtige Fabriken haben; wir dürfen nur allein die schöne Seidenhandlung des Herrn Mayers in Arau, und die Leinwand- und Iz-Manufaktur des Herrn De Lüze zu Wildegg nennen, auch die Wasserbrennereyen und den Käshandel auf dem Lande, um die Ausfuhr beträchtlich genug anzugeben. Diese auf den Gränzen angelegte Häuser, können um so vortheilhafter handeln, da sie die theure kostbare Fracht durch das Innere des Kantons Bern nicht tragen dürfen. Die Stadt Bern liegt auch zu weit ausser der geraden Straße nach Frankreich und Italien; und die Spedition welche nach Genf und Lausanne hinauf geschiehet, geht gewöhnlich über Arberg, oder zu Wasser auf dem Bieler- und Neuenburger- und Murter-See.

Gewerbe und Handthierungen im Kanton und vorzüglich der Hauptstadt.

Der Gewerbstand in unserm Kanton ist nicht so im Ansehen, wie in vorigen Zeiten. Man weiß noch wohl, wie schätzbar die Gerbereyen, Tuchscherer- und Wollenweber-Arbeiten, der Pelz- und Lederhandel unsrer Stadt in den Jahren der aufblühenden Größe der Republik waren. Sie sind verschwunden jene Gewerbe — die unsre Bürger-Familien reich machten, und dem Staat in den kritischen Zeiten der Kriege, Geld und Kredit verschafften †). — Jezt ist der Kleinhandel mit

†] Der Bürger in den ersten Zeiten der Republik übergab ruhig seine Rechte in die Hände gebildeter Staatsmänner, und er wartete ganz seines Berufs. — Unter dem Schutz weniger und guter Gesetze, blühete Handel und Wandel. Dies lehrreiche Beyspiel stellt Bern auf im Anfang und in der Mitte seiner schönen Blüthe. Einer der redlichsten Patrioten neuerer Zeit sagt davon folgendes: „Es stund nicht nur wegen der sehr zahlreichen Bürgerschaft, der gemeine Handwerksstand damals in voller Arbeit, und folglich auch bey reichlichem Auskommen; son-

Allerley, und die Krämerey mit allerley Modewaaren das allgemeinste Geschäft bürgerlicher Familien. Alles will handeln, und sollte es auch nur mit Pfeifenröhrchen und Schwefelhölzchen seyn. Wohlhabende Bürgersöhne lernen kein Handwerk mehr. So ist es in der Hauptstadt,

---

dern selbst die Manufakturen, diese nun seit langem leider! vernachläßigte Quellen des Reichthums, waren in der vortreflichen Aufnahme. Wenige Städte der Welt werden sich finden, die in Absicht auf die Verfertigung der wollenen Tücher, im Laufe des 15ten Jahrhunderts sich hätten mit Bern vergleichen dürfen. Eine Kleidung von bernerischem Gut-Tuch war zu den damaligen Zeiten der Hauptheil eines Brautschmucks, welchen sich ein adeliches Frauenzimmer in Oberdeutschland in den Eheverträgen ausbedingte. Die Gerberey brachte nicht weniger grosse Summen ein. Man schlage unsre älteste Polizeybücher nach, und man wird erstaunen wie blühend viele Geschlechter durch diese Gewerbe geworden sind. Diese reiche Quelle der Arbeitsamkeit hat den Staat empor gehoben." [Tschiffelis Rede vor dem aussern Stande, im Jahr 1766].

und so wird es nach und nach auch in den kleinern Landstädten gebräuchlich; ja selbst reiche Bauern thun ihre Söhne in die Komptoiren; aßociren sie mit den Kaufleuten; schicken sie auf Genf, Straßburg, Frankfurt und andere Orte in die Lehre — und es scheint als wenn sich alle Achtung und alles Ansehen bloß in den Handelsstand verlohren hätte. Diese sehr zur Landesplage gewordene Phantasie wird vorübergehen, aber uns manche böse Nachweben zurück lassen, die von übertriebener Eitelkeit und Hochmuth ihren Ursprung genommen. Die Kinder dieser Eltern werden erst recht die höchst schädlichen Folgen empfinden, die eine solche Ausartung von dem Wege des Mittelstandes und der Arbeitsamkeit nothwendig nach sich ziehet.

Da, wo der Handelstand zu sehr im Ansehen stehet, kann der Gewerbstand nicht recht aufkommen; denn der gemeine Arbeitsmann fühlt am stärksten den Druck der reichen Kaufleute; für sie soll er arbeiten, sie machen die Theurung in den Lebensmitteln; sie bringen so viele fremde Arbeiter ins Land; sie pflanzen den Luxus; sie ziehen das Fett vom Lande an sich, denn alle Materialien machen sie zu ihrem Handels-Stoffe; sie lassen viele Artikel aus der Fremde kommen, die man im Lande noch besser selbst machen könnte. — Alle Werkzeuge muß der gemeine Mann von ihnen kaufen; und was er roh bekommt, muß er mit einem geringen Taglohn verarbeiten; und das benimmt ganz natürlich ihm die Lust zu seinem Gewerb.

Also sollten nicht Arme, sondern vermögliche angesehene Leute den Gewerbstand treiben und ihn wieder zu Ehren zu bringen suchen; die Bürger, die selbst Vermögen haben, sollten sich die Nothwendigkeiten dazu aus der ersten und besten Hand anschaffen und kommen lassen. Wenn der Handwerker aber den Krämer und Vorkäufler zum Mittelsmann zwischen sich macht, so gehet ihm sein bester Profit verlohren; er ist arm und bleibt ein bloßer Taglöhner.

So zum Beyspiel sollten nur wohlhabende Leute das Mezgerhandwerk treiben, die Geld und Güter besitzen. Denn wer nicht im Vorrath Vieh kauft und es baar bezahlen kann, kauft immer theuer. — Auch muß man zu Zeiten den Bauern Vorschüsse thun — und sie sich durch Worthalten und rechtschaffene Zahlung verbinden. Eben so sollten nicht so viele ihrer stärksten Kunden oft Jahrlang auf Borg nehmen. Dies ist auch der Fall bey dem Becker; und es muß mit eine Ursache seyn, warum wir oft Fleisch und Brod theuer bezahlen und sparsamer erhalten. („Man sehe das Schweizer-Bürger-Journal, 1ter Band, Seite 204.„ —)

Also würde auch das Baarzahlen, oder doch nicht zu lange Aufschreiben, dem Nahrungsstand mehr Muth und Lust zur Arbeit geben. Gute und ordentliche Leute thun das allemal von selbst; aber es giebt wie überall einige zu commode Wohlhabende und Reiche, die mit einer unverzeihlichen Gleichgültigkeit die Rechnungen empfangen; und es muß sich ihnen wohl schicken,

wenn

wenn sie ernstlich daran denken, ja sie lassen sich lieber lange und oft vergeblich darum bitten. Mancher Gewerbsmann verlangt lieber gar keine Arbeit als auf solche Art. Und wer kein Kapitalist ist, der kann auch nicht wohl Kredit auf so unsicheres Warten geben, er müßte sich selbst in Schulden stecken, und der Handwerksmann, von dem es bekannt wird, daß er Schulden macht, ist ja ohnehin verlohren!

Sonst blieb doch wenigstens ein Sohn auf des Vaters Profession, aber jezt nur sehr selten. Die Zünfte verlieren daher immer mehr und mehr ihre angesehenen Glieder. Das Schneider-Schuster-Tischler-Sporer-Schlosser-Handwerk wird fast allein von Fremden getrieben. Von den benachbarten Dorfschaften wird vieles in die Stadt gearbeitet; dies sollte durchaus nicht seyn, denn der Landbau gehört auf die Dörfer, die Handwerker aber in die Städte!

Eine ziemliche Anzahl von Bauerssöhnen lernen und treiben die Uhrmacherkunst: ja viele Professionisten haben ihr gelerntes Handwerk verlassen, und sind Uhrmacher worden.

Daß die Nacheiferung in den Städten fehlt, mag auch von den bürgerlichen Aemtern herrühren; ein jeder Bürger einer Schweizerstadt glaubt sich mehr dabey geehrt, als bey dem Handwerk. Aber ich glaube doch, es sey für den wahren Bürger ein größerer Vortheil frey und unabhängig zu bleiben, sein Brod als ein thätiger Mann selbst zu gewinnen, als es von einem Amt erwarten, das oft mit vielen Verdrüßlichkeiten verbunden ist, oder von einen Patron zur Hülfe erbeten wird. Wer die Abhängigkeit von einem Posten kennt, der wird nicht in Abrede seyn, daß es sanfter und leichter ist, ein Gewerb zu treiben, wo man sein eigener Herr und Meister bleibt.

Hätte die Stadt Bern ehemals keine so angesehene, respektable, ehrenfeste Handwerker gehabt, warlich die vornehmsten Familien würden sich gewiß nicht in die Zünfte haben einschreiben und aufnehmen lassen; sie rechneten es sich zur Ehre an, Zünftig zu seyn. — Sonst mußte der Sohn des Bürgers die Kundschaft seines Vaters übernehmen, dadurch wurde das gemeine Wesen gut bedient, und ehrlich behandelt, und immer erhielten die Zünfte aus ihren Mitteln angesehene Zunftgenossen; jezt überläßt man die Werkstadt meistens den Gesellen. —

Wir haben von allen Professionen sehr geschickte Gesellen hier; denn Pfuscher und Anfänger kann man hier nicht gebrauchen, weil den Gesellen sehr vieles überlassen wird. Die deutsche Handwerkspursche, die sich hier aufhalten, sind meistens aus dem Wirtembergischen; — aus Sachsen, Preussen, Niederdeutschland trift man wenige an. Elsasser, Pfälzer und Hessen lassen sich auch noch sehen; aus den Kantonen nur wenige. Ob diese Leute gleich hier manchmal einen höhern Wochenlohn als in Deutschland haben; so ist doch die Hauptsache der Nebenverdienst, oder wie sie es nennen, die Weilarbeit — die sie hier anlockt. Auch die Hoffnung die Boutik in Pacht zu bekommen. Viele Arbeiter gerathen in die bekannte Unordnung im Essen, Trinken, Schlafen, sie legen den Hauptstoff zu einem siechen Körper und elenden Leben, und sind für ihre Landes-Gegend, wenn sie ja dahin zurükkehren, Invaliden oder Murrköpfe geworden, ja die meisten können sich überhaupt nicht mehr an Deutschland gewöhnen. Die Weilarbeit treiben viele stärker, als die Tagsarbeit; da zwingen sie sich oft ganze Nächte durch zu arbeiten, welches in Deutschland in keiner rechten Werkstadt angehet; denn es ist unmöglich, daß ein Mensch die Nächte durchwachen und doch mit gleicher Lust am Tag fortfahren könne. — Viele werden auch wahre Trunkenbolde, die an dem wohlfeilen Wein sich so vergessen, daß sie zu einer ordentlichen Wirthschaft nichts mehr taugen. Die Gewohnheit vieler Meister, daß sie den Gesellen den Tisch nicht geben, sondern sie stückweise bezahlen, oder ihnen das Kostgeld vergüten, gefällt solchen unordentlichen Leuten allemal. Ich kenne dergleichen Gesellen, die Morgens Wein zum Frühstück nehmen; Wein, Käs und Brod zum Mittag, und höchstens eine Suppe dazu; das gleiche auch Abends und zu jeder Zeit. Kann dies aber gesund seyn? Können die Leute dabey einen ordentlichen Lebenswandel führen? Das ist unmöglich! Brafe Gesellen, die für ihre Gesundheit besser sorgen, bleiben gemeiniglich nicht lange bey solchen Meistern, wo sie nicht eine brafe Hausordnung sehen; und wir haben auchnoch redliche Meisterleute, die solche Unordnung verabscheuen; aber dafür gemeiniglich mit den Nebengesellen aus andern Werkstädten in Händel gerathen. Die Handwerksordnung ist also wirklich sehr schwer hier zu Lande auszuüben, und doch ist es ein so wichtiger Stand — der Gesellenstand. Und aus wirklichem Wohlmeynen für Meister und Gesellen geschiehet hier dieser freymüthige Anzug, den kein brafer Mann uns übel deuten wird. Die Wilden- und Brausköpfe aber werden nichts über uns vermögen. Die Handwerksgesellen machen eine so ansehnliche Klasse in einem Staate aus, und es sind darunter oft so viele schöne, angesehene, wohlgezogene und geschickte Leute, daß man wohl ein Wort zu ihrer Erhaltung sagen darf. — So viele sind schon für ihr Vaterland verlohren gegangen und auch für uns unbrauchbar geworden, durch eine angewöhnte brutale, unordentliche Lebensart.

Die Handwerke welche in unsrer Gegend vorzüglich blühen könnten, wären die in Leder- und Holzarbeiten: denn unsere Gerbereyen sind im Kanton noch sehr stark besetzt, und die Meisterschaft weiß oft nicht wohin damit; auch ist das bieländische Leder sehr gut, und zum Verarbeiten in Menge bey der Hand. — Wir haben auch gute und wohlfeile Holzarten und Erdarten. Unsere Tonerde ist zu herrlichem Töpfergeschirr und Stukaturarbeit geschikt. Man könnte holländische Schneidemühlen errichten, um Bretter, Dieblen und Blöcke zu bekommen, und damit Handel treiben auf der Aare. —

Schöne eingelegte und Drechslerwaare würde weit verführt werden können. Wir haben keine rechte Spiegel- und Glasfabriken; es fehlt uns auch an geschickten Mechanikern, und Bildhauern; aus unsern so guten Steinarten und Kütten-Erde könnte man herrliche Modelle verfertigen. Die Wolle zu verfeinern, könnte ein besonders Handwerk seyn, und die Garn- und Leinenweberey mit Kenntniß zu treiben, dazu sollten Weber-Gesellschaften errichtet werden. Den Flachsbau und einen verbesserten Obstwachs sollte man als ein bürgerliches Gewerb treiben. Das alles sollte die Industrie unserer Bürger seyn, denn die Bauern hören doch auf gute Vorschläge selten oder gar nicht. Also sollten die Bürger in Städten die neuen ökonomischen Entdeckungen für sich selbst anwenden, und sich einigermassen losmachen von dem Bauernzwang, da alles was die Landleute zu Markt tragen fast gar nicht mehr zu kaufen ist. Die Leute sind reich worden, und daher geben sie wenig gute Worte mehr. Die Einwohner in den Städten sollten sich also bemühen ihre Bedürfnisse selber zu pflanzen und vieles von den Marktartikeln zu entbehren.

Lebens- und Denkart des Bauernstandes im Kanton Bern.

Man trift die gröste Verschiedenheit unter unsern Landbewohnern an. An manchem Orte wohnen reiche, wohlhabende Leute; die auch gemeiniglich einen festern

Charakter führen, als da, wo die Armuth oder Fabrikarbeiten die Einwohner abstumpfen. In den Gegenden wo Weinwachs ist, lebt der gemeine Mann viel geringer; denkt wenig an Reichthum; und versitzt einen guten Theil des Jahrs im Wirthshaus. Da wo Wieswachs und Viehzucht ist, bedarf es schon etwas mehr Arbeit, und das macht die Leute fleißiger. Aber der beste Landbewohner ist derjenige, der seinen Acker bauet, eine brafe Hauswirthschaft besorgt; viele Knechte und Mägde hält, und wenn wir recht viele solcher Landmänner hätten, so wäre gewiß das Brod nicht so theuer!

Eigennuz, Bequemlichkeit und Härte selbst gegen Verwandte und Kinder, ist der herrschende Charakterzug unsrer Landleute. Daher die vielen Familienhändel, Prozesse, Neidschaften und Verfolgungen der Bauern. Das Uebel ist so allgemein, daß man wenige Dörfer finden wird, wo nicht offener Krieg der Nachbauren gegen die angränzenden Bewohner ist; und die Ehestreitigkeiten um Erbschaftstheile und mit den Gemeinds-Vorstehern hören gar nicht auf. Unsre Chorgerichte sind stets wie belagert, von diesen streitenden Partheyen. Gegen dieses Landübel sollte man wirksame Hülfsmittel geben, und das Erbrecht der Kinder nicht einem hartherzigen Vater oder einer neidischen Mutter überlassen.

So viele Nachbaren hassen und verfolgen sich wo sie können und mögen. Vertraulichkeit und Freundschaft trift man bey den Bauersleuten also selten an. Es braucht oft nichts anders, als daß ein Fluß, ein

Wald, oder auch nur ein Bach zwey Oerter in unserm Land von einander scheiden, so ist es schon genug, daß die jungen Einwohner sich raufen und schlagen, so bald sie einander antreffen. Dadurch werden auch die Heyrathen unter Benachbarten fast unmöglich, und allemal wird derjenige so es doch wagt, sein Lebenlang dafür büßen; er wird verfolgt, beschimpft, und in seinen Erbegerechtsamen geschmälert oder zurückgesetzt.

Prozeßsucht, Tröhlsucht, sind daher einheimische Krankheiten unter unsern Bauern; auch können wir keck behaupten, daß die Aufstifter, die im Lande wie die Blutigel sitzen, die Hauptursache dieser Pest der Familien sind.

Recht wahr haben eifrige Patrioten (auch die ökonomische Gesellschaft von Bern in ihren Schriften) behauptet: daß der Aufenthalt der Bauern in den Städten, ihr Herumlaufen bey den Advokaten, und also das eigentliche Procesiren das allermeiste zu ihrer Verschlimmerung und Ausartung beytrage. Wer also diese Leute vom Streiten abhalten kann und zum Frieden bewegt, der ist ein Landesvater, ein Wohlthäter für mehr als eine Familie. —

Die Trägheit, scheint ein zweyter Hauptfehler unsrer Landleute zu seyn. Die wenigsten arbeiten mit Lust und mit aufgeräumtem frohen Gemüth. Es gehet alles sehr langsam und stet von Statten. Daher bleiben die allermeisten beym Alten; sie wollen von keinen neuen Versuchen etwas hören; sie lesen auch wenig; und sitzen viel in den Wirthshäusern. Die Weiber sind immer noch fleißiger und sorgen treulich für die Landwirthschaft. Ja man siehet in vielen Landschaften mehr Weibsleute als Mannsleute auf dem Felde arbeiten.

Aberglauben und Leichtgläubigkeit, auch alle Fehler eines schlechten Beyspiels der Eltern und oft eben so schlechten Schul-Unterrichts zeigen sich in sehr vielen Gemeinden. Man darf darüber nicht in Détail gehen, sonst würde man Exempel geben, die Abscheu erregen könnten; aber gewiß ist es, daß sich viele Dörfer und Gegenden unsers Kantons durch eine besonders abergläubische und stupide Denkungsart auszeichen; so wie es Gottlob auch noch andere giebt, wo ein gesunder, nüchterner, bescheidner und kernreifer Verstand gleichsam einheimisch ist. Solche Leute zeigen sich eben so großmüthig, mäßig und bescheiden, als jene dumm — falsch, boshaft, versteckt und tückisch sind. Wo kann Herzensgüte, Wahrheit, Rechtschaffenheit seyn, wenn solche Leute mit allen Teufeleyen der verwilderten und ungezähmten Einbildungskraft und mit trotzköpfischem Eigensinn angefüllt sind. —

Kürzlich sagte mir ein sehr klarsehender junger Dorfprediger: Er wollte noch heute aus allen seinen Bauern Katholiken machen, denn sie glauben alles was recht sonderbar und wunderbar lautet; der gemeine Verstand ist verdunkelt; Hexereyen und Träumereyen plagen sie; und das Fabelhafte und Groteske lieben sie weit mehr, als das simple Wahre und Klare. —

Zur Fröhlichkeit sind mehr die Bergbauern als die im platten Lande gestimmt, da hört man selten jauchzen, singen, pfeiffen wie in den Alpen. — Wenn sie ja im Aergäu und um Bern herum lustig sind, so geschiehet es nur nach eingenommener guter Portion von Wein, da lärmen sie, und gerathen leicht in Zorn und Streit; andere fluchen und toben; nur wenige werden was man sagt: de bonne humeur. —

Das Lesen unter den Bauern will auch fast nirgends recht Wurzel fassen; besser ist es freylich wenn die Leute die Arbeit lieben als das Grillenfangen und mystische Nachspüren von unerforschten Dingen. Aber doch giebt es im Winter so manchen stillen ruhigen Tag, wo der Bauer zu Hause sitzt, und auch für seine Seele leben könnte, da er gewöhnlich nur für den Bauch lebt. Ein nutzbares geistliches Buch würde ich ihm vorzüglich gern in die Hände geben. Die Oberländer lesen noch am meisten; aber die größere Zahl bekommt wenig gutes und kluges zu lesen. Sie wählen die wohlfeilsten Bücher, daher bekommen sie fast immer die schlechtesten. Geld für gute Bücher anzuwenden, reuet die meisten. Daher sättigen sich die Landleute mit fabelhaften und verlegenen Waaren, man schleppt ihnen ganze Säcke voll alter theologischer geistlicher Schriften zu, darüber gerathen viele in Melankolie und Tiefsinn — es giebt darum auch viele Schwärmer unter ihnen. Die Böhmisten, Schwedenborgianer, Gichtelianer sind nicht selten. — Einige laboriren am Stein der Weisen und in alchymischer Dunkelheit. Aber die dieses thun, sind immer noch die bessern Einwohner, sie haben einen ruhigen stillen Charakter, viel Ehrlichkeit, sie lieben Ordnung, sind gute Hausväter, hassen die Besoffenheit und das Wirthshaus. — Und damit ist schon viel gewonnen.

Zur Mystick wenden sich viele Berner, nicht nur auf dem Land sondern auch in den Städten. Es scheint die Zeiten seyen da, wo die christliche Religion unter dem Schleyer liegt, und wie ehemals in den finstern Jahrhunderten des Mönchthums, die edelsten Seelen sich zur Mystik flüchteten; da der äusserliche Gottesdienst fast kalt und lau geworden ist. Arndts wahres Christenthum, Kempis Nachfolge Christi, einige Schriften von Tersteegen, Böhm und Schwedenborg sind diesen Leuten die liebsten Bücher. Allgemeiner aber ist die Frömmeley und Herrenhuterey in den Bergen, wo die Leute meistens alte verlegene Waare von Büchern zu lesen bekommen, die ihnen durch Landläufer und Hausierer feil geboten werden um geringes Geld. Unter diesen Schriften fand ich folgende am häufigsten: Sam. Lucii geistliche Sonnenwende, wie sich alle Menschen, insbesondere jede Seele nach der Sonne der Gerechtigkeit wenden sollen. Gedruckt zu Bern 1734. Ebendesselben Autors: die unter der Kelter des Zorns Gottes liegende und zerquetschte, doch herzerfreuliche Weintraube, oder der in dem Garten Getsemane blutschwitzende Jesus. 1729. Ebendesselben Bernerischen Schriftstellers Lucii: wohlriechender Strauß von schönen und gesunden Himmelsblumen. 2 Theile, in Quarto. 1756. Gespräch zwischen einem flüchtigen Pater aus Rom und einem Clerico, von der Offenbarung Johannis, 8. Amsterdam. 1770. Girrendes Täublein, oder Seufzer eines mit Gott verbundenen Herzens, gesammlete Tröpflein aus dem Brünnlein Gottes, und geistlicher Stundenweiser, oder Betrachtungen auf alle Stunden, 18. Bern 1751. Glückselige Freyheit entgegen gestellt der beschwerlichen Dienstbarkeit, oder einfältige Herzens- und Erfahrungslehre einer durch die Wahrheit frey gemachten Schweizerischen Frauen, 8. Bern, 1743. Der kleine Görgel, das gute Leben, die rechte gute Tage in der wahren Gottseligkeit, 8. Basel. Der geistliche Krämer mit 7 verschloßenen Laden, worinn eine kurze Erklärung der sieben Seligkeiten enthalten, 12. Bern, 1748. Chr. Grebers, das geistliche Ungewitter über die Glaubigen, oder von den geistlichen Anfechtungen, 8. Bern, 1741. Das Schweizerische von Milch und Honig fliessende Canaan und hocherhabene Bergland geistl. vorgestellt. Theophrast Paracelsus kleine Hand- und Denkbibel. Quirsfeld geistl. Myrthengarten. Wohlriechendes Rosengärtlein, in sich haltend schöne und kräftige Lieder (von Chr. Huber), gedruckt zu Bern 1745. Scheurers natur- und schriftmäßige Landtheologie, oder der im Bauen und Schauen andächtige Landmann, gedruckt zu Bern 1725. Auch suchen die Landleute vorzüglich die Schriften von Stahelin, Werners Himmelsweg; Woltersdorfs Psalmen; Bunians Reise eines Gottlosen.

So viele gute, herzliche Sachen einige dieser Bücher enthalten mögen, (denn alle sind sie nicht zu verwerfen, da man für den Landmann noch wenig eigentlich erbauliches in neuern Zeiten gedruckt hat, und man ihn bloß mit Klügeleyen überfüttern möchte, welches aber gerade die schlimmsten Bauern macht); — so muß man in seinem Urtheil über dergleichen Schriften nicht zu strenge seyn. Ich sehe die Leser an wie sie Spittler ansiehet, da er sagt: Sie gehen zu einer Quelle, welche trüb und unrein — aber doch noch den Durst stillet. Wenn sie nur keine Heuchler, keine Pharisäer und stolze Mameluken machen, so ist noch unendlich viel dabey gewonnen! Aber die Heuchler — die Heuchler!! in allen Sekten und Glauben, diese — ja nur diese allein, verdienen unsern Haß, die innigste Verachtung nach Christi Beyspiel.

Wenn die Reichen ein gutes Werk thun wollten, und unter ihren Nachbaren und Untergebenen gemeinnützige Bücher zum Lesen austheilten; oder wie ehemals ein deutscher Graf, die Bibeln auf eigene Kosten drucken ließ, und damit die Armen beschenkte; — wenn zum Beyspiel folgende Schriften unter die Bauren in Anzahl gebracht werden könnten: Gellerts geistliche Oden und Lieder; Herrn Prof. Stapfers Predigten;

Cramers neue Uebersetzung der Psalmen; Sturms Betrachtungen über die Werke Gottes im Reiche der Schöpfung, — o so würde gewiß der Geist dieser Leute ohne Zwang gebildet werden! Ich nenne nicht gerne vielerley Bücher, auch keine trockene Unterweisungs- und Lehrbücher, jene wünsche ich voraus verbreitet zu sehen; denn besser als alle andere sind sie für jede Art von Leser lehrreich, anzüglich, und zur Sinnesbesserung — zweckmäßig. Dabey bleibt auch die Bibel immer das ehrwürdigste aller Bücher — denn durch diese Schriften lernt man sie erst gut anwenden; oder nützlich zu gebrauchen und recht zu verstehen. —

Der Charakter der Bauern ist ganz verschieden in unserm Lande. Der Oberländer und Aergäuer, der Siebenthaler und der Rebmann haben in der Haushaltung wie in den Sitten und der Denkart eine ausserordentliche Mannigfaltigkeit. Oft nur von einem kleinen Landesstrich zum andern herrschen andere Manieren, andere Gebräuche, Gewohnheiten. Dort ist Reinlichkeit, Fleiß, Ordnung sichtbar; man bemerkt es an den Häusern wie auf den Gesichtern, daß die Leute kraf sind; und kaum gehet man 1500 Schritte weiter den Berg hinan, so ist alles anders. Unreinlichkeit, Faullenzerey, ein trüber unfreundlicher Blick, begegnet unserm Herzen, es tritt in sich mißvergnügt zurück, wir sind wie in einer andern Himmelsgegend. So ist das Land fast wie die Städte: Die Einwohner, auch wenn sie unter der gleichen Regierung stehen, differiren unter sich an

Humor wie an der Gestalt; eine Familie zeichnet sich vor der andern durch ihre gute Sitten, genaue Hausordnung, und schöne Kinderzucht aus; die andere läßt alles dahin schleudern, ist trotzig und grob, und alles gehet mit den gleichen Vorrechten und Landesprivilegien zu Grunde. —

In Gegenden des deutschen Bernerkantons, wo mehr Fabriken sind, ist auch die Denkungs- und Lebensart der Leute wieder ganz anders. Auch hat man oft genug die Erinnerung gemacht, daß je mehr man die Bauren vom Pflug in die Stadt und zu den Fabriken ziehet, je unbrauchbarer werden sie und ihre Kinder.

Vom Amt Schenkenberg sagt ein würdiger Patriot, Herr von Tscharner: Es giebt auch unter diesem Volke viel Redliche und Fromme, die größere Zahl aber hat seine Fehler dem schlechten und vernachläßigten Schulunterricht zu danken, und man muß in der That bewundern, daß die Mehrern nicht noch unartiger und böser sind. Gewiß, die Anlage des Menschen muß von Natur gut seyn. — Von Natur ist der Mensch ein leidendes Wesen, diese Wahrheit erhellet sichtbar aus der Gemüthsart dieses Volks, das alle seine gute Eigenschaften, seiner Lage; und seine Fehler der Erziehung zuschreiben muß. Mäßig — ohne Wirthschaft; sorglos ohne Freude; arbeitsam ohne Fleiß, eifrig ohne Kenntniß, wild ohne Grausamkeit; eigennützig und leichtsinnig, hartnäckig und gleichgültig zugleich. — Zur Fröhlichkeit ist dieses Volk nicht aufgelegt; in Scheltworten ist es unerschöpflich, in seinen Ergötzungen ist es mehr ausschweifend als freudig; in seinem äusserlichen Verhalten grob und unartig; doch kommt es selten zu Schlägen, und es ist mehr wühlend als böse. — Dies ist überhaupt der Nationalcharakter desselben. Doch keine Regel ohne Ausnahme; auch unter diesem Volk finden sich gesittete, verständige und fromme. In der Religion, sind diese Leute einfältig und gleichgültig; daher es unter ihnen wenige Sonderlinge und Sektirer giebt. Der Aberglaube selbst erliegt unter dieser Gleichgültigkeit, obwohl seine Anhänger weniger selten als der Schwärmerey ihre sind. Den Künsten sind sie nicht ergeben; ausser den Nothwendigsten sind die andern kaum dem Namen nach bekannt; von Wissenschaften haben sie gar keinen Begriff; die wenigsten können lesen, noch weniger schreiben. „ —

Ich habe mit Fleiß dieses traurige Bild hier eingerückt, damit Obrigkeiten und Prediger stets ein solches Gemälde vor sich haben, um ihre Pflichten darnach abzumessen, und zu erforschen, wie hie und dort der Roheit des Volks, und der unglücklichen Härte und Sorglosigkeit, im Guten beyzukommen sey; und wo Verbesserungen möglich — doch den Eifer dazu nicht erkalten lassen.

Noch füge ich zur Charakteristik unsrer Bauern von verehrungswürdigen Händen, folgende Zeichnung des edlen Herrn von Tscharners bey:

Der Bauer fürchtet die Krankheiten mehr als den Tod, je entscheidender und positifer der Arzt mit ihm spricht, je angreifender die Heilmittel sind, je mehr hält er ihn in Ehren. —

Die allgemeine Volksarmuth könnte vermindert werden, wenn mehr Gutmüthigkeit unter den Reichen wäre; wenn die Armen eine bessere Erziehung erhielten und mehr häuslich wären; überhaupt aber sollten die Leute sanftmüthiger, für die Ehre empfindlicher, für die Religion gefühlvoller gemacht worden. Auch dieser Wunsch ist von dem edlen Tscharner, verst. Seckelmeister.

Hauswirthschaft der Bauren. Nahrungsmittel. Reichthümer. Preis der Ländereyen. Häuserbau. Krankheiten und Tod.

In seinem Hause ist der Bauer nicht verschwenderisch eingerichtet. Er bleibt bey seinen Erbschaftsstücken so lange es halten mag. Auch in der Kleidung machen sie nicht viel Aufwand, und ist sie fast im ganzen Kanton gleich. Sie tragen ihr gewöhnlich selbst fabricirtes Landtuch. Die Bergbauren, die nicht an der Heerstraße wohnen sondern in abgelegenen Thälern, sind auch meistens gute herzliche Leute; sie spinnen und weben im Winter, und viele bleiben oft ganze Wochen zu Hause ohne einen Nachbar zu sehen, einige sind sogar wohl gezwungen in ihrer Hütte zu bleiben, wenn sie eingeschneyt auf hohen Bergen oder von Felsen eingeschlossen

wohnen;

wohnen; wie die Bewohner der hohen Alpen, im Siebenthal, im Saanenland, und in der Nachbarschaft von den Gletschern.

Ein anderes Mitglied von der Regierung von Bern schreibt: „Unsre Bauern glauben, daß ohne den Wein, und ohne die gebrannten Wasser sie nicht leben könnten. Sie sagen diese starken Getränke stärken den Leib. Aber wie stärken sie ihn? Warlich, nur für eine kurze Zeit, und bald darauf ist der Leib schwächer als zuvor. Gebt einem Manne, der über Feld gehet, einige Schoppen guten Wein oder ein Glas Branntewein, er wird im Anfang der Reise munter fortgehen, aber nach ein paar Stunden Wegs wird er sich schwächer befinden und müder seyn, als wenn er keines von beyden, und bloß Wasser getrunken hätte. — Schüttet er nicht wieder frischen Trank nach, so bleibt er gar zurück; daher das öftere Einkehren in den Wirthshäusern. — Die feurigen Getränke haben die gleiche Wirkung als wie die heftigen Leidenschaften. In der Aufwallung des Zorns wird man Wunder von Stärke beweisen, die man bey ruhigem Gemüthe nicht hätte, aber lasset den Wilden ausgetobt haben, und er wird wie ein Espenlaub schwanken und von selbst niedersinken. Vielen fallen die Knie zusammen, wenn sie sich mit Wein zu stark erhitzt haben. Auch wird niemand sagen können, daß die Einwohner unsers Landes, wo Wein wächst, stärker sind, und mehr Muth haben als die, so bey ihrem Landbau leben und Milch und frisches Quellwasser trinken. Ja gewiß ist es gerade umgekehrt: der Bauer im Pays de Vaud und an den Seen ist viel schwächer, furchtsamer, und nur im Rausch stärker. — Besonders sollte in den oberländischen Gegenden unsers Kantons der öftere Gebrauch des Kirschenwassers unsern Bauern abgewöhnt werden. Und leider! gewöhnen sie ihre Kinder schon frühe an diese Getränke, welche ihnen so viele Krankheiten und den Tod zuziehen, daher auch die Sterblichkeit unter den Bauernkindern größer ist als in der Stadt, und gewiß auch mit aus dieser Ursache vorzüglich. —

Die Weibsleute trinken auf dem Lande oft 3 mal Kaffee des Tags, des Morgens, Mittags und Abends. Selbst Bauern und Hausväter nehmen für ihr Mittag und Nachtessen. Doch sind das immer fast arme Leute, die kein Gesinde halten, und selbst nur Dauner oder Weber sind.

Ausserordentlich stark aber ist dies Kaffeetrinken im Saanenland. Ein glaubwürdiger Schriftsteller, Hr. von Bonnstetten, der mehrere Jahre die Oberamtmannsstelle in diesen Gegenden von Bern aus versehen hat, schreibt in seinen Briefen, Seite 96. „Vom Kaffee wird ein fast fabelhaft scheinender Verbrauch gemacht. Nach der Heuerndte pflegen sich beyde Geschlechter auf zwey oder drey Tage bey einer Hütte auf dem Gipfel des nächsten Berges zu versammeln: die Mädchen bringen Kaffee, Zuker und Milch, die Jünglinge Musik und Wein; der Kaffee wird mit vielem Rahm in dem großen Käsekessel gekocht; ganze Zukerhüte werden hineingestürzt; auf dem Gras um denselben her sieht man die Gesellschaft aus hölzernen Löffeln Kaffee trinken. Hochzeitfeste, zu welchen bis vierzig Personen gebeten werden, haben wohl eher eine Woche gedauert: Kaffee, Thee (worinn Zimmt und Safran) und Wein mit Spezereyen und Zuker, wurde den ganzen Tag aufgetischt. Holz um ein Haus zu bauen wird gemeiniglich von dem ganzen Dorf herbey geführt: alsdann werden viele Schüsseln Kaffee getrunken. Ein Mann aus der Ebene bat einen Freund von Sanen auf Sonntag Morgens zum Kaffee; dieser kam als zur Kirche geläutet wurde, trank acht Tassen, stand eilfertig auf, und entschuldigte sich, daß er nicht Muße habe, heute Kaffee bey ihm zu trinken. Auch die Abendbesuche werden von ihm beseelt. Viele Bauern trinken ihn täglich zweymal, die Armen, welche keinen Zuker haben, mit Salz. Vielleicht auch darum werden die Gränzen des Freyburgischen und Bernischen Antheils an der Grafschaft Greyerz nicht mehr durch jene Felsenwände, als durch die schöne Bildung des erstern Volks (das nur mässig und wenig Kaffee trinkt) und hingegen die Häßlichkeit, besonders der Weiber, in Sanen bezeichnet: bey diesen werden Kröpfe in sehr großer Menge, lange hagere Züge, ungesunde Farbe und alle Krankheiten, die die Erschlappung des Nervensystems hervorbringt, angetroffen."

Die Nahrungsmittel des Landmanns sind gar nicht mannigfaltig. Er bleibt bey Einerley. Die Kirschen- Birn- Aepfel- und Pflaumenbaumzucht wird in vielen

Gegenden fast gar nicht besorgt. Man findet nicht Einen eigentlichen Baumgarten im Sanenland *). Die Leute kaufen lieber mit baarem Geld diese Früchte, um der Mühe der Anpflanzung auszuweichen. Fleißigere Gegenden im platten Lande treiben Handel damit. Aber hier — obschon das Maas Aepfel in dem G'steigthal für 18 Batzen verkauft worden, werden für Aepfelbäume doch keine Stellen gesucht. Diese Gegenden wären so geschickt alle Pflaumenarten hervor zu bringen, allein dieses überlassen die Einwohner dem Zufall; keine werden gepropft. — Von der Wahl der Stellen, vom Begießen, Umgraben, Propfen und Reinigen der Bäume, wissen sie beynahe nichts. In den abgelegensten Alpthälern, ja in dem rauhen Savoyen kann der Kirschbaum blühen, sein Daseyn verhindert keine andere Frucht, sein Schatten ist ganz unschädlich — seine Frucht ist ein Gewinn, den man aus der Luft greift. Aber lieber lassen diese Berghirten eine Menge unfruchtbarer Bäume heranwachsen — und kaufen ihre Bedürfnisse mit baarem Gelde, oder leben desto schlechter.

Vor 50 Jahren sind die Erdäpfel beynahe zugleich in der ganzen Schweiz gepflanzt worden, und seitdem hat sich jährlich die Liebhaberey dazu stark vermehrt, ja man findet keinen Erdfleck in unserm Kanton wo die Bauern sie nicht als ihre Lieblingsspeise anbauen. Die Kinder schlugen sich anfänglich darum, die Alten

*) Man sehe des Herrn von Bonnstettens Briefe.

wollten lange nicht daran, weil es was Neues war. Es haben die Erdäpfel im Gebürge mehr Mehl und einen feinern Geschmack als auf dem flachen Lande. — Es ist zu besorgen, daß der Anbau des Korns in den hohen Gegenden nach und nach ganz aufhören und von dieser Zehendfreyen Frucht werde verdrängt werden, wie es im Sanenland bereits geschehen ist.

Aelter und allgemeiner ist noch in einigen Gegenden der Anbau der Bohnen. Sie sind in den Alpen sehr schmackhaft: ihr Mehl kommt in das Brod, ihre Blätter essen die Schaafe gern; der Stengel dient dem Vieh zur Streue. —

Erdäpfel also werden jezt im ganzen Kanton stark gepflanzt, manche Familie ißt täglich davon. — Unsre Art wird schon Anfangs Augusti reif; die spätere Sorten sind aber besser. Auch Schweine und Federvieh nährt man damit. — Die Bauern sind eigentlich keine starke Esser, aber sie trinken desto mehr; welches besonders der Fall mit den Taglöhnern, Feldarbeitern und Fuhrleuten ist. Das Brod sparen sie; arme Leute sehen oft ganze Monate lang kein Brod auf ihrem Tisch. Milch, Obst, Erdäpfel, das ist die tägliche Nahrung auch der wohlhabensten Hausväter. Fleisch essen sie auch selten: Schweinefleisch ist ihr liebstes, weil es ihnen das Gemüß fett macht. Sie dürren und salzen es ein, und man findet, wo man hinkommt, doch wenigstens diese Speise, wenn alle andere fehlt.

Darum ist die Schweinszucht im deutschen Kanton

sehr beträchtlich; es ist keine Familie im obern und untern Kanton die nicht mästet und des Winters schlachtet. Speck ist fast ihr einziges Fett das sie beym Gemüß haben, er dient ihnen für Schmälz, Butter und Fleisch. Wäre der Obstbau besser bey uns im Stande, so könnte man die Schweine mit halbreifem abgefallenen Obste nähren und mästen; so aber nähren die Bauren meistens ihre Schweine im Sommer mit Gras und Gartenkräutern; im Herbst mit Erdäpfeln und gelben und weißen Rüben; die wenigsten kaufen Getraide, Grüsch; wer es aber vermag, schüttet manchmal etwas Roggen oder Haber dazu.

Im welschen Berngebiet will die Schweinszucht nicht recht fort. Die Bauern daselbst glauben, ohne Eicheln könne man sie nicht mästen, und doch wissen unsre deutsche Bauern fast nichts von Eicheln.

Als die Erdäpfel noch nicht so allgemein in großer Menge gepflanzt worden, da waren gedörrte Birnen die Lieblingsspeise der Landleute.

Unsere Bäurinnen sollten den Gartenbau besser lernen. Die Weiber auf dem Lande, so nahe an den Städten wohnen und Gartenzeug für den Markt pflanzen, verstehen denselben noch so ziemlich, aber in den entferntern Gegenden sind sie gemeiniglich darinn sehr unerfahren, und es wäre zu wünschen, daß man ihnen oder ihren Mägden Anweisung gäbe, damit ihre Männer nicht gezwungen wären, den ganzen Sommer hindurch fast kein anderes Kraut als Mangold zu essen, welches sie schlechtweg Kraut heissen, und warlich nicht das Beste und Schmackhafteste ist.

Doch auch hierinn hat eine Gegend vor der andern etwas zum Voraus, und man kann auch nicht im Allgemeinen sagen, daß die Landleute den Garten- und Obstbau versäumen; einige Gegenden aber trift dieser Vorwurf gedoppelt, und mit vollem Recht. Seitdem die Erdäpfel so stark gepflanzt werden, essen die Bauern weniger gedörrtes Obst, und haben undankbarer Weise die Obstzucht in Abgang kommen lassen.

Einige Güterbesitzer und Herrn fangen jezt an auf ihren Landgütern die Obstbaumzucht wieder stärker zu treiben; sie suchen diese vergessene Wohlthat der Natur aufs Neue in Anspruch zu nehmen; und alle unsre Land-Oekonomen finden dazu das Handbuch des Herrn Prediger Christ, von der Obstbaumzucht, sehr brauchbar und für unser Klima ganz gut gerathen.

Honig wird jezt mehr im Kanton gezogen als vormals, weil man einsiehet, daß die Landwirthschaft auch nothwendigerweise fortrücken muß, wenn man bey der steigenden Theurung in den Städten nicht ganz zurückbleiben will. Die von Herrn Pfarrer Christ aus Deutschland zu uns gekommene Methode in Kästen wird jezt der Bienenzucht in Körben von allen verständigen Bienenvätern vorgezogen.

Nur ein einziger Mann, Namens Möschig *),

---

*) Man sehe die Briefe von Hrn. von Bonstetten, Seite 54.

ein vortreflicher Oekonom, hatte den Einfall mit dem Honig im Sanenland Handelschaft zu treiben, und den Einwohnern ein Beyspiel zu geben, was sie alles versäumen, und wie die Natur ihnen Güter anbietet, die sie verschmähen. —

Niemand preßt Oel aus Cornus sanguinea, noch aus Miagrum sativum. — Die Wälder werden so benutzt, als hätte das Holz gar keinen Werth. —

Das Vermögen der Bauern im Durchschnitt mag gegen 12 bis 15 tausend Pfund (das Pfund zu 7½ Batzen) an liegenden Gütern seyn. Wer unter 5 und 6 tausend Pfund besitzt, hält man für mittelmäßig reich; die ersten aber werden mit allem Recht für reich ausgegeben. — Dagegen sind unter ihnen auch ziemlich viel Arme; man rechnet fast überall den 5ten oder 6ten Theil der Einwohner die von der Hülfe der Gemeinde leben.

Herr Seckelmeister von Tscharner schrieb von seinem Amt Schenkenberg im untern Aergäu: „Ein Bauer schätzt sich reich, wenn er nur den halben Theil seiner Güter schuldig ist; ein Hausvater, der über seine Schulden, die er mit 5 vom hundert verzinset, noch 4 bis 5 tausend Gulden freyes Vermögen besitzt, schätzt sich wohl reich, und die Zahl derer, die mehr haben, ist so klein, daß solche ganz unbedeutend ist.„ —

Den größten Wohlstand der Bauern findet man im obern Aergäu um Langenthal, Wangen, Herzogenbuchsee, im Emmenthal; auch vorzüglich in der Nachbarschaft von der Stadt Bern, weil sie alles theuer verkaufen können und die Ländereyen mehr als doppelt so viel gelten. — Bauern von 2 und 3 mal hundert tausend Pfund, sind jedoch so wenige, daß man davon keinen Schluß auf das ganze Land machen muß, so wenig als auf den Staat, daß einige Bauern Strohhüte von 1 Louisd'or am Werth tragen, da die meisten nur 5 und 6 Batzige kaufen. (Man sehe im 1ten Theil, Seite 82 und 84).

Der Preis des Landes hat gar kein beständiges Einerley. Er steigt und fällt, mit den Zeitumständen, und nach der Lage des Orts sehr merklich. Ein Landstück um die Hauptstadt, wird wenigstens 3mal theurer bezahlt, als ein gleichgutes auf 7 bis 8 Stunden-Entfernung. Auch die Abgaben und Beschwerden, die auf einem Grundstück haften, machen einen großen Unterschied im Werth. Freye Güter werden sehr gesucht; beschwerte aber sehr vermieden. — Ein Landstück, das nahe am Dorf liegt, gilt auch besser als das entfernte; ein Jauchart von gleichem Werth, bey dem Dorfe, zahlt sich doppelt wie ein anderes so eine halbe Stunde davon liegt. Auch kommt es viel auf die besondere Nutzungsart an, die man dem Acker oder Wiesenbau zu geben weiß, wenn das Land gelten soll. Bald sind die Wiesen gering geachtet, wo die Viehzucht gering ist; bald sind sie hoch geschätzt, wo man viel Heu braucht, und Fuhrleute, fremde Kutscher einkehren. Auch kommt es auf die Bevölkerung an, je größer die Anzahl der Bewohner ist, je mehr Käufer, je theurer auch die Waare; je wohlhabender die Leute sind, je höher treiben sie die Steigerung der Güter. Blühet die Handlung, und ist der Verdienst gut, so sind abermals die Güter höher im Preis; fällt der Handel und nimmt die Anzahl der Arbeiter und Fremden ab, so fallen wieder die Länder weit unter die Hälfte; ja man hat schon gesehen bis auf ⅓ im Preiße. — So giebt es auch Ackerland wo die Jauchart von 130 Gulden bis auf 1200 Gulden zu stehen kommt. Aecker kann man haben von 200 Gulden bis auf 800 Gulden die Jauchart. Was wohlfeiler erkauft wird, ist Weid, oder unfruchtbares Feld. Der höhere Preis ist ein Lieblings- oder Anständigkeitswerth.

Landleute, die sich mit dem Anbau ihrer Felder nicht abgeben können, leihen solche auch oft andern, um die Hälfte des Abtrags. Und auf gleichen Fuß sind mehrere Herrschaftslehen eingerichtet: Der Bauer giebt nach Abzug des Saamens, das halbe Getraide für den Lehenzins.

Ueberhaupt sind die Bauern im deutschen Kanton reicher als im Pays de Vaud. Der Bauer im Welschland treibt seinen Ackerbau schlecht; dazu ist es meistens Rebland, und die Leute verlieren zu viel Zeit im Wirthshaus; ihnen hängt noch etwas von dem vormaligen Savoyarden-Charakter an.

Die reformirten Bauern sind reicher als die katholischen. Auch in Deutschland, Holland, England ist es sichtbar; da die Katholischen immer noch zu viel Abgaben an ihre Geistlichkeit zu geben haben, viele unnöthige Feyertage mitmachen müssen, am Aberglauben beym Säen und Erndten noch zu fest hängen; auch liegen die besten Ländereyen in den Händen der Geistlichkeit, an welche sie als Schenkungen gekommen sind, und was von ihnen gekauft worden, immer das beste Stück Land war. Die Kantone Solothurn und Luzern, wo viele sehr vernünftige Bauern wohnen, haben darinn doch vor vielen katholischen Ländern einen großen Vorzug. —

Im Pays de Vaud ist die Bauart der Häuser ganz anders, als die der deutschen Bauern. Sie sind theurer, viel unreinlicher und ungesunder eingerichtet, als im deutschen Kanton. „Ich kenne die Wohnungen unserer Bauern auf den Dörfern (schreibt Hr. Pfarrer Müret *), es sind kleine, auf das genaueste zugeschlossene Zimmer, ein niedriger Boden; kleine Fenster, eine erstickte Luft, eine unerträgliche Hitze; Gestank, daß man ersticken möchte. Zwo Stunden Aufenthalt in einer solchen Schweißkammer, würde hinreichend seyn einen gesunden Menschen, der dessen nicht gewohnt ist, krank zu machen. Braucht es da viel, solche Leute, wenn sie krank sind, dem Tod zu überliefern? Dies ist eine der vornehmsten Ursachen, warum bey Epidemien das Sterben so gräßlich wütet und eine Menge Leute dahin rast. —

„Dazu kommt noch, daß in den engen Winkeln =

*) Preisschrift von der Entvölkerung des Pays de Vaud.

und 3 Betten neben einander stehen; das unreine Gewand wird am Ofen getrocknet auch in der Mitte der Stube aufgehänkt. So stecken sie sich auch unter dicke schwere Federbetten, und der Dampf der da aufsteigt, könnte allein schon den Athem unterdrücken, wenn diese Leute nicht zu einem fast unnatürlichen Grad von Unempfindlichkeit abgestumpft wären. —„

Nichts aber ist wohlfeiler als der Häuserbau der deutschen Berner-Bauern; sie haben fast alle Materialien umsonst; die Arbeitsleute sind Nachbauern, die sich einander helfen; oft kommen 60 bis 80 solche Männer zusammen, wenn ein neuer Bau errichtet wird, und greifen frisch alle die Arbeit an. Die Reichen bringen Wein und Eßwaaren mit, und so gehet es wie bey einem Fest recht munter zu; das Holz wird durch die Gemeinfuhren herbeygeschaft; selbst der Kalch, so wenig sie auch bedürfen, wird bey der Stelle gebrannt, und selten in der Ferne gekauft. In kurzer Zeit ist ein solches Haus fertig. Doch ist bey weitem diese nachbarliche Großmuth nicht überall in unserm Kanton zu Hause, man findet sie meistens nur bey den Ackerbauern; diejenigen so in entfernten Gegenden wohnen, und vom Rebbau leben, sind darinn ganz verschiedene Menschen. Sie bauen auch mehr steinerne als hölzerne Häuser; sie stecken enge auf einander; sind unreinlich; und bey aller Unbequemlichkeit noch theuer. Hingegen werden solche Häuser, die blos von Holz und mit Schauben zugedeckt sind, oft abgebrochen, von einem Ort zum andern geführt, und frisch aufgerichtet.

Der Bauer überhaupt, wo er Geld ausgeben soll, raffinirt besser als der Städter. Man nehme nur zum Beyspiel die oben erzählte Weise ihre Häuser zu bauen. Und man kann mit Wahrheit sagen, daß die meisten Bauern ihren Boden wohl kennen.

Brauchen sie Kalksteine, so graben sie solche selbst, und wenn die Ziegelhütten entfernt sind, so legen sie auch Kalköfen an, und brennen den Kalk selbst.

Um den Brienzersee her, hinauf nach Meyringen trift man sonderbare Hütten die keine Aehnlichkeit mit den übrigen Berner-Dörfern haben. Es sind diese Häuser bloß von Holz. Runde Stämme von Tannen oder Lerchenbäumen legt man ins Gevierte über einander; schneidet aber an den Ecken die Balken fast zur Hälfte ein, damit die Zwischenräume, welche beym Creuzweise über einanderlegen, bleiben, ausgefüllt werden, und die Seiten sich zuschließen. Die Dachung ist bloß Bretterwerk; die man quer über einander legt, und große Steine zur Haltung darauf sammelt. Das Lerchenholz soll die Tugend haben, daß es nicht springt, sondern immer zäher wird, und durch Luft und Wasser von Jahr zu Jahr fester und fast unzerbrennlich wird. In Wallis findet man bloß solche Holzhäuser.

Es herrscht in unserm Kanton fast überall die Gewohnheit, daß sich die Bauern der Länge nach auf den Ofen legen; diese geschwinde Abwechselung von Frost und Hitze wenn sie aus der Kälte kommen, und der nicht selten dadurch erregte Durst, wo sie sodann kalt trinken, verursachen schmerzhafte und langwürige Krankheiten; viele klagen über den Seiten - nnd Gallenstich. Ihre Sorglosigkeit gehet aber doch so weit, daß sie ihre Kinder im Sommer fast nackend, im Winter auch sehr leicht gekleidet, gehen lassen; allen Abwechslungen des Wetters sollen sie troz bieten; und wenn nicht eine lange Gewohnheit diese Leute vor dem Untergang schützte, so müßten noch weit mehr Siechling und Krüppel seyn. Von dem Baarfußgehen der Kinder sind die Schäden an den Beinen sehr gemein.

Die Bauern um Bern haben fast durchgehends in ihren Häusern sehr niedrige Zimmer, und darinn sehr große sandsteinerne Oefen, die sehr stark geheitzt werden, da sie das Holz fast überall im Ueberfluß haben: Und nichts ist dem Landmann angenehmer als eine recht warme oder vielmehr recht heiße Stube. — Viele setzen sich hinter die Oefen auf die dazu gemachten Sitze, dorthin ziehen sie auch ihre Kinder, und es ist nicht zu verwundern, wenn auch aus diesem unnatürlichen Leben die Glieder geschwächt und die Anlagen zu den Brüchen gelegt werden, denen unser Landvolk so allgemein ausgesetzt ist. Der Herr von Haller sagt: unsere Bauern haben einen natürlichen und unglücklichen Hang zu dieser Krankheit. —

(Und eben wegen der Allgemeinheit dieses Uebels, läßt die Regierung von Bern, in dem Krankenhause der Hauptstadt den Armen die Bruchbänder umsonst austheilen). —

An hitzigen Fiebern und der Wassersucht sterben die meisten. Jetzt kommt auch ein vormals wenig bekanntes Uebel auf: — Engbrüstigkeit; kurzer Athem; Brusthusten. Junge starke Bauernpursche, werden wie die Alten davon befallen; ja sogar sind sie unter den jungen Leuten noch gemeiner.

Ob diese Engbrüstigkeit nicht eine natürliche Folge von der immer stärker zunehmenden Kaffee-Schwelgerey sey, lasse ich einem jeden anheimgestellt, der damit behaftet ist; er mache wenigstens die unschädliche Probe, Kaffee und Wein nur sparsam zu trinken, und dafür mehr reines Quellwasser und Milch; vielleicht verliert sich wohl das Uebel wie es gekommen ist.

Landbau im Kanton.

Es wird im 1ten Theil, Seite 185 der Beschreibung von Bern behauptet, daß die Landwirthschaft in Helvetien — nach England auf dem besten Fuße stehe — hierauf hat uns ein verdienter Landgeistlicher geantwortet: „Aus den neuesten und besten Büchern über die Engländische Landwirthschaft habe ich gelernt, daß selbige der Helvetischen nachstehe. Erfindungen werden als neu angegeben, welche hier schon vor vielen Jahren bekannt waren und von jedermann gebraucht worden, unter denen aber viele, schon seit geraumer Zeit, als unnütz verworfen wurden. Die Gedanken des Hrn. Verfassers über die vielen Irrthümer, selbst bey den aufgeklärten Landwirthen im Lande, in Rücksicht der Lehre der Dungmittel und Verbesserungsmittel beweisen, daß selbst der unaufgeklärte Landmann diese Lehre besser verstehet. Jedem ist bekannt, daß, Kalk, Gyps und Kalkmergel den nassen und thonichten Boden zu Grund richten würde, dazu braucht er Pferdbau, Sandmergel, Sand, Grien, ja oft mehr als Faust große Steine, je nachdem das Land mehr oder weniger sumpficht ist. Dem trocknen, harten und hitzigen Boden giebt er Kalkmergel, Kalk, Gyps, welches nicht den Boden unfruchtbar macht, und bloß theoretisch vermuthet wird: sondern es ziehet die fruchtbarmachenden Theile aus dem Dunstkreis an sich, und verbessert den Boden, wie daraus erweißlich ist, daß das Korn, wo der Klee auf der Braache gegypset worden, viel reichlicher ausgiebt, als da kein Gyps hingekommen. Doch sollte der Landmann wohl wissen, daß er den Klee in dem ersten Jahr nicht zu mähen hat, denn dadurch wird das Erdreich ausgesogen, in dem andern aber muß eine halbe Elle hoch eingepflüget und der Dünger nicht vergessen werden, von dem er genug haben wird, wenn er das Vieh im Stall futtert, welches durch den Klee möglich seyn könnte, aber die vielen Allmenten sind noch immer der gröste Fehler in der hiesigen Landwirthschaft."

Diese uns sehr gutscheinende Erklärung über die Land-

Landwirthschaft der Bauern leidet doch die nöthige Einschränkung, daß wenn die Thätigkeit größer und der herrschende Eigendünkel unter diesen Leuten weniger allgemein wäre — man in der Kenntniß des Bodens in der That die Engländer und jede andere Ackernation übertreffen würde. Leider aber wird über die Dungarten in der Schweiz so verschieden gedacht, wie verschieden gehandelt. Die Leute folgen vielfältig ihrer Bequemlichkeit und dem was ihnen größerer Vortheil scheint. Wer den herrschenden Charakter der Bauern kennt, kann auch wie natürlich von selbst vermuthen, es gehen hier viele Vernachläßigungen vor.

Auch beweist schon genug die lang gefühlte und laut erschollene Klage der besten Vaterlandskenner, daß der Bauer das Feld gleichsam nur aus Nothdurft bauet um auch noch Brod für sich selbst zu haben. Der berühmte Herr von Haller schrieb daher ganz wahr: „Es entstehet in diesem Lande der große Fehler, den auch England schmerzlich fühlt, daß allzuviel Land zur Grässerey gelassen wird, und man den Acker, der zu mühsam ist, fast mit Widerwillen beybehält. Der Hauptfehler aber ist, daß anstatt zehn freyer streitbarer Familien, eine einzige für den Staat erwächset, die sich durch fremde und an den Staat nicht verpflichtete Tagelöhner, wie in England durch die ihm nicht zugethanen Irrländer hilft. Es ist auch ein Uebel, daß bey so großen Gütern die Besitzer aus ihrem Stande treten, da man bey kleinern Gütern doch Bauern behielte, die dem Staat nöthiger sind, als (Gültbrief-Bauern und Pächter." (Göttinger gelehrte Anzeigen 1762. Seite 961). Und was ich gerne noch beyfüge: Unsre Obrigkeit würde mehr Zehenden einziehen, der fremde Fruchteinkauf würde nicht alle Jahr mit so großem Verlust von vorn anfangen müssen, und in den Zeiten der Noth hätte das Vaterland dadurch seine Unabhängigkeit sicherer erkauft, als durch das Geld einiger reichgewordenen Bauern.

Unsere trockene Wiesen werden gewöhnlich des Jahrs 2mal gemähet, und dann noch im Herbst von den meisten Landwirthen abgehütet. Letzteres ist aber ein großer Schaden, denn das Vieh zertritt mehr am Boden als es düngt. Dergleichen Matten werden je von 4 zu 4 Jahren umbrochen, 2 Jahre gedüngt, und mit Getraide besäet; und dann liegen sie wieder 4 Jahr lang als Wiesen da. Brafe Ackerwirthe sollten aber bey diesem Landbau nicht den Getraidebau zu unterdrücken suchen; sich allein zu bereichern und das Vaterland arm zu machen; denn die Quelle des Wohlstandes aller Staaten ist — der Getraidebau. In unserm Kanton wird aus Gemächlichkeit, Negligenz, und weil geizige Bauern wenige Hände zur Hülfe haben wollen, der Wiesbau zum Nachtheil des Getraidebaues nur zu stark getrieben; da hingegen, wenn man recht die Sache überlegen wollte, man finden würde, daß der Getraidebau oder die Abwechslung des Anbaues, mit Klee und allerley Grasarten auch den Viehstand, und so mit den Dünger vermehren könnten, also ein reichlicher Kornbau ohne Nachtheil zu erhalten ist. Das Vaterland würde sodann nicht genöthiget seyn, seine dringendsten Bedürfnisse in grosser Menge und mit theuren Frachten von dem Ausland zu ziehen, welches in allen Sachen Theurung und Mangel an Baarschaft nach sich ziehet. Ja der Mittelmann lebt dabey beständig in Sorgen der Nahrung und in einer schwer drückenden Geschäftlosigkeit.

Nur wenige reiche Bauern halten Mägde und Knechte; zur Ersparung des Liedlohns nehmen sie armer Leute Kinder in Dienst; denen sie bloß Nahrung und Kleidung geben. Dieser seltene und geringe Dienst macht, daß viele arme junge Leute von 18 und mehrern Jahren ihr Glück ausser Lands suchen, und ihre Eltern darben. Die Pursche gehen in Kriegsdienst, oder in die Städte; verdingen sich als Hausknechte, Metzger, Kutscher; viele kommen in Fabriken. Auf diese Art verlieren sich die besten Einwohner, denn die Trägen und Faulen bleiben lieber zurück und bettlen, als daß sie etwas wagen wollten. Aber kommen oft solche Ausgewanderte wieder nach Jahr und Tag in ihre Gemeinden zurück, so müssen sie um Gnadenbrod bettlen, und verzehren sich in Kummer und Aergerniß; sie vermehren das einheimische Elend; haben sie Kinder, so sind es Leute die weder zum Landbau noch zur Hauswirthschaft viel taugen; — viele kommen sonst als Gebrechliche heim, die von der Noth, oder von der Polizey ihren Gemeinden zugeschickt worden — *).

Der gröste Viehbauer braucht nicht mehr als ein paar Knechte, ein eben so grosser Bauer aber, der den Feldbau treibt, bedarf wenigstens vier. Ein Weingärtner oder Rebmann beschäftiget sogar bis auf 8 Personen; daher sind die Ackerländer weniger mit Armen angefüllt, als wo nur Viehweiden gehalten werden. Auch ist nur der Ackerbauer der Bevölkerung und dem Lande etwas werth, denn sie helfen den Boden durch viele Hände fruchtbar machen. Das erste Bedürfniß des Lebens -- Brod bringen sie uns zu; auch hat es mehr Segen was der Bauer durch eigenen Fleiß erwirbt, als was er durch den Reichthum erzwingt. Und der Armuth Beschäftigung geben, ist besser, als Almosen austheilen, und die Hände der Einwohner braach liegen lassen. —

Nur ein Beyspiel wie weit die Vernachlässigung des Kornbaues im Kanton gehet. Der Kornzehend im Saanenland betrug vom Jahr 1730 bis 1740 doppelt so viel als vom Jahr 1770 bis 1780. Es ist kein Pflug mehr im ganzen Saanenland **). Wiesen sind jetzt die Lieb-

---

*) Vergl. auch des verstorbenen Hrn. Seckelmeisters von Tscharners Beschreibung des Amts Schenkenberg, Seite 178.

**) Man sehe des Herrn von Bonnstettens Briefe über das Saanenland.

lingssache, die Goldquelle — aber eine sehr unzuverlässige, denn man siehet die Armuth 3fach vermehrt in diesem Landstrich; die Menge der Armen nimmt so stark zu, daß ⅐ aller Einwohner den Bemittelten und Reichen zur Last fallen, weil sie keine Arbeit für sie haben, und die Fabrikarbeiten den wenigsten schmecken will; der Bauer dieser Gegend liebt das bequemere Hirtenleben. Daher mißlingen alle Versuche der Bernerischen Landvögte den Kornbau herzustellen, wie er ehemals in diesem Lande mit Vortheil getrieben worden. Die schweisaustreibende und anstrengende Arbeit des Pflügens, Düngens, Säens, Schneidens und Umbrechens hat das Volk verlassen; und gegen die freye, wonnevolle, fröhliche Berghütung ausgetauscht. Aber da haben nur die Wohlhabenden und Reichen den besten Genuß von den Bergen; denn der Arme hat wenig Vieh, etwa einige Geißen, und Schaafe; der Reiche aber macht sich diesen Vortheil zu nutze, hütet die fetten Triften ab, und giebt dafür sein Almosen an die Armen; der Viehhirt braucht keine Taglöhner. Also gehet der größere Theil müßig einher, bettelt bey der Gemeinde und empfängt Almosen ohne Schaam. —

Welch einen grossen Einfluß diese veränderte Bauernwirthschaft in den Landbau gehabt habe, mag auch noch der schon im vorigen Abschnitt angezeigte vernachläßigte Garten-Obstbau (siehe Seite 120) beweisen. Wenn man einmal vom rechten Wege abgekommen ist, so mag man lange reden, es wird doch nicht anders werden bis der Erfolg gar zu drückend und lästig wird.

Und dieses zeigt sich schon häufig genug in den Dorfgemeinden, die beständig klagen, daß sie zu viele Arme zu erhalten haben. Aber würden sie für ihr Almosen, so sie ihnen geben, Hanf- und Flachsfelder ansäen lassen; wollten sie guten fremden Saamen kommen lassen, um gute Pflanzen zu erzeugen, die Armen damit zu beschäftigen; so könnten die Gemeinden bald ruhiger seyn. Auch ist es edler Armuth verhindern als Armuth nähren. — Im Winter könnten Jung und Alt Hanf und Flachs spinnen und Tücher weben, — welches die beste und zu allen Zeiten vortheilhafteste, sicherste, verkäuflichste Landesmanufaktur wäre; dies sollte man nur recht beherzigen, und wenn man es ernstlich will, und die erste Mühe nicht scheuet, so gehet alles gewiß vortreflich von Statten. Man kann alles — wenn man Beharrlichkeit hat.

Aber man muß den Armen auch nicht zumuthen, daß sie stets in der Stube sitzen oder im Weberkeller, wo sie krank, mager und schwachen Leibes werden, sondern man halte sie an im Sommer zur Arbeit im Feld; so bleiben sie munter und gesund; jetzt schließt man sie gewöhnlich das ganze Jahr in Spinnstuben und Arbeitshäuser ein, wo ihre halbe Lebenskraft zu Grunde gerichtet wird, kein Wunder wenn sie nicht pariren wollen.

Um die Armuth und Betteley unter dem Landvolk

zu verhüten, verdiente auch der Vorschlag des berühmten Hallers einige Reflection. Er sagte: Man sollte die Zusammenschlagung der Güter verbieten, dadurch behielte der Staat mehr bemittelte obgleich nicht gar zu reiche Bauern; und der anwachsenden Größe einiger wenigen, würde ein heilsamer Damm gesetzt. (Der Reiche sollte den Armen nicht verschlingen).

Viehzucht. Stallfüterung. Käsemachen. Küherey.

Der Bauer zieht sein meistes Geld aus dem jungen Vieh, das er absaugt und verkauft.

Die Schweizer Landwirthschaft hat das Eigenthümliche, daß kein vorzüglicher Kornbau sich findet, die Bauern aber doch reich werden. Sie suchen ihre Vortheile in der Wässerung der Wiesen und in der Stallfütterung. Die Bergbewohner benutzen die Alpen, um ihr Vieh mit den gesunden Kräutern zu mästen. Im platten Lande halten sie alles darauf, gute weiche Grasarten einzusammeln, das Vieh mit grünem Futter zu nähren, so lange die Jahrszeit es zuläßt; denn das allgemeine Glaubensbekenntniß erfahrner Landwirthe stimmt darinn überein: daß alles Weiden, sonderlich aber des erwachsenen Hornviehes, sehr verderblich sowohl für die Wiesen, als für das Vieh sey. Von den Alpen aber ist hier nicht die Rede, denn ein Theil derselben ist zu hoch gelegen, als daß solche anders als durch Abgrasung genützt werden könnten.

Unsre Landwirthe sagen, die junge Viehzucht wird auf der Weide zu früh trächtig, und eben dadurch elend, schwach und zur guten Zeugung ungeschickt. Ferner sagen sie: Trächtige Kühe sind auf der Weide zu vielen Gefahren ausgesetzt; nichts ist gemeiner, als daß sie durch Stoßen und Springen sich Schaden thun.

Im Stall kann man dem Vieh ein ausgewähltes Futter geben; es frißt kein Stoppelzeug und hartes Gras. Man kann auch die Abtheilung der Mahlzeit besser eintheilen, als es das Vieh auf der Weide thut.

Und wie viel leidet das Vieh im Sommer von den Insekten! Auf der Weide stehet es oft den ganzen Tag an der Hitze; erkältet sich des Abends, das faule Geschmeiß läßt ihm keine Ruhe. — Diese laut gepredigte Vortheile der Stallfütterung wollen doch nicht allen Bauern gefallen. Es giebt noch ganze Dorfschaften und Gemeinden, wo alles nach dem alten Schlendrian getrieben wird. — Und doch müssen diese Ungläubige selbst eingestehen, daß die Viehseuchen nicht in den Ställen, sondern auf dem Weidgang gefährlich werden; denn wenn auch das im Stall gewartete Thier damit befallen wird, so ist ihm doch bald zu helfen, und weit leichter, als bey einer großen Heerde wo Ansteckung so leicht ist. Und gewiß kommt der Ursprung solcher Landesplagen nicht aus dem Stall — sondern aus ungesunden, nassen, feuchten, morastigen Weiden, und vom faulen stinkenden Wasser. Das ist die Ursache der Viehseuchen.

Um dem Einwurf der Theurung des Futters zu begegnen, hat man Schatthütten für das Vieh im Feld erbauet, wo es, gleich wie in einem Stall, vor Wind und Wetter geschützt ist, und frisches Weidgras ohne große Mühe des Eigenthümers erhalten kann; auch wird es Morgens und Abends zur Tränke getrieben, und diese Stallfütterung im Grünen ist der Triumph des Landmanns. Es macht ihn reich ohne Mühe.

Eine gute Kuh soll auf einer guten Weide in den Alpen täglich wenigstens 6 Maas Milch geben. Gesetzt, ein Senn bleibe mit seinem Vieh 16 Wochen auf den Bergen, und da jede Maas Milch 4 Pfund wiegt, so soll er von einer Kuh in solcher Zeit 2688 Pfund Milch ziehen; die in Käs oder Butter verwandelt, immer über 4 Louisd'or abwerfen. Wir wollen die Berechnung hier genau geben: Zu einem Pfund fetten Käs werden 14 Pfund oder 3 und ½ Maas Milch gebraucht; obige 2688 Pfund machen also 192 Pf. fetten Käse, die zu 12 Kreutzer das Pfund gerechnet . . . 576 Bz. ausmachen —

Ziehet man für das hinzugekommene Salz ab 6 Bz.

so bleiben . . . . . . 570 Bz.

Und da aus der Käsemilch noch Zieger gemacht wird, und ungefähr ⅓ Theile weniger als man Käs erhalten hat, so muß man noch 77 Pfund

Zieger à $1\frac{1}{2}$ Batzen das Pfund dazuschlagen $115\frac{1}{2}$ Bz.

Ertrag einer Kuh auf den Bergen in 16 Wochen . . . . $685\frac{1}{2}$ Bz.

Sind also nahe zu $4\frac{1}{2}$ Louisd'or. —

Zu 100 Pfund Käs sind 2 Pfund Salz nöthig.

Will man nun sehen, wie die Küher die Milch berechnen, wenn sie Butter machen; so stehet es ungefähr folgender Massen: Sie sagen:

Zu einem Pfund Butter wird der Rahm von 27 Pf. Milch erfordert; also können von 2688 Pfund Milch nicht mehr, als $99\frac{1}{2}$ Pfund Butter verfertiget werden. Diese das Pfund zu 4 Batzen gerechnet, betragen 398 Bz. Wenn die übriggebliebene abgeraumte Milch zu mageren Käsen gemacht wird, so sind noch $2588\frac{1}{2}$ Pfund bloße Milch übrig; — da nun 24 Pfund solcher abgenommenen Milch 1 Pfund magern Käs geben; so kommen noch 107 Pfund davon heraus, die aber nur à 8 Kreutzer das Pfund gerechnet werden mögen — und betragen, nach Abrechnung des Salzes . . . . . 212 Bz.

Kommt also beym Buttermachen nur heraus die Summe von . . . . 610 Bz.

Freylich verkauft man seit den letzten Jahren den Butter fast nie unter 5 Batzen; und den Käs auch nicht unter $4\frac{1}{2}$ Batzen das Pfund; so, daß man sagen kann, die Bauern wissen ihre Rechnung ganz gut zu treffen. Sie machen aber weniger Butter damit sie ihn desto theurer geben können; denn den Käs können sie alt werden lassen und in das Ausland hoch genug verkaufen. Und die Theurung der Butter nimmt auch darum zu, weil immer mehr und mehr Zins-Küher aufkommen, die das Vieh zu ihrer Bergfahrt in Pacht nehmen; die Viehbesitzer aber stets einen stärkern Zins fordern. —

Man rechnet, daß 8 bis 10 Maas Milch zu einem Maas Rahm oder Nidlen erfordert werden; und eine Maas gute Nidlen giebt nicht einmal recht 1 Pfund Butter (Anken). (NB. die Maas Milch wiegt 4 Pfund). Auch rechnet man 10 Pfund gute Milch auf 1 Pfund fetten Käs, und 20 Pfund abgerahmte Milch zu 1 Pf. magern Käs. Für den Centner Käs braucht man 2 Pf. Salz, um ihn vollkommen zu salzen, welches durch 6 Wochen geschiehet. Das Pfund Butter gilt in den Bergen allezeit weniger als der Käs, daher machen die Küher so wenig Butter als möglich.

Gar zu alte Käse sind nichts nütze. Man findet dergleichen die über 150 Jahr alt sind. Herr von Bonnstetten schreibt in seinen Briefen über das Saanenland, es sey ihm ein Käs verehrt worden, der vom Jahr 1643 war: Er fand denselben aber geschmacklos, ja fade, trocken und ganz ungenießbar.

Sechszigjähriger Käs siehet aus, wie gelbes Wachs, ist auch so hart und springt wie Wachs. Diese Käse sind noch von der guten Art; man braucht sie als Arzney zur Verdauung. Solche alte Käse werden aber nicht verkauft, sondern sind als Haus-Erbschafts-Stücke nur merkwürdig. — Gesalzne Käse halten sich aber nicht so lange; auch werden auf den hohen Alpen die besten Käse, ohne Salz gemacht. Man findet Laibe von 10 bis auf 50 Pfund. Sie liegen lange über einander wie in einer Presse, unter schweren Gewichten, bis sie vollends gar sind, die Feuchtigkeit herausgedruckt ist und sie ihre rechte Festigkeit erhalten haben. Auch muß man sie noch in der Käsehütte kühl und lüftig halten, denn alle Nässe, Feuchtigkeit und Kälte schaden ihnen.

Im ersten Theil der Beschreibung von Bern, Seite 314. Siebenthal: Zeile 27 stehet: der Saanenkäs werde bloß aus Rahm und Milch bereitet. — Nach besserer Belehrung muß man dies so verstehen: „Kein Käs wird bloß aus dem Rahm der Milch bereitet, sondern der fette Käs aus ganzer Milch, auf welcher der Rahm noch stehet; der magere hingegen aus Milch, von welcher der Rahm abgenommen ist. Nur allein zu dem Fätscherin, wenn er recht gut seyn soll, wird ein Dritttheil Rahm, und zwey Dritttheile abgenommene Milch gebraucht." —

Die Geißkäse werden im Siebenthal vorzüglich gut und in Menge gemacht. Denn in den dortigen hohen Bergen weiden die Geisen ohne Schaden.

Der Mittelpreis eines Centners Saanenkäs ist jetzt im Lande selbst an 2½ Louisd'ors; das Pfund 4 bis 5 Batzen. Und recht guten bezahlt man auch bis 6 und 7 Batzen das Pfund.

Seit dreißig Jahren hat sich der Preis des Käses mehr als verdoppelt, und mit ihm der Preis der Wiesen, und vielleicht auch die Einkünfte, die der Staat und die Partikularen aus dem Lande ziehen: Die Ausgaben nehmen aber in gleichem Verhältniß in der Staatswirthschaft wie in der Privathaushaltung zu. Und Geldreichthum ist noch nicht wahrer Reichthum, wenn alles im Preis steigt.

Ein Küher ist bey uns der Eigenthümer einer Anzahl Kühen, deren Nahrung er sowohl im Sommer als im Winter von den Landwirthen pachtet. Der Landwirth giebt ihm gewöhnlich weiter nichts als das Futter, samt einer schlechten Wohnung und der nöthigen Stallung auf dem Gut. Der von dem Vieh des Kühers fallende Dünger bleibt dem Herrn des Guts, der aber dazu das gehörige Stroh hergiebt.

Das dürre auf dem Gut selbst verätzte Futter bezahlt sich sehr verschieden, je nachdem es guter Art ist, und der Küher seine Milch mit Vortheil absetzen kann. Der Unterscheid ist von 5 bis 7 Thaler (der Thaler zu 30 Batzen) für jedes Klafter. Mit dem grünen Futter hat es in Ansehung der Verschiedenheit des Preises die gleiche Bewandtniß. Entweder führt der Küher sein Vieh auf die Alpen, wo er es zur Weide treibt; diesen heisset man Senn. Oder er bleibt, wie im Winter, in der Ebene, und graset sein Viehfutter mit der Sense, auf fremdem Boden ein. Dafür bezahlt er von jedem Stück täglich ein gewisses, von 12 bis 18 kr. des Tags, je nach den Umständen; diesen heissen wir Sommer- oder Heimküher.

Diese Weise, dem Küher das vorräthige Futter grün oder dürr zu verkaufen, und auf dem Gut äzen zu lassen, ist fast immerhin, in verschiedenen Absichten, für alle diejenigen Landwirthe, die sich nicht persönlich mit füttern, melken und mäzen abgeben können, das vortheilhafteste.

Bey einer solchen Landwirthschaft kann man sicher annehmen, daß wenige Gegenden noch Braachfelder haben. Bald sind es also Wiesen, bald Kraut- oder Ackerfeld. Ist es keines von beyden, so dient es zur Viehweide.

Das frische Gras wird dünn in der Hütte aufgeschüttet; damit es nicht warm werde; denn sonst verliert es seine Kraft. Vielen Bauern fehlt zur Streue das Stroh; aber sie helfen sich mit Tannen- und Fichten-Reisern, mit Farnkraut und allerhand Laub (nur das Laub von Buchen ausgenommen). — Diese Streuarten geben zwar etwas langsamer, aber doch zuletzt einen tüchtigen Dünger. Auch sammlen sie die Gauche in Fäßern, und befeuchten damit ihre Wiesen, ihre Gärten und ihre Aecker.

Zur Stallfütterung kommen ihnen die Kleefelder ausserordentlich gut zu statten. Der Küher nimmt den Saamen von den Kaufleuten in der Stadt, die guten Holländer- und Niederländischen Kleesaamen vorräthig haben. Diese Futterkräuter sind als die beste Sorten erprobt, und fehlen niemals.

20 Centner an Heu und Emd (Grumet) wird auf

eine Milchkuh von mittlerer Größe, auf 80 Wintertage lang gerechnet. Beym Klee braucht man etwas weniger; und das Vieh giebt noch mehr Milch dabey.

Wie man den Kleesaamen säen soll, lehre man von dem großen Landökonom, dem sel. Herrn Chorschreiber Tschiffeli, aus den Briefen über die Stallfütterung. Sie kosten bey der typograph. Societät 8 Batzen.

Unsre besten Alpen des Berner Kantons liegen im Emmenthal und in den Gegenden um Thun; vornehmlich aber in dem sogenannten Oberland — in den Landvogteyen Untersеen und Interlachen; zu Oberhaßli, im Frutigthal, im Simmenthal, im Saanenland, in den Gegenden von Aelen, Vivis, Bonmont. — Auf den sogenannten zahmen Alpen bleibt das Vieh vom Maymonat bis spät in Herbst. Auf den wilden Alpen können die Kühe und Stiere nur 12 bis 15 Wochen bleiben; und zwar in der Mitte des Sommers, wenn er noch dazu gut ist. Vorberge oder Voralpen sind solche, wo die Weide bald da, bald dort ist; meist im ebenen Lande; da wartet der Hirt den Sommer ab, und im Herbst den völligen Winter, wo er die Stallung sucht.

Diese Alpen haben auch noch besondere Namen. Man nennt Kühalpen wo die Milchkühe weiden; Mastalpen, wo Mastochsen weiden; Stierenalpen oder Gustiberge, wo das junge Hornvieh hingetrieben wird. Die Schaafalpen sind die höchsten und steilsten; — diese letztere machen seltsame Wanderungen ohne Hirten auf den größten Bergen; sie bleiben beysammen; man siehet oft 3 und 4 Monate nicht nach ihnen; und wenn man sie findet, so gehen sie allemal dahin, wo eines von der Heerde hingezogen wird. Geißen begleiten oft diese Schaafheerden. Auch geschiehet es, daß alles dieses Vieh viele Wochen durcheinander auf den Bergen weidet ohne Hirten.

Gefährlich aber für das Vieh ist es auf den hohen Alpen wenn Hagelwetter einfällt; denn da suchen die Thiere Schutz und finden ihn nicht; sie wollen zu Bäumen hin, und oft ist kein Baum nahe noch ferne. Mit verschlossenen Augen fahren sie umher — und eben da ist schon oft das Unglück geschehen, daß einige in das Thal herabstürzen.

Die Hirten des Oberlandes und in den Saanenthälern lassen die Kühe, nicht vor dem dritten oder vierten Jahr zu dem Stier, daher ihre Art die schönste ist. Da hingegen in der Waadt wegen Armuth der Pächter und der Bauern die Kuh im zweyten Jahr bedeckt wird. — Auch ist die Viehart daselbst klein und elend. Die Schlachtkühe, die man bey uns groß und beleibt machen will, bekommen den Stier nicht vor dem vierten Jahr.

Mehr als einmal hat eine 24 bis 28 Centner gewogen. Ochsen giebt es noch viel schwerer. — Sie werden verkauft von 28 bis 36 Louisd'or, der gemeine Schlag aber ist von 14 bis 16 Centner.

Es ist eine wunderliche Grille, wenn die fremden Herrn, die unser Vieh kaufen, meynen, sie würden damit

eine

eine Schweizerey aufrichten können. Die Alpen machen die Kühe, nicht aber die Kühe die Alpen. Daher mißlingen alle fremde Versuche mit hinausgezogenem Schweizervieh.

Vor hundert Jahren hatte die Berner Regierung alle Ausfuhr des Viehes verboten; zuletzt entschloß sie sich, den Viehhandel wieder frey zu lassen, doch so, daß das Vieh nicht von den Angehörigen aus dem Lande geführt werde. Denn die Verordnung sagt: **Wenn die Fremden unser Vieh haben wollen, so mögen sie es wohl selbst holen.** Die Bauern sind bey diesem Grundsatz reicher und der Staat mächtiger geworden. Aber die Butter hat man auszuführen verboten, damit sie wohlfeiler werden sollte, und der Käshandel desto beträchtlicher für das Ausland sey.

Man klagt seit einiger Zeit über Mangel an Butter in Bern, aber fast ohne Grund. Butter ist immer genug zu haben, nur ist der Preis wie alles andere fast um die Hälfte gestiegen. Die Bauern arbeiten für weniges Geld auch nicht mehr viel, und sagen — lieber wollen sie ihre Nidlen selbst trinken als wohlfeile Anken oder Butter machen. Gewiß haben die Ursachen, die man von der zunehmenden Theurung der Butter angegeben hat, auch früher schon existirt; als verschwenderischer Gebrauch, Schleichhandel, Käsemachen, Kalbfleischessen, Pferdvermehrung. — Dazu lebten die Bergbauern vormals mehr von Milch und Niedlen als heut zu Tag, wo sie auch die städtische Lebensart vielfältig angenommen, und der Weinverbrauch jetzt in den Bergen stärker ist als zu keiner Zeit. Man nehme aber an, daß eben darum der Bergbauer mehr Geld braucht, daß er indolenter wird, und für weniges Geld auch nur wenig Waaren liefert, (denn die Gemächlichkeit scheint das Unterscheidungszeichen unsers Jahrhunderts zu seyn); zu dem hat auch in den Städten alles im Preis aufgeschlagen, und der Unterschied des Preises der Butter gegen vormals und jetzt, stehet noch so ziemlich in der Proportion mit dem übrigen. Was hat den Preis des Holzes so enorm steigen machen? Ist es nicht auch größtentheils dieser vermehrte Fuhrlohn, da Wald und Nachwachs noch immer ihre Lieferung reichlich geben. Die Butter kommt allemal häufiger zum Vorschein, wenn der Preis hoch ist, als wenn der Preis niedrig stehet. Man siehet, es ist wie mit allen Sachen: Der Bauer raffinirt so gut ja noch besser wie der Städter, wie wir dies schon an einem andern Orte gezeiget haben. Aber Notabene: es muß ihm wohl gelten. Auch die Städter kommen hier mit ins Konflikt: Sie wollen immer mehr Pachtzins von ihren Gütern ziehen, da sie alle Jahr die Küher steigern.

Auch das kann noch eine starke und wahre Ursache der Vertheurung der Butter seyn, daß es immer mehr große Ochsenhändler giebt, die unsere Sennereyen und Alpen in Mastweiden verwandlen; wenn ein solcher Mann 5 und 6 der schönsten Alpenweiden mit seinem aufgekauften Mastvieh besetzt, so wird der Küher arbeitslos, und jener Großhändler hält sich bloß einen Bauernbuben zur Hütung. So schöne Berge, die viele Küher-Familien ernähren könnten, sind damit für das Vaterland gleichsam unfruchtbar. — Weil der Ochsen-Magnat, (wie ihn ein vaterländischer Schriftsteller mit Recht nennt *), unsre Berge mit Mastochsen besetzt, und nur in seinen Beutel speculirt, wie er sie ausser Lands gut verkaufen kann. Dadurch stockt die Milchfabrikation, der Nahrungszweig vieler Familien nimmt ab, und einige Händler bereichern sich auf Unkosten einer ganzen Nation, und vieler thätigen Menschen.

Die Berner ökonomische Gesellschaft.

Da diese wichtige Stiftung zum Besten des Landes ausserordentlich wirksam war, vorzüglich in den ersten 10 Jahren ihres Zusammentritts, so muß sie in einer Beschreibung von Bern einen eigenen Raum einnehmen, und wir widmen solchen hier mit Vergnügen.

Die Entstehung erzählt die Gesellschaft selbst in ihren Schriften **) auf folgende Art:

„Es gebührt unserm patriotisch-gesinnten Beförderer, dem Herrn Tschiffeli, (Sekretair des obersten Ehegerichts und unserer engern Gesellschaft beständigen

---

*) Man sehe Höpfners Magazin 3r Band, Seite 299.

**) In der Vorrede zum dritten Jahrgang.

Statthalter) die Gerechtigkeit, daß wir ihn öffentlich für den ersten Stifter unsrer Gesellschaft erkennen, so wie er noch immer eine ihrer vornehmsten Stützen ist. Derselbe lies im Christmonat 1758 durch hiesiges Wochenblatt eine Einladung an alle Patrioten überhaupt, und an alle Freunde der Landwirthschaft insbesondere ergehen, daß sie sich durch eine freygebige Unterschrift verbinden möchten, eine Geldsumme zusammenzulegen, und daraus die beste Auflösung einer zur Verbesserung des Landbaues abzweckenden Aufgaben mit einer Preismünze zu belohnen. Diese Ankündigung ward mit einem allgemeinen Beyfall aufgenommen, die Zahl der Unterschriften überstieg die Hoffnung des Erfinders dieses Vorschlags, der die Gesinnung seiner Mitbürger auf diesem Wege prüfen wollte. — „Herr Tschiffeli wählte sich 6 Herrn als Vertraute, diese haben sich wieder 6 andere gewählt; und so formirte sich eine engere Verbindung."

Welch einen grossen Einfluß diese Gesellschaft auf die Industrie, Handlung, Gewerbe, Feldbau, Viehzucht, nicht nur in der Schweiz sondern auch in allen europäischen Ländern gehabt habe, kann man nur daraus schliessen, daß sie Mitglieder von Hohen und Niedern, von Fremden und Einheimischen gehabt; ja nach ihrem Beyspiel haben sich in der Schweiz, in Deutschland, Frankreich, gleiche Gesellschaften zusammengethan; die auch auf die entfernteren Länder wohlthätig gewirkt haben, und der Landbau ist vor 10 und 20 Jahren das Lieblingsgeschäft fast jedes denkenden Menschen geworden.

Die Schriften der ökonomischen Gesellschaft von Bern bestehen aus folgenden Theilen:

Anfang: die Jahre 1760 1761 1762 1763 1764, jedes Jahr lieferte 4 Stücke.

(Der 1764 Jahrgang hat ein Generalregister über die 5 ersten Jahrgänge; von 1760 bis 1764 sind es also . . . . . . 20 Stücke.

Jahrgang 1765, 1766. hat auch jeder 4 Stücke; machen . . . . 8 Stücke.

Jahrgang 1767 1768 1769 1770 1771 1772 1773. jeder bestehet aus 2 Stücken; betragen also von 1767-73 . . 14 Stücke.

Auch ist ein Hauptregister über die Jahre 1765 bis 1773 zu haben, überhaupt also . 42 Stücke.

Ferner sind bisher erschienen 3 Bände von einer neuen Sammlung ökonomischer Schriften, wovon der 1te Theil zu Bern, der 2te und 3te zu Zürich gedruckt worden; jetzt soll die Fortsetzung davon künftig wieder in Bern herauskommen, und ein neuer Band wirklich unter der Preße seyn.

Obige Werke findet man ganz und stückweise bey der Buchhandlung der Typographischen Societät in Bern; die den größern Theil davon selbst gedruckt hat; auch hat diese Buchhandlung eine Uebersetzung in französischer Sprache vom Jahrgang 1764 bis 1773 en 25 parties, besorgt; die noch zu haben sind. Jahre 1761 1762 1763 fehlen.

Alle andere Jahrgänge sind nur noch in deutscher Sprache zu finden, werden aber täglich seltener.

Auch folgende Schriften sind von der ökonomischen Gesellschaft in Bern zum Druck verordnet worden: Abhandlung über die beste Art den Reps- und Kohlsaat anzubauen (à 4 Bz.) Abhandlung vom Bau und Nutzen des türkischen Weizens (à 2 Bz.) Abhandl. aus dem Schwedischen übersetzt, von dem Gleichgewichte der Nahrungsgeschäfte, von dem Nutzen der Manufakturen (à 5 Bz.) Anleitung zum Forstbau, zum Gebrauche des Landvolks in der Schweiz (à 2 Bz.) Anleitung zur Pflanzung, Erziehung und Wartung der Fruchtbäume (à 12 Bz.) Anleitung zu der Pflanzung und Wartung der vornehmsten Küchengewächse, aus Millers englischem Gärtner-Lexicon (à 12 Bz.) Anleitung wie die Reben zu pflanzen, zu erziehen und zu warten, aus Millers engl. Gärtner-Lexicon; auch unter dem Tittel: die Kunst Wein zu machen. (à 10 Bz.) Baudeau Abhandlungen über das erste und vornehmste Bedürfniß des Volkes; aus dem Französischen; auch unter dem neuen Tittel: Beobachtungen über den Korn- und Brodhandel in der Schweiz. (à 20 Bz.) Bells Preisschrift von den Quellen und Folgen einer starken Bevölkerung. (à 3 Bz.) Hästfer von der Verbesserung der Schaafzucht, nebst einem Rath gegen die Schaafspocken. (à 5 Bz.) Home, von den Grundsätzen des Feldbaues und des

Wachsthums der Pflanzen; aus dem Englischen. (à 8 Bß.) Jakobi, von der besten Zubereitung des Mauerkalches. (à 3 Bß.) Loriots Abhandlung über eine neue Art von Mörtel. (à 3 Bß.) Michaelis Gedanken über das seltsame Gesetz Moses vom siebenden Ruhejahr aller Feldarbeit (à 2 Bß.) Von der Natur des Torfs und von Zubereitung morastiger Gegenden zum Ackerbau (à 3 Bß.) Versuch von dem Mergel und dessen Würkungen im Lande. (à 3 Bß.) Wallerius chymische Grundsätze des Feldbaues, aus dem lateinischen Texte übersetzt. (à 8 Bß.) Essai sur la recolte de la soye dans le pays de Vaud. (à 5 Bß.) Maniere de ramasser la graine de treffle. 8. (à 2 Bß.) Mémoire sur une Caisse d'assurance contre les incendies dans le Canton de Berne. (à 6 Bß.)

Alle diese Schriften findet man einzeln oder zusammen bey der Typographischen Gesellschaftsbuchhandlung in Bern.

Kriegsverfassung.

(Man sehe im 1ten Theil, Seite 137 bis 144.) Seit dem Druck des 1ten Bandes dieser Beschreibung, sind wichtige Veränderungen in Absicht des Militairs in unserm Kanton vorgegangen; einiges aber ist damals schon nicht ganz genau richtig gewesen, wie es daselbst beschrieben worden; also rücken wir mit Vergnügen die uns darüber zugekommnen bessern Berichte hier ein.

Die Infanterie Regimenter haben ihre Namen von den Distrikten, aus welchen sie erhoben werden, erhalten. Ihre Eintheilung in Bataillone und Kompagnien ist zweyfach: Im Frieden, oder an den gewöhnlichen Musterungen, in den Distrikten in welchen die Regimenter erhoben werden, bestehet ein Regiment aus 16 Füsiliers 4 Grenadier und 4 Mousquetier Kompagnien, zusammen also aus 24 Kompagnien, welche in 4 Bataillons eingetheilt sind. Im Felde aber bestehet ein Infanterie Regiment nur aus den schon genannten 4 Grenadier- und 4 Mousquetier-Kompagnien, welche alsdann nur 2 Bataillons formieren, deren Staab aus 1 Oberst, 1 Oberst Lieutenant und 1 Major, der zugleich Landmajor ist, bestehet; letzterem ist noch 1 Aide-Major de Département untergeordnet, der aber niemals ins Feld geht, sondern bestimmt ist, in Abwesenheit der Majoren, seinen Posten bey Hause zu versehen.

Die alljährlichen Musterungen der Miliz sind von vierfacher Art: Hauptmusterung; zu dieser kommt jedesmal 1 ganzes Bataillon; Vormusterungen und Schießmusterungen, bey diesen erscheint nur ½ Bataillon; und endlich sind die Trüllmusterungen, wo nur eine geringe Anzahl Volks zusammen kommt, um desto besser unterrichtet werden zu können. Haupt- und Vormusterungen; auch ein Theil der Trüllmusterung werden im Frühjahr gehalten; der andere Theil der Trüllmusterung, auch die Schießmusterungen geschehen im Herbst.

(Der Soldat erscheint nicht zwanzigmal im Jahr

beym Exerziren, wie im 1ten Theil, Seite 139 geschrieben ist; sondern die grosse Musterungen mitgerechnet in allem nur 15 mal. Nämlich 1 Bataillons-Musterung, 1 Vormusterung, 1 Schiessmusterung, 6 Trüllmusterungen im Frühjahr, und 6 Trüllmusterungen im Herbst).

Vor- und Schiessmusterungen werden allein von dem Landmajor ausgeschrieben, und unter seiner unmittelbaren Aufsicht gehalten; die Trüllmusterungen werden durch die Trüll- oder Exerziermeister besorgt, welche von dem Landmajor ernennt werden, und unter seiner direkten Aufsicht stehen; die Trüllmeister bekommen eine geringe jährliche Besoldung, welche von den Gemeinden bestritten wird. Die Hauptmusterungen werden von dem Kriegsrath (nach vorher dem Landmajor abgeforderten Project) bestimmt und ausgeschrieben. Bey diesen Musterungen allein sind die Staabsoffiziers verbunden zu erscheinen, wofür sie aber, so wie die entlegenen Hauptleute Taggelder beziehen. Erstere bekommen 3 Kronen (75 Batzen) letztere 2 Kronen (50 Bz.) per Tag. Der Major, der zugleich Landmajor ist, hat eine jährliche bestimmte Besoldung.

Die Aufsicht über die Armatur und Montur, ist dem Landmajor aufgetragen. An Ihn gelangen die von dem Kriegsrath gemachten Verordnungen und Abänderungen; er bestraft die Unfleissigen und Ungehorsamen; und referiert directe an den Kriegsrath, über den befindenden Zustand und Conduite der Regimenter; Ihm müssen alljährlich von den Pfarrherren, im Bezirk seines Regiments, genaue Listen der jungen 16 Jahr alten Mannschaft, der neu verehlichten, aus dem Land gezogenen und heimgekommenen, übergeben werden. Die junge und wieder aus fremden Diensten heimgekommene Mannschaft, wird an den Vormusterungen, durch den Landmajor, in die Füsilier-Kompagnie-Rödel eingeschrieben; diese Füsilier-Kompagnien sind als der Depot anzusehen, aus welchem alle andere Corps rekrutirt werden. Eine jede Kompagnie hat ihren besondern Rodel, welche aber alle bey dem Landmajor in Verwahrung liegen.

Eine äusserst weise Verordnung ist es, daß kein Landmann von den Pfarrern kopuliert werden kann, er habe denn vom Landmajor oder Trüllmeister, ein Certificat, daß er Montur und Armatur besitze. Dies zwingt das Volk sich früher zu montieren als es sonst geschehen würde.

Die Scharfschützen und Jäger bestehen gegenwärtig aus 21 Kompagnien. Ihre Uniform ist, ein dunkelblau tuchner Rock, mit dunkelblauem Futter, himmelblauen Aufschlägen, Ueberschlag oder Revers und Kragen; Westen und Hosen auch dunkelblau, wie die übrige sämtliche Infanterie.

Die Uniform der Artillerie und Infanterie ist dunkelblau, mit rothem Unterfutter, rothem Kragen und Aufschlägen ohne Revers; die Artillerie unterscheidet sich von der Infanterie durch gelbe Knöpfe, Ermel und Aufschläge à la Suedoise. Es sind jetzt 23 Artillerie Komp. die Komp. von 80 Mann.

Im Feld erhält der Soldat täglich 4 Batzen an

Geld, ein und ein halb Pfund Brod und ein halb Pfund Fleisch; ein zweyter Unterlieutenant, 13 Bz. und ein und ein halb Pf. Brod; ein erster Unterlieutenant $14\frac{1}{2}$ Bz. und $1\frac{1}{2}$ Pf. Brod; ein Oberlieutenant $16\frac{1}{2}$ Bz. und $1\frac{1}{2}$ Pf. Brod; ein Hauptmann 33 Bz. und 3 Pf. Brod, 24 Pf. Heu und 1 Mäs Haber; ein Major 41 Bz. $7\frac{1}{2}$ Pf. Brod, 60 Pf. Heu und $2\frac{1}{2}$ Mäs Haber; ein Oberstlieutenant 49 Bz. $7\frac{1}{2}$ Pf. Brod, 60 Pf. Heu und $2\frac{1}{2}$ Mäs Haber; ein Oberst $65\frac{1}{2}$ Bz. 9 Pf. Brod, 72 Pf. Heu und 3 Mäs Haber. — Die Jäger haben gleiche Besoldung; die Artillerie aber hat etwas mehr.

pag. 137 Zeile 19 im 1ten Theil stehet von 3 überzähligen Bataillons; aber sie sind nicht überzählig, sondern ungerade Bataillons, die wegen Localumständen nicht anderst konnten eingetheilt werden. Sie sind in Ansehung der Musterungen den benachbarten Regimentern angehängt.

Im Kriegsrath sitzen 1) Ihro Gnaden, der Herr Schultheiß so nicht am Amte ist, oder der Alt-Schultheiß; 2) vier Rathsherrn; 3) acht Glieder des großen Raths. Letztere sind gewöhnlich solche, die in auswärtigen Kriegsdiensten gestanden sind.

(Zu Seite 140 des 1ten Bandes). Die im vorigen Jahrhundert von den Gemeinden des Landes zusammengelegten Reisgelder sind letzthin auf das Begehren der Eigenthümer gegen neue Münzsorten von gleichem innerlichen Werth ausgewechselt worden. Diese Summen sind nun von den Landschaften und Gemeinden an

Zins gelegt, und diese Zinse werden zu gemeinnützigen meist militärischen Anstalten verwandt; doch so, daß immer ein Quart desselben zur Ersparung eines neuen Capitals zurückgelegt wird. Es muß also jährlich 1 procent zu Sammlung eines neuen Fonds in die Kriegsrathsschreiberey nach Bern gesandt werden. —

(1ter Band S. 141.) Das Regiment von Wattenwyl ist deswegen vom Staat im Sold behalten worden, weil sowohl wegen dem Kriege der benachbarten Mächte, als besonders zu Verhütung der Ausfuhr unsers Viehes und Getreides, auf allen unseren Gränzen starke Polizey-Wachten durchaus nöthig sind. Die Regierung hielt diese Maasregel nicht nur für das Land nützlicher als wenn der Landmann seine Arbeiten verlassen und auf diese Gränzwachen ziehen müßte, sondern es würde auch wegen den alsdann nothwendig öftern Ablösungen, Märschen und Contremärschen für das öffentliche Aerarium kostbarer geworden seyn, als wenn dieses schöne und wohldisciplinierte, auch aus Bernern bestehende Regiment im Solde des Staats behalten würde.

Da es aber völlig gegen die Grundsätze der Bernischen Regierung ist, stehende Truppen zu halten, so wird zuverläßig, wenn endlich Ruh und Friede bey unsern Gränznachbaren hergestellt seyn werden, dieses Regiment entweder in die Dienste irgend einer uns verbündeten Macht treten, oder abgedankt werden.

Da die Unruhen an den Gränzen der Schweiz in den Jahren 1792 und 93 stündlich zunahmen; und der französische Revolutionskrieg ganz Europa zu erschüttern drohete; so mußte auch die Wachsamkeit der Schweizer verdoppelt werden. Unsre weise Regierung von Bern hat mit eben so vieler Entschlossenheit als Weisheit sich sehr thätig gezeigt. Eine Probe davon ist auch die im Wintermonat 1792 im ganzen Kanton ausgeschriebene Bewachung der Hochfeuer und aller Wachthäuser zur Bereitung eines Landsturms. Diese merkwürdige Zeitepoke verdient auch den spätern Enkeln zum Muster zu dienen, und da die Fremden davon keinen deutlichen Begriff haben — was dieser National-Wehrstand bey uns für eine Einrichtung habe, so rücken wir die Publikation die vom kleinen und großen Rath ergangen, hiermit wörtlich ein:

„Die Aufmerksamkeit, welche Wir stets auf alles richten, was Unsere getreue und liebe Angehörige erleichtern kann, hat uns bewogen, die im Dienst stehenden Truppen so weit zu vermindern, als es die Vorsicht und Wachsamkeit für die Ruhe und Sicherheit des Vaterlandes erlauben wollte. Da aber ungeacht Unserer wiederholten feyerlichsten Erklärungen, die von der ganzen Eydgenoßschaft anerkennte Neutralität, auch Unsrer Seits auf das genauste und sorgfältigste zu beobachten, dennoch immer Gefahr vorhanden ist; so haben Wir, fest entschlossen Unsre alte Verfassung, Unsre Religion, Lande, Leute und Eigenthum, bis auf die schlechteste Hütte, Unsrer Deutschen und Welschen Landschaften, auf das äusserste zu vertheidigen, Unserer Landesväterlichen Pflicht zu seyn erachtet, folgende Anstalten durch Unsern verordneten Kriegs-Rath anordnen zu lassen, und sie zum Verhalt Unsrer lieben und getreuen Burgern und Angehörigen durch den Druck bekannt zu machen: überzeugt, daß dieselben wie im Vergangenen, so auch im Zukünftigen, für die Erhaltung des theuren Vaterlandes, mit Uns Gut und Blut aufzuopfern, immer willig seyn werden.

Erstlich, wird alle Mannschaft, so in die Miliz eingeschrieben ist, unter welchem Namen es seye, aufgefordert und gemahnt, sich zu einem stündlichen Aufbruch fertig zu halten.

Zweytens, sollen alle Wachtfeuer zugerüstet und bewachet werden, damit im Fall eines Angriffs der Landsturm alsbald ergehen könne.

Die betreffenden Gemeinden werden demnach die Kauzen der ihnen zum Unterhalt obliegenden Wachtfeuer ausrüsten, und so laden lassen, daß sie wenigstens eine Stunde brennen können, und die Wachtfeuer bewachen lassen. Sie werden dafür treue und verständige Leute wählen, doch nicht aus der ausgezogenen Mannschaft, und sie werden für ihre Treue verantwortlich seyn.

Diese Wacht soll, zu mehrerer Erleichterung, nur aus 3 Mann bestehen, die mit ihrer Armatur versehen, aber nur in ihrer gewöhnlichen Kleidung sind. Da aber hie und da in den letztern Zeiten diese Wachten nachläßig und nicht ordentlich geschehen sind; so werden Unsere Amtleute, unter deren Befehl ein Wachtfeuer steht, in den nächstgelegenen Dörfern einen verständigen und thätigen Vorgesetzten bestellen, der die Aufsicht über diese Wachtfeuer habe, darauf achte daß die Wacht ihre Pflicht thue, zu den 4 Mordkläpfen und 4 Steigraqueten Sorg trage, und für letztere verantwortlich seye.

Das Holz, so zum Kochen und Heizung des Wachthauses vonnöthen ist, soll aus Unseren Waldungen angewiesen werden; die Gemeinden werden aber die Fuhrung thun.

Die Wacht soll fleißig auf die herumliegenden Wachtfeuer durch die Dünkel schauen, um alsbald zu wissen wenn sie in Brand stehen.

Sie soll ihr Wachtfeuer nicht anzünden, sie seye dann vermittelst der Dünkel, und Wahrnehmung der übrigen Zeichen, versichert, daß diejenigen auf die das ihrige gerichtet ist, nicht unnützer- und unglücklicher Weise angezündet worden seyen.

Diese Zeichen sind folgende: Bey Tage wird ein Rauchfeuer gemacht, und wenn selbiges bald abgebrannt ist, die 4 Mordkläpfe nacheinander, von 5 zu 5 Minuten, losgebrannt. Bey Nacht und hellem Wetter wird das Wachtfeuer angezündet, und dann, wenn dasselbige verbrannt ist, die 4 Steigraqueten ebenfalls von 5 zu 5 Minuten losgelassen. Bey Nacht und trübem Wetter wird das Wachtfeuer angezündet, und die Mordkläpf von 5 zu 5 Minuten losgebrannt.

Sobald nun eine Wache ihr Wachtfeuer angezündet hat, so soll ein Mann von der Wacht alsbald dem nächstwohnenden Trüllmeister, oder in seiner Abwesenheit dem ersten Vorgesetzten davon die Anzeige thun, und von da weg alsbald zu Unserm Amtsmann des Orts gehen, um ihm die gleiche Anzeige zu thun.

Die übrigen 2 Mann werden dann die Zeichen geben, wie es oben angezeigt- und vorgeschrieben ist.

Sobald nun der Trüllmeister, oder der obbemeldte Vorgesetzte in seiner Abwesenheit, die Anzeige von Anzündung des Wachtfeuers hat, so wird er alsbald die Glocke läuten, und durch die Tambours den Allarm schlagen, auch durch die Feuerläuffer die nächstgelegenen Dörfer aufmahnen lassen. Unsere Amtleute werden dann desgleichen in ihrem ganzen Amt die Glocken läuten und durch die Tambouren den Lerm schlagen lassen, und auch die nächstwohnenden Amtleute, in deren Amt kein Wachtfeuer ist, aufmahnen, damit sie das gleiche thun.

Drittens, wenn nun die Wachtfeuer angezündet sind, und der Landsturm durch Läutung der Glocken und Schlagung des Lermens ergeht, so wird sich samtliche in die Miliz eingeschriebene Mannschaft, mit ihrer Montur, Armatur, 24 scharfen Patronen und dem Habersack versehen, auf ihren Trüllplatz begeben, daselbst sollen sich auch alle Vorgesetzte einfinden; auch alles Fuhrwesen, so nach unten stehender Vorschrift gestellt werden soll, soll dort erscheinen. Die so keine Habersäcke haben, sollen anstatt dessen Säcke mitnehmen, worinn sie ihre Nothwendigkeiten tragen können. An Kleidungs-

stücken

stücken werden sie nur das Nöthigste mitnehmen, hingegen für 4 Tage Nahrungsmittel, welche ihnen auf dem Fuß von 10 kr. per Tag werden vergütet werden. Die Fuhrleute werden auch für 4 Tage Nahrung für ihre Pferde mitnehmen, die ihnen dann auch zu 10 Bz. per Tag werden vergütet werden.

Vom Trüllplatz soll alles was sich da befinden wird, unter Anführung des Trüllmeisters, wenn er aber abwesend ist, unter Anführung des ältesten sich vorfindenden Ober- oder Unter-Officiers, auf den Allarmplatz ihres Bezirks marschieren, und allda durch ihre Officiers in ihre Compagnien eingetheilt werden. Die 2 Füsiliers-Compagnien von 2 verbrüderten Bataillons werden ein Bataillon ausmachen, das seinen besondern Commandanten haben wird. Jedes Bataillon nimmt bey seinem Abmarsch 2 Fahnen von seinem Allarmplatz mit. Die fernern Befehle über ihren Abmarsch wird der commandirende Officier von Unserm verordneten Kriegs-Rath, oder von denen Ober-Commandanten Unsrer Truppen empfangen. Die ausgezogene Mannschaft wird immer zuerst marschieren. Kommt nun der Befehl für ihren Abmarsch nicht alsbald, so beziehen sie ihre Quartiere, die ihnen nach dem Befehl vom 22ten September bestellt seyn sollen, und die Füsiliers kehren in ihre Wohnungen zurück, von da sie aber, nach einigen Tagen, durch den Officier, den Unser Kriegs-Rath bestellt hat, um sie zu commandiren, wieder werden auf ihrem gleichen Allarmplatz versammelt werden.

Kommt aber der Befehl, daß die ausgezogene Mannschaft abmarschieren solle, so beziehen alsdann die Füsiliers die für jene gemachten Quartiere bis auf weitern Befehl. Damit nun dann auch sie Dienste leisten und abmarschieren können, so soll durchaus das zur Infanterie bestimmte Fuhrwesen verdoppelt werden, da dann das jetzo wirklich angelegte, oder die erste Hälfte, für die Füsiliers dienen wird. Darüber aus soll mit jedem Bataillon, sowohl Auszüger als Füsiliers, noch ein vierspänniger Wagen mitgeben, der zur Fuhr von Proviant und allerhand andern Nothwendigkeiten bestimmt ist; weil sich auf dem Weg und in der Gegend, wo sich alsdann die hiesigen Truppen zusammen ziehen werden, wegen ihrer grossen Anzahl, nicht Fuhrwesen genug zu ihrem Behelf vorfinden kann.

Geben den 30ten November 1792.

Kirchenordnung.

(Siehe den 1ten Theil, Seite 144.)

Die neueste und vollständigste Ausgabe erschien 1748 in 4to. auf 124 Seiten, unter dem Titel: Prädikanten-Ordnung des sämtl. Ministerii der deutschen Lande der Stadt Bern. Der Inhalt ist folgender: 1) Vom Berufe der Prediger; 2) Von dem Inhalt, der Form und Gestalt der Predigten; 3) Von den Predigten an Sonn- und Feyertagen; 4) Von den Predigten an den Werktagen; hier wird befohlen, daß ein Text aus dem neuen Testament kurz und gemeinnützig paraphrastisch erklärt, und über das Vorgetragene ein kurzes Examen angestellt werde; bey den Leichenpredigten wird erinnert: „die Leichenpredigten wollen wir vollkommen abgestellt haben, weil sie in unsrer Hauptstadt selbst nicht gebräuchlich sind, und dabey oft viel menschliches einfließet;" 5) Von den Kirchenlehrern und dem Examen der Alten; 6) Von dem Gebät und dem Kirchengesang; hier ist insbesondere der Artickel zu merken: „Es sollen auch die Psalmen nicht der Ordnung nach abgesungen werden, sondern das Gesang soll jederzeit nach der zu verhandelnden Materie eingerichtet, und der abzusingende Psalm von dem Prediger von der Kanzel kund gethan werden;" 7) Von der Bedienung der heil. Bundessiegel, insbesondere von der heil. Taufe; 8) Von dem heil. Abendmal; 9) Von der Einsegnung der Ehe; hier stehet unter andern: „Neben den Hochzeitscheinen soll der Verlobte und Hochzeiter, so er unser Angehörige ist, von dem Trüllmeister seines Orts ein schriftliches Zeugniß vorweisen, daß er mit guter Kriegsmontur und Kleidung versehen sey, welche Scheine von dem Prediger verwahrlich sollen aufbehalten werden, damit man im Fall dieselben aufweisen könne; 10) Von den Pflichten der Prediger bey den Chorgerichten; 11) Von den Schulbesuchen; 12) Von Hausbesuchungen; 13) Von Besuchung der Kranken;

welcher Artickel mit diesen Worten beschlossen wird: „Wann die Prediger von eines Kranken Zustand Wissenschaft haben, so sollen sie auch unberufen hingehen, und ihre Pflicht abstatten, damit nichts durch ihre Nachlässigkeit verwahrloset werde;„ 14) Von Offenbarung verborgener Verbrechen; 15) Vom Verhalten der Prediger gegen die, welche irrige Lehren in der Kirche ausstreuen; hier wird unter andern den Predigern die Klugheitsregel gegeben: „Im Fall einer in irrigen Gedanken, über unsre christliche Glaubenslehre stehet, dieselbigen bey sich behält, und sich von unsrer Kirche in allen öffentlichen gottesdienstlichen Pflichten nicht absondert; sollen die Prediger einen solchen mit aller Sanftmuth und mit überzeugenden Gründen aus Gottes Wort, den Irrthum widerlegen, und den Irrenden, wo möglich, wieder auf den rechten Weg führen, aber mit ihm Geduld haben, und der Zeit erwarten, da Gott ihm das Licht der Wahrheit aufgehen lasse;" 16) Von den Pflichten der Prediger bey den Kirchen- und Allmosenrechnungen; 17) Von der Pflicht der Prediger, in welchen Fällen sie an uns oder an ein Departement der Regierung schreiben sollen; 18) Wie sich ein Prediger zu verhalten habe, wenn er sich in seiner Pfarr-Einnahme verkürzt glaubt; 19) Von Erhaltung der Pfarrhäuser; von Fristung und Anbau der Landgüter. Hier folgen nun einige Specialverordnungen für die Helfer; von ihrer Wahl und ihren Amtspflichten; von den Kammern, ihrer Erwählung und Bedienung; von den Dekanen und ihren besondern Pflichten; von den Kapiteln und dem Konvent; diesen sind verschiedene Eidesformulare beygefügt. Z. B. Form des Eides bey der Handauflegung zum Predigtamt. Diese schwören, daß sie in der Lehre und in dem äusserlichen Gottesdienst nach der Vorschrift der helvetischen Konfeßion sich verhalten, darüber wachen, und keine dagegen streitende Meynungen und Neuerungen einführen oder begünstigen wollen. Auch allen denjenigen, die sich heimlich oder öffentlich solches zu thun unterstehen sollten, nach bestem Vermögen entgegen arbeiten, sie fleißig und liebreich ermahnen, oder die Widerspänstigen gehörigen Orts anzuzeigen. ꝛc.

Die Kirchenverordnung für den französischen Antheil des Berner Kantons ist in vielen andern Absichten noch merkwürdiger. Sie hatte, der Hauptsache nach, den berühmten Elias Bertrand zum Verfaßer. Unter andern toleranten Einschränkungen und Erweiterungen kommt im 4ten Artickel folgende Stelle vor: „Les Luthériens qui souhaiteront communier avec nous, seront admis *comme frères*, sans les engager à aucune déclaration de leur croyance sur les articles où nous différons d'avec eux."

Der Kirchenkonvent ist der Rath für alles was die Religionsverfaßung angehet. Von hier aus geschehen alle Vorträge für Räth und Bürger, wenn etwas neues oder besonders sich ereignet, was die Religion und ihre Lehrer betrift. Zu diesem Konvent werden alle Prediger der Stadt gezogen; der Präsident dabey ist der jedesmalige Alt-Schultheiß der Republik.

Ehegerichtsordnung.

Mit der Kirchenordnung hängt auch die Ehegerichtsordnung zusammen. Denn für gute Sitten soll auch das Ehegericht mit der Geistlichkeit verbunden, gemeinschaftlich wachen. Wenn die Ehestreitigkeiten überhand nehmen, so ist das allemal eine Folge des Luxus und der veränderten Mächenerziehung. Der Müssiggang, die Moden und die zunehmende städtische Pracht unter den niedern Ständen gehen in gleichem Schritt mit dem zerstörten Ehglück.

Auch vom Lande kommen die Ehescheidungen häufiger vor als in vorigen Zeiten. Ehemals war es eine Seltenheit, jetzt gehört es zum ersten Bedürfniß, wenn man die Leute nicht lebendig sich einander zu Tode martern lassen will.

Von der verminderten Eltern- und Kinderliebe, also von der schlechten Zucht entspringt viel Uebels. Hart und grausam gegen sein eigenes Blut zu seyn, ist vielfältig im Charakter der Alten gegen die Jungen; und diese arten früh aus, denn sie werden nicht durch die Liebe an ihre Familie fest gebunden. Die Ehegerichte hätten überall weniger zu thun, wenn nicht Eigennutz und Lieblosigkeit zwischen Geschwister und Eltern die jungen Eheleute chikanirten, und die Verschwendung nicht ihnen die Mittel raubte, billig und wohlthätig gegen sie zu seyn.

Nach der neuesten Ehegerichtsordnung von 1787 heißt es: „Falls die Eltern ihre Kinder durch Verweigerung einer billigen Ehesteuer, oder aus andern Ursachen, an einer ehrlichen Heyrath hindern wollten; soll selbige nichts destoweniger ihren Fortgang haben, und in diesem Falle, unserm täglichen Rath die Bestimmung einer solchen billigen Ehesteuer überlassen seyn."

Eine Eheversprechung ist im Kanton ungültig, wenn von Eltern oder Verwandten harte Drohungen, Schläge oder Mißhandlungen angewandt werden; aber vor der vollzogenen Heyrath muß solches bey der rechten Stelle klagbar angebracht werden. Ist der Beyschlaf erfolgt, so hilft keine weitere Klage etwas, oder es komme eine neue Ursache zur Ehescheidung hinzu.

Eine Eheversprechung ist ungültig, wenn eines der Verlobten einen Erbschaden hat, eine ansteckende Krankheit oder sonst ein geheimgehaltenes unheilbares Uebel. Auch wenn während dem Eheversprechen eines der Verlobten ein Glied verliert, und zum Erwerb seines Brods unfähig, oder auf lange Zeit untüchtig wird.

Blödsinnige, die ihres Verstandes nicht recht Meister sind, sollen und dürfen nach dem natürlichen und politischen Recht nicht heyrathen. Es geschehen aber freylich oft Ausnahmen, und diese geben allemal böse Ehen.

Die älteste Eheversprechung ist allein gültig. Ein Betrüger der eine zweyte Eheversprechung thut, wird stark gebüßt. Auch ist die erste Person berechtiget ihr Verlobniß zurück zu fordern, wenn ihr die gehörige Genugthuung verschaft worden.

Die Ehe mit katholischen Weibspersonen ist gänzlich untersagt. Das Gesetz lautet: „Die Ehe mit römisch-katholischen Weibspersonen bleibt in unsern Landen gänzlich verboten. Sollte aber jemand von unsern Bürgern oder Angehörigen sich ausser Unsern Landen mit einer solchen Person ehelich einsegnen lassen, so soll er sein Vaterland samt allen daher inn- und ausser Landes fliessenden Genuß verwirkt haben; auch sein habendes Gut zu Unsern obrigkeitlichen Handen confiscirt, er aber ins künftige in Unsern Landen etwas zu erben unfähig seyn." —

Eine Eheversprechung ist ungültig, wenn eine Wittwe sich vor Verfluß eines Jahrs mit einem Andern einläßt.

Merkwürdig ist auch die Verordnung des Ehegerichts, welche allgemeiner bekannt seyn sollte; daß nämlich alle Huren, oder schaamlose Weibsbilder, welche Geld für ihre Buhldienste nehmen, zum Staubbesen verurtheilt und mit Schallenwerkerarbeit bestraft werden sollen. Und wer Hurengelder entdeckt, die den Mannspersonen abgenommen worden, dem soll das Recht gehalten werden, daß er diese bey der Hure herausfordern darf. Man heißt es Brandschatzungen, wenn unzüchtige Weiber und Dirnen unter allerley Drohungen von denen die mit ihnen heimlichen Umgang gepflogen haben, Hurengelder zu erpressen suchen. Und eben diese Brandschatzungen werden hoch gestraft.

Eine Dirne, die geschwängert worden, ruft das Ehegericht zur Schützung des Rechts auf die Erhaltung des Kindes vom Vater an; der Vater übernimmt die Strafe und die Gerichtskosten; 6 Kronen zahlt er an die Mutter als Ammenlohn, für die ersten 6 Monate nach der Geburt des Kindes. Hernach sorgt der Vater für des Kindes Unterkommen selbst, oder wenn er arm ist, wird auch die Mutter zur Erhaltung mit angehalten.

Auf den Ehebruch war in ältern Zeiten die Todesstrafe in Bern gesetzt. Wer heut zu Tag eines Ehebruchs überwiesen ist, soll alle Aemter verlieren und zu langer Gefängnißstrafe verurtheilt seyn. — Wird die Frau oder der Mann toll, so kann eine Ehescheidung vor sich gehen. — Auch auf Ehebruch und Unvermögenheit zur ehelichen Pflicht kann die Scheidung folgen.

Es heißt in der Beschreibung von Bern (1ter Band, Seite 119): „Kein Gesetz schreibe den Vätern vor, ihre Kinder auszusteuern. Nach der neuen obrigkeitlichen Verordnung aber soll ein Vater, seinen Majorengewordenen Kindern, eine ziemliche Ehesteuer geben, wenn sie sich verheyrathen."

Bey Hochzeiten werden wenig Umstände gemacht. Wenn man wegen der Eheversprechung in Ordnung ist; so holt man beym Ehegericht einen Chorzettel, reiset aufs Land, läßt sich kopuliren, zahlt dem Prediger 50 bis 60 Batzen für seine Bemühung; hält eine Mittagsmahlzeit mit ein paar Freunden, und kehrt sodann in die Stadt zurück. Das Hauswesen fängt an; und jedes geht seinen Geschäften nach. In Deutschland wird dieser Schritt etwas ernstlicher behandelt. Man macht lange Vorbereitungen zur Einrichtung der Haushaltung und der Ehesteuer. In der Schweiz denkt man wohl, besonders im Kanton Bern, über diesen Artickel leichtsinniger, als es zur Zufriedenheit im künftigen ehelichen Leben gut ist. Viele Ehestreitigkeiten, Betrug der Schwiegereltern gegen die neu Verehelichten, und schlechte Harmonie, nehmen von daher ihren ersten, hernach fast unauslöschlichen Brennstoff.

Das Gymnasium oder die Akademie.

(Man sehe 1ten Band, Seite 15.)

Die Schulen der Stadt haben reiche Güter-Stiftungen aus den Zeiten der Voråltern. Aus diesem Fond werden die Schulgebäude unterhalten, wo mehrere Professoren freye Wohnung haben; und in einzelnen Zimmern werden 36 Studiosi oder junge Kandidaten logirt und gefreist. — 20 wohnen im sogenannten Kloster, 16 auf der Schule. Die Städte Thun, Zofingen, Bruck haben für ihre Bürgersöhne 12 Plätze anzusprechen. Welches Beneficium ihnen im Jahr 1610 zugestanden worden, da vormals jeder dieser Orte nur 2 Freyplätze hatte.

Eben diese Akademische Stiftung zahlt auch zuweilen Stipendia für fleißige und wenig bemittelte Akademisten um fremde Universitäten zu besuchen. Die Summe beträgt für einen Stipendiaten 400 Kronen; deutsch Geld fast 600 Gulden.

Die Familien Frisching, Daxelhoffer, Tillier haben ebenfalls Stipendia ausgesetzt für reisende junge Gelehrte aus dem Lande.

Der Schulrath bewilliget ein Stipendium für die Beziehung der Lausanner Akademie. Ein Studiosus von Bern, der dahin geschickt wird, bleibt 2 Jahre daselbst; er muß sich in der französischen Sprache und Gelehrsamkeit eine gewisse Fertigkeit erwerben, und hält bey seiner Zurückkunft eine französische Prob-Predigt.

Wirklich ist man nach einem von Herrn Professor Ith entworfenen Plane beschäftiget, der Akademie, welche seit ihrer Entstehung ihre uralte Mönchsgestalt behalten hat, zweckmäßiger einzurichten, und dabey auf die moralische Bildung künftiger Volkslehrer und Seelsorger besser Rücksicht zu nehmen, und lieber etwas von der Schulgelehrsamkeit und zweyzüngigen Disputierkunst zurückzulassen, als es an dem Wesentlichsten der wahren Predigerwürde fehlen zu lassen, — welche da ist: ein vorzüglicher Mensch und guter Christ zu seyn. Die Hauptveränderung dürfte also darinn bestehen, daß bey der nächsten Erledigung eines Theologischen Catheders der polemische Lehrstuhl abgeschaft, statt dessen ein Theologus practicus angestellt werde, welcher Katechetik, Homiletik und Pastoralklugheit lehren könne. Der zweyte Theologus theoreticus würde sodann Dogmatik, Moraltheologie, Kirchenhistorie, nebst Widerlegung der vornehmsten Irrthümer behandeln. Beyde Theologen sollen künftig wöchentlich 6 Collegia, statt wie bisher nur drey haben. Folglich wird dem hebräischen Professor die Katechetik abgenommen. Jetzt hat der philosophische Lehrer bereits dem mathematischen die Physik übergeben; dafür unterrichtet er seine Zuhörer in der Moral-Philosophie, welche sonst dem griechischen Catheder nur neben bey angehängt war. Schon ist dieser Verbesserungs-Plan vom Schulrath genehmiget worden, und ohne Zweifel wird er die obrigkeitliche Sanktion erhalten. Denn es fehlt warlich nicht an dem guten Willen der Regierung, wo sie wahrhaft nützliche Verbesserungen bestätigen kann. So wie der große Aufwand an Geld und Prämien, die sie seit den letzten 10 Jahren diesen Schulen gewidmet hat, in den Wirkungen doch endlich auch sichtbar werden müssen.

Der Schulrath bestehet aus einem Venner oder Seckelmeister als Präsidenten, aus 3 Rathsherrn, aus dem Dekan, ferner den beyden Pfarrherrn im Münster; 8 Professoren die an der Akademie Lehrer sind; und 6 Herrn des großen Raths. —

Dieser Schulrath veranstaltet alle neue Einrichtungen in der Lehrform; vor ihm stellen sich alle, die ein

Lehramt suchen in der Hauptstadt; dieser Schulrath prüft die Disputanten, welche den Professorgrad und Belohnungen erwarten; er besetzt auch die lateinischen Schuldienste in den Municipalstädten; er theilt Stipendia aus. — Er hat einen eigenen Fond, um die nöthigen Bücher anzuschaffen, wie auch die täglichen Ausgaben in allen Vorfällen zu bestreiten. —

Für die Lausanner Akademie ist eine eigene Commission in Bern niedergesetzt. Sie bestehet aus 4 Rathsherrn, die sich die Aufnahme und gute Fortdauer dieser alt-berühmten Schule sollen angelegen seyn lassen. Die Hauptangelegenheit aber kommt vor den Schulrath.

In den Schulen der Berner Munizipalstädte welche ihre Studierende nach Bern auf die Akademie senden, nimmt die Liebe zum Studiren auch merklich ab. Nach sichern Berichten die wir erst kürzlich mit allem Fleiß eingezogen, hat der lateinische Schulmeister in Zofingen in den 2 ersten Klassen keinen Knaben; in der 3ten Klasse sind 11, von denen nur einer gewiß dem geistlichen Stand gewidmet ist; in Arau hat der lateinische Schulmeister in der ganzen Schule nur einen Knaben; in Lenzburg 5, von denen einer, und in Brug 8, von denen vielleicht einer dem Kirchendienst gewidmet wird. Ueberhaupt nimmt die Zahl der Kandidaten des Predigtamts stark ab; die Ursachen suche man selbst auf. Wir zählen eine der hauptsächlichsten in dem steigenden Handelsgeiste, und in der fast stark zugenommenen Geringschätzung des geistlichen Standes durch mehrere unwürdige Glieder.

Die Landschulen.

An den Landschulen fehlts! An den Landschulen fehlts! Das ist auch die Quelle aller Unordnungen die nach und nach auf den Dörfern einreißen; die uns hartherzige, unempfindliche, geizige Bauern verschaffen; wir fühlen in den Städten den Druck der Bauern; und wir sehen auch wie ihre Prozeßsucht, ihre Ungebundenheit, ihre rohe Unwissenheit in vielen Gegenden unsers sonst so gesegneten Landes — Elend und Armuth erzeugen.

In unserm Kanton entstehen so viele Streitigkeiten und Händel und große Weitläuftigkeiten, weil viele Bauern nicht schreiben und lesen können; die wichtigsten Verträge machen sie nur aufs Wort hin aus, und lassen sie selten in der rechten Ordnung schriftlich verfassen, oder sie werden sonst betrogen aus Unkenntniß. Die Obrigkeit thut gewiß alles mögliche um auch diesen Flecken vom Land zu vertilgen, aber man weiß nicht wie es kommt, daß bey allen vorgeschlagenen Verbesserungen doch kein Segen ist, und alles beym Alten bleibt. Geld herschießen, das thuts nicht allein — man muß auch Lehrer haben, die ein großes Gefühl für diesen wichtigen Gegenstand haben! Und daran fehlts! Eine reiche Quelle vieler Prozesse würde verkopft, wenn der Bauerjunge besser unterrichtet wäre. Wenn er Klugheit und einige Wissenschaften von den nöthigen Kenntnissen des bürgerlichen Lebens hätte.

Das beste Kapital das die Obrigkeit und die Gemeinden anlegen können, ist die bessere Erziehung ihrer Angehörigen. Nichts sind die Menschen werth, durchaus nichts — wenn sie nicht gut erzogen, gesittet, verständig sind. Man braucht eben keine Vielwisser und Klügler zu machen, aber umgängliche, vernünftige, raisonable Menschen sollten sie doch alle seyn; — dabey wird es Stadt und Land, Obere und Untergebene zu genießen haben, denn nur bey solchen Menschen wird man seines Lebens froh und sicher.

Ich weiß viele Fälle, daß wenn ein Landprediger seine guten Zwecke mit den Landschulen hat ausführen wollen, er an der Regierung eine kräftige Aufmunterung und thätige Unterstützung fand. Oftmals brachte man in Vorschlag, das Einkommen des Schulmeisters zu verbessern; die Gemeinden thaten etwas, aber noch war es nicht hinlänglich, den Arbeitsfleiß eines redlichen Arbeiters würdig zu belohnen. Es ward nach Bern berichtet; und gleich bewilligte die Obrigkeit aus ihren Mitteln 60 bis 80 Kronen Zulage! Und dergleichen Beyspiele sind so viele! Aber was hilfts Geld geben, wenn der Eifer von selbst bey denen geschwind wieder erkaltet, die zuerst eine Verbesserung in Vorschlag brachten, und das geschiehet leider! bey uns tagtäglich.

Es giebt Landschulen wo oft hundert und hundert

fünfzig Kinder zusammen kommen. Wie ungesund muß das seyn, und wie wenig kann ein einziger Schulmeister bey einem solchen Haufen ausrichten! Man nehme noch die schlechte Wohnung dazu, wie eng die Kinder sitzen; wie unnatürlich stark im Winter eingeheitzt wird, und dann gehen diese Kinder oft eine halbe Stunde weit nach Hause. Dies alles zusammen macht die Landschulen eher zum Unsegen als zum Segen für die Gemeinden. — Zehn bis fünfzehn Kronen ist der gewöhnliche Tax, wofür der arme Schulmeister alle Tage 4 bis 5 Stunden den ganzen Winter durch lehren soll! Man denke, was das für eine Aufmunterung giebt, ob der mürrische schwindsüchtige Mann mit gutem frohen Herzen einer solchen Gemeinde und ihren Kindern dienen kann! Welch einen bösen Eindruck macht aber ein mißvergnügter Lehrer auf seine Lehrlinge!

Einige wenige Gemeinden, die eine vernünftige Entschließung genommen haben, geben jedoch bis auf 80 Kronen an Geld und viele andere Vortheile für Holz und Speisen. Auch hat die Obrigkeit, wie schon erinnert worden, auf Vorstellung hin — mit einer reichlichen Beysteuer diese Anstalten unterstützt, wenn man nur siehet, daß es den Leuten Ernst ist. — Aber man sollte doch auch nicht alles der Regierung zumuthen! Die Gemeinden könnten und sollten mehr thun; es ist ja ihr eigener Gewinn wenn sie brafe Leute in ihrem Dorfe erziehen. Sie haben es am Armengut wieder zu

genießen,

genießen, denn da nur nimmt Betteley zu, wo Unwissenheit, Trägheit, Bosheit anwächst.

In Landschulen kann es freylich nicht wohl anders seyn, es müssen Kleine und Große, Wissende und Unwissende neben einander in das Schulhaus kommen; aber die Abtheilung sollte man doch mit den Stuben machen, daß die Aeltesten ruhig schreiben und rechnen könnten, indessen die Jüngern in einer andern Stube Buchstabieren und Lesen. Stille, Ruhe, Eingezogenheit, das müssen die Kinder voraus lernen, und ist wichtiger als alles andere. Auch sollte der Prediger vom Dorfe gewöhnlich die Schule der Größern besuchen, so oft er nur könnte. Durch solche gemeinschaftliche Bemühung des Schulmeisters und Landpredigers, würde gewiß bald ein merklicher Nutzen verspürt werden. Aber ja nur nicht wie es gewöhnlich gehet, daß man im Anfang eifrig, im Fortgang lau, und zuletzt ganz gleichgültig werde! Dies ist der Fall schon so oft mit unsern Stadt- und Landschulen gewesen; daher sollte jedes Kapitel, oder jede Synode, allemal sich um den Fortgang der Schulen bey jeder Versammlung ernstlich befragen, und stets neue Ermunterungen geben, so wie sich auch die Regierung alljährig einen Bericht vom Wachsthum und Fortgang der Schulen sollte abstatten lassen.

Daß sehr viele alte Landschullehrer durch kein Seminarium gebessert werden können, ist augenscheinlich. Die Leute sind gemeiniglich schon zu unbiegsam, und lassen von ihren Gewohnheiten nicht ab. Man sollte aber auch keine ganz junge Leute dazu wählen, sondern in den Städten wohl erzogene Söhne von den Armen des Landes, die mit guten Fähigkeiten begabt und guter gesitteter Aufführung sind; diese könnte man damit versorgen; und sie lassen sich auch einen mühsamen und wenig einträglichen Posten lieber gefallen als der Bauer, der sonst zu leben hat. Die Schullehrer sollten gewählt werden, wie die Pfarrer; und Ehre und Achtung muß ihnen gleich nach dem Prediger zukommen, so wie der Schulmeister auch in der Abwesenheit des Predigers durch Vorlesen in der Kirche seine Stelle vertreten könnte. Solche Schullehrer scheinen mir dem Land so nützlich als der geistliche Stand selbst; denn der leztere wird erst durch die Zusammenwirkung der Schulen mit den Kirchen recht gemeinnützig. Sonst dreschen die Prediger warlich nur leeres Stroh.

Da aber im Bernkanton nicht wie in Deutschland die Dörfer zusammengebaut sind, sondern die Häuser so weit auseinander zerstreut stehen, so macht dies freylich mehr Schwierigkeiten als in keinem andern Lande. Auch dafür müßte man die schicklichsten Einrichtungen treffen, daß das Schulhaus an einem bequemen Ort stehe, wo der Zugang am wenigsten beschwerlich und der Weg am besten unterhalten sey. In den ganz rauhen Tagen kann ja das Schulhaus geschlossen bleiben, und man fange das Schulgehen desto früher an. Wie schön wäre es, wenn man im Kanton Bern an den Landstrassen wo jetzt die Kornhäuser so herzerfreulich in die

Augen fallen, auch nahe dabey kleine niedlich gebaute Schulhäuser erblickte! Wie würde das Vaterland die Stifter segnen, und einen neuen Beweiß der Wohlthat einer guten Regierung dankbar empfinden müssen!

Um diese Anstalten desto feyerlicher zu machen, könnte man das Haus mit Bäumen umpflanzen; alle Frühjahr den Kindern beym Examen ein Fest geben, wobey die Eltern und die Gemeindsvorsteher, auch der Herr Landvogt Zeuge seyn sollten.

Die Sitten der Bauern sanfter und edler zu machen, das muß der Hauptzweck seyn. „Auch der Bauer ist zu gewissen wohlanständigen Sitten so unaufgelegt nicht, als man wohl denkt; und es gereicht einem Lande sehr zur Empfehlung, wenn man auch bey ihm Wohlanständigkeit findet. Die Schule wäre das Mittel dazu. Man dürfte ja nur die Kinder daran gewöhnen, daß sie ordentlich und anständig redeten; anständig und reinlich, so viel sich es nur immer thun ließe, sich kleideten; daß sie höflich nach ihrer Art sich bezeigten gegen jeden, und auch Gefälligkeiten sich unter einander bewiesen, wo sie könnten. Besonders sollten sie sobald sie in die Schule hineintreten, den Hut oder die Kappe abziehen, dem Schullehrer die Hand reichen, und erst wenn er sie gegrüßt hat, könnten sie wieder das Haupt bedecken und an ihren Platz sich setzen. Eben so sollten sie wenn sie aus der Schule gehen mit abgezogenem Hut oder Kappe das Adieu sagen. In die Kirchen sollen sie nie mit bedecktem Kopf hineingehen;

nicht reden, nicht plump mit den Füssen auftreten, auch wenn sie unter dem Gebet kommen, sollen sie an der Thür stehen bleiben und warten bis die Gemeinde sich setzt. — Wäre aber an einem Ort schon eine ganz verwilderte Jugend, so müßte man strengere Mittel gebrauchen; keine Bosheit erlauben, und lieber alles wagen als dem Eigensinn nachgeben. Was man aber mit Liebe ausrichten kann, muß man nicht mit Affekt und Bitterkeit suchen und mit Troz erzwingen.

Zum Schullehrer gehört darum ein durchaus sanfter und guter Mann. Er lehrt mit seinem Exempel mehr als mit den Worten; die Kinder und die Gemeinden müßen ihn lieben können. Ja keinen Egoisten, ja keinen Prahler, ja keinen Zornigen, ja keinen Säufer! Ein nüchterner, bescheidener, nicht viel wissender, aber ein simpler, gerechter guter Mann ist weitaus der Beste!

Man sorge für gute Bücher. Die besten Schulbücher für diesen Unterricht wären: Seilers Religion der Unmündigen; Rochows Kinderfreund; Feddersens Leben Jesu; Gellerts Oden und Lieder. Auch Götze nützliches Allerley wäre ein gutes Buch zum Vorlesen in Schulen. Dabey könnte man es bewenden lassen; hingegen sollten die Lehrer nach Beyers Katechetik die Religion unterrichten; die Hauptlehren des Christenthums aber sollten auf zwey großen Tafeln in kurzen Absätzen in der Schulstube aufgezeichnet stehen. Man könnte das Bild Christi in einer edlen Gestalt gemahlt dahin stellen; wo er mit dem Zeigefinger auf folgende Worte hinweist:

Zum Beyspiel: — Christus sagt: Liebe deinen Nächsten als dich selbst.

Selig sind die Sanftmüthigen, denn sie werden das Himmelreich empfangen.

Selig sind die reines Herzens sind, denn sie werden Gott schauen.

Ich bin gekommen die Sünder selig zu machen, durch den Glauben und durch die Liebe.

Folget mir nach.

Ich bin der Weg, die Wahrheit und das Leben, wer an mich gläubet, und meinen Worten getreu bleibet, der wird den Tod nicht sehen ewiglich. —

Ob du gleich stirbst, so lebt doch dein Geist in Gott fort.

Vergebet — so wird euch auch vergeben.

Vergeltet Böses mit Gutem.

Wer seinen Nächsten nicht liebet, den er siehet, wie kann er Gott lieben den er nicht siehet?

Wenn man einen kurzen deutlichen Inbegriff der Landesrechte und der Pflichten des Menschen in der bürgerlichen Gesellschaft drucken lassen wollte, sie im Lande austheilte; so würden auch viele Verbrechen und Uebel, die aus Mangel besserer Einsicht entstehen, unterbleiben. Auch sollte dies ein Lesebuch in den Schulen seyn.

Bessere Melodien, und ein frohmüthigeres

herzlicheres Gesangbuch, wäre auch zur Charakterbesserung anzurathen.

Daß der Heidelberger Katechißmus noch in Schulen gebraucht wird, hat manches bittere Urtheil veranlaßt. Die Sache ist jedoch nicht so arg als sie scheint. Die Lehrer sollen das Formular nicht brauchen um sich pedantisch an den Buchstaben zu binden; sondern, wenn sie ein wenig vernünftig zu unterrichten wissen, so benutzen sie die Gelegenheit, das Alte mit dem Neuen zu erläutern; die Wahrheit desto heller ins Licht zu stellen. Gar zu harte Ausdrücke aber läßt der Lehrer niemals auswendig lernen. Der Heidelberger Katechißmus hindert also so wenig, wie eine alte Grammatik, daß eine gute, klare, einleuchtende Methode doch dabey in Uebung kommen kann: Die Hauptsachen müssen sich doch in jedem solchen Lehrbuch finden, und der Heidelberger Katechißmus hat seine alten guten Freunde die sich dabey als rechtschaffene Männer gebildet haben, und die man schonen muß. Die competierlichen Richter über diese Sachen, sind diejenigen, denen es um wahrhaften Trost im Leben und Sterben zu thun ist, und denen die Bildung des Herzens mit der Aufklärung des Verstandes gleich wichtig ist.

„Sonst aber taugt auch der beste Leitfaden für den nachläßigen Lehrer nichts, und der Treue wird gewiß bey jedem anbringen, was die andern etwa Gutes enthalten, so daß wir bey dem Heidelberger Katechißmus doch nicht übel fahren. Die Kenntniß der römischen

Lehrsätze ist gar nicht unnöthig, wenn man ihre Proselitenmacherey bedenkt, und daß wir neben einander wohnen. Kennen und hassen sind zweyerley; letzterm wird jeder vorsichtige Lehrer besonders auch wegen den Verhältnissen gegen unsre Bundsgenossen, mit aller Sorgfalt vorbeugen."

Diese letztere Stelle ziehe ich aus einem Schreiben eines Bernischen Landgeistlichen, da er sich gegen den Ausdruck in der Beschreibung von Bern 1ten Band, Seite 157 erklärt hat. Er fügt noch hinzu: „daß der Religionsunterricht in dem simpeln Auswendiglernen des Heidelberger Katechismus bestehe, ist ganz ungegründet. Man macht freylich in niedern Schulen davon diesen Gebrauch, aber doch fangen die Lehrer überall an, nebenbey auch Unterricht im Denken geben. Doch dies freylich, wie leicht zu erachten, noch sehr mangelhaft, da die Dorfschulmeister eine schlechte Besoldung haben, und allerley Hindernisse in Weg treten, die fast weniger nicht, als eine gänzliche Reformation dieses Standes erforderten. Wobey aber auch die Herren Prediger auf dem Lande mehr in Thätigkeit kommen müßten."

„Daß man, wie Seite 158 behauptet wird, der Verbesserung und den guten Absichten entgegen arbeite, ist sehr selten, und wo es je etwa geschieht, da sind besondere Umstände die Ursache. Wer Gutes thun will — kann es — wenn er es nur ernstlich und auf die rechte Art anfängt. Er muß aber auch nicht alles von der Obrigkeit und durch Zwanggesetze erwarten, oder wie viele Land-Prediger zur Entschuldigung ihrer verkehrten oder einmal mißlungenen Versuche die Schuld damit gerne von sich wälzten."

O, wie viel Gutes könnte noch auf dem Lande geschehen, wenn man auch nur Halbwegs die Mittel gebrauchen wollte, die wir in Händen haben! Was ist doch edler als ein empfindsamer, gutfühlender, wohlgebildeter Mensch! Wie lebt man noch einmal so froh bey solchen Leuten, als bey den mürrischen, hartherzigen, geistlosen, an moralischen Gefühlen ganz armen und todten Menschenfiguren! Gottlob daß wir auch in unserm Kanton unter den Bauern noch sehr edle vortreffliche Menschen zählen können, aber sie sind selten, und sie klagen am ersten über den jetzigen Verfall der Erziehung und über die grossen Vernachläßigungen der Jungen, sie zürnen über ihre unglaubliche Gleichgültigkeit gegen alte gute Anstalten.

Wenn die neue Einrichtung in dem Berner Gymnasium zu Stande kommt, wovon oben (Seite 175) Meldung geschehen, so ist zu hoffen, daß auch dieses eine heilsame Wirkung auf die Gemeinden hervorbringen werde, und was durch keine noch so gute Vorschriften oder Mandate ausgeführt werden kann, das muß man allein von gut gebildeten Landgeistlichen erwarten, die selbst innigst ihre moralische Bestimmung fühlen und in der Erfüllung ihrer Pflichten den größten Theil ihres Vergnügens suchen. Sie können auch allein am thätigsten dabey wirken, weil sie die Nächsten dabey sind, und dem Landprediger ist ja die Aufsicht über die Gemeinde überlassen; folglich können sie im Namen der Regierung mehr als jeder andere Mensch im Staat es endlich zur Ausführung bringen, was alle wahre Freunde der Tugend so lange schon wünschen. —

Dann wird bey der Regierung neuer Muth wachsen auch diese Landschulen zu fördern. Und was Herr Professor Ith in seinem neuen schätzbaren Werke der Antropologie des Menschen von den Stadtschulen rühmt: „Unsere gnädige Regierung hat durch ihre weise Thätigkeit für das Erziehungswesen einige Zeit her so unendlich viel gethan; — das wird man auch getrost für das Land hoffen dürfen!

Beyspiel einer Schulverbesserung in der Lenk.

Mit dem innigsten Vergnügen geben wir folgende Schilderung von einem würdigen Landgeistlichen aus dem Kanton, der es durch Eifer dahin gebracht hat, seine Schulen merklich zu verbessern. Herr Pfarrer Lauterburg in der Lenk ist dieser edle Menschenfreund; und er redet in folgenden Worten *):

„Entweder ist der Schulmeister ein etwas bemittelter Mann, und dann nimmt er eine Schule an, nur daß

---

*) Siehe die Briefe über die Schwärmerey im Kanton ꝛc. Seite 179.

er sich einen Nebenverdiest erwerbe. Neben derselben hat er seine häuslichen Geschäfte, die ihm keine Zeit übrig lassen, welche er zum Lesen und Studieren über die zweckmäßigere Führung seines Dienstes anwenden könnte. Zumal seine Besoldung es nicht ertragen mag, daß er seine Hausgeschäfte durch Andere verrichten lasse. Diese müßte er bezahlen. Und wie selten ist die Liebe zum allgemeinen Besten, und die Begierde zur Beförderung desselben, was man immer könne beyzutragen? ja daß man etwas darfür aufopfern möchte?

Oder es ist ein Armer, der den Schuldienst angenommen, und der würde verhungern müssen, wenn er nicht neben der Schule seine Zeit zu solchen Arbeiten und Beschäftigungen nutzte, wodurch er so viel verdienen könnte, seinen Leib zu nähren und zu kleiden, mehr als daß er seinen Geist zu nützlicher Besorgung seines Schuldienstes aufklären möchte.

Wie ein grosses Hinderniß in der Verbesserung des Schulwesens die schlechte Besoldung sey, und was durch Vermehrung des Soldes könne gewonnen werden, das zeigt mir die eigene Erfahrung bey meiner jetzigen Gemeinde.

Es sind in derselben fünf Schulen. Zu wenig für ihre Weitläufigkeit und Größe. In die gröste sollten immer 90 bis 100 Kinder kommen. Der Schulmeister derselben hatte bis zum vorigen Jahre 19 Kronen Besoldung, und kann die Schule im Gemeind-Schulhaus halten. Die Andern hatten 12 bis 14 Kronen, und müßen ihre eigene Häuser zum Schulhalten hergeben, oder Andere auf ihre Unkosten miethen. Für diesen so geringen Sold halten sie 16 bis 20 Wochen täglich 4 und 5 Stunden die Schule.

Ich wollte bald, als ich zur Gemeinde kam, einige Aenderungen in der Methode des Unterrichtes einführen: denn es war mir ärgerlich, wenn ich in den Schulbesuchungen hier einige Kinder am A. B. C. und Buchstabieren nagen, dort andere im Lesen, andere im Schreiben, andere im Gesang sich üben, andere Auswendig lernen sehen und hören mußte, und wie das Eine hier, das Andere dort den Schulmeister um Hilfe anrufte. Allemal dacht ich, welch ein Babel! Doch sollte die Schule der Ort seyn, wo die Jugend zur Ordnung angeführt und gewöhnet werden soll. Ich fieng an, in jede Schule eine Tabelle zu geben, wie ich gewünscht hätte, daß die Stunden zu jeder Art des Unterrichts abgetheilt und angewandt würden. Das einige Neue, was ich einführen wollte, war eine Leseübung, für welche 2 Stunden in der Woche sollten gewidmet werden. Man sollte aus Millers biblischen Geschichten 2 oder 3 Kinder eine Geschichte deutlich vorlesen lassen; sodann sollte der Schulmeister andere fragen: was sie von derselben behalten, und als wichtig bemerkt hätten? Ich trieb in jeder Schule diese Uebung einige male selbst; um ein Beyspiel zu geben, wie man die Kinder auf das führen müsse, was sie sich hauptsächlich zu bemerken hätten. Man fieng mit Beydem an, trieb's so ziemlich genau einen Winter hindurch, aber im folgenden ließ man wieder ab; theils weil die Schulmeister Schwierigkeiten dabey fanden, theils, weil verschiedene Aeltern sich fürchteten, ihre Kinder möchten bey dieser Einrichtung weniger auswendig lernen. So fieng nach und nach die vorige Unordnung in den Schulen zu herrschen an, und der gute Miller ward zu nichts gebraucht, als daß sich die Kinder ob demselben im Buchstabieren und Lesen übten.

Auch hatte ich einige fähige Köpfe durch mancherley Vorstellungen zu bereden getrachtet, daß sie zuweilen einen Abend bey mir zubringen möchten. Ich habe gehoffet, nach und nach etwas an ihnen zu gewinnen, und die einen und andern im Falle zu einem Schuldienste bereden und brauchen zu können. Vergeblich. Die Besoldung war zu geringe, als daß ich Jemand anziehen konnte, der sich einige Mühe mehr zu Versehung eines Schuldienstes geben möchte, als sich die gegenwärtigen Schulmeister gegeben haben. Noch fährt mir es darum allemal durch Leib und Seele, so oft mir der Gedanke aufsteigt, daß einer meiner jetzigen Schulmeister sterben, oder sonst den Dienst aufgeben könnte, weil ich einmal jetzt noch nicht wüßte, wie ich seine Stelle, auch nur eben so gut, wieder besetzen könnte.

Doch, ich habe Hoffnung, daß es allmälig besser kommen werde, denn Mnhhr. Major Wyß, der die Verwaltung hiesigen Amts übernommen hatte, richtete alsbald auch seine Aufmerksamkeit auf das Schulwesen. Voll Eifer und Thätigkeit zur Beförderung des gemeinen Besten und edler Menschenbeglückung, machte er die Glieder der im Spatjahr 1786 gehaltenen gewöhnlichen Landkammer *) aufmerksam, daß es sich wohl der Mühe lohne, die Schulmeister, welche an der Erziehung der Kinder arbeiten, besser zu besolden. Es könnte aus dem gemeinen Landseckel keine gemeinnützigere und besser angewandte Ausgabe gemacht werden, als wenn alljährlich eine gewisse Summe in jeder Kirchgemeind zu diesem Zweck verordnet würde. Er selbst erklärte sich: Daß er aus seinem eigenen Seckel, jedem Schulmeister des Amtes ein Neujahrgeschenk von 3 Kronen bestimme, und richtete dies Geschenk, welches ihn auf 48 Kronen zu stehen kam, mit Freuden aus. Die Ehrende Landkammer, durch dies ermuntert, erkannte denn auch: Daß hinfüro jährlich die Summe von 26 Kronen 3 Batzen in jede Kirchgemeinde aus dem Landseckel zur Vermehrung des Schulmeistersoldes entrichtet werde.

---

*) Landkammer wird die alljährliche Versammlung genennt, auf welcher aus jeder der 4 Kirchgemeinden des Amtes Vorgesetzte in Zweysimmen, unter dem Vorsitz eines jeweiligen Herrn Kastlanen zusammenkommen. In dieser Versammlung werden die mangelnden Stellen in den 4 Gerichten ergänzt, die Rechnung über den gemeinen Landseckel abgelegt, gemeinsame Verordnungen zum gemeinen Besten entworfen, und gemeinsame Ausgaben aus dem Landseckel geordnet.

Der edle Menschenfreund ließ es dabey nicht bewenden. Er trat selbst mit uns Pfarreren in eine gemeinschaftliche Unterredung, um zu berathschlagen, wie der Schulunterricht verbessert, und durch welche Mittel die nöthige Steuerung eingeführt werden könnte. Durch ihn unterstützet, brachten wir es nun im letzten Winter (1786) dahin, daß Knaben und Mägdlein ohne Unterscheid zum Schreiben und Rechnen angehalten worden, da bisher nur wenige Knaben schreiben lernen wollten, selten aber ein Mädchen dazu zu bewegen war, und das Rechnen gar für etwas unnöthiges und unnützes gehalten wurde. So sind nun Schreiben und Rechnen, diese zwey Hauptsachen zur Beförderung der Aufklärung und des richtigeren Denkens, allgemein in unseren Schulen eingeführt; auch werden nun einige Uebungen und Einrichtungen besser betrieben, an welchen ich vorher vergeblich gearbeitet hatte. Freylich blieb es letzten Winter nur in den Anfängen, aber Hoffnung, bessere Hoffnung zu Mehrerem ist nun doch da!

Eben so konnt ich, durch Hilfe eben dieses Mähhrn. durchdringen, den Anfang zur Einrichtung einer Arbeitschule zu machen *). Er bezahlte für ein Jahr den

*) Wie vieles könnten nicht armer Leute Kinder schon in ihrer frühen Jugend verdienen? Man nehme nur das Neuenburgische Gebiet. Sechsjährige Mädchen gewinnen,

Zins zu einer Stube, die zu dem Ende gemiethet ward. So darf ich hoffen, nach und nach manches Gemeindsglied dem verderblichen Bettel zu entreissen, und Fleiß und Arbeitsamkeit, welche unter den Armen völlig verschwunden waren, allmälig unter denselben wieder emporzubringen. Segne Gott den Mann, der in Nachahmung der Wohlthätigkeit unseres obersten Beherrschers sein ihm anvertrautes Talent anwendet zur Beförderung Menschenglückes und Wohlstandes! Segne Gott alle wahre Landesväter!„ — —

Diese Darstellung einer Dorfschule und Pfarrgemeinde kann nicht anders als höchst lehrreich seyn, und

---

wenn sie jährlich dreyhundert Tage arbeiten, hundert und vierzig Livres; das ist 20 Livres mehr als ein gemeiner deutscher Soldat Löhnung hat. — Die jungen Pursche fast doppelt so viel, mit Strumpfstricken, Seidenarbeit, auch mit den zur Uhrmacherkunst nöthigen Fabrikgeschäften. — Auch zu Rougemont, im Bernergebiet, haben die Gemeinden ein Spital errichtet, wo sie ihre Kinder sehr nützlich mit leichten Arbeiten beschäftigen ohne den Schulunterricht zu versäumen.

wenn ein jeder Geistlicher in seinem Amte sich bemühen wollte, sich ein solches gutes Zeugniß zu verdienen, so stünde es um unsre Landschulen gewiß besser, und was noch fehlte, würde dann leicht noch hinzugethan werden können. Der gute Wille, der ernstliche Wille muß erst daseyn; und man muß sich Müllers Denkspruch zur Aufmunterung nehmen *): **Immer waren Glück und Ruhm Folgen der Beharrlichkeit.**

Alte Bernerische Landschulordnung.

Die Bernerische alte Schulordnung für das Landvolk, welche vor hundert und zwanzig Jahren, also seit 3 Menschenaltern gegeben worden, scheint mir mit so viel Verstand und Herzensgüte aufgesetzt zu seyn, daß man sie wohl noch nicht ganz vergessen darf, und sie könnte in den Hauptheilen noch heute zum Muster dienen. Sie ist 1720 neu aufgelegt worden, aber mit nicht besondern Verbesserungen. Den Geist der guten Alten erkenne ich ganz in dem ersten Aufsatz von 1675, da heißt es so stark und so wohlmeynend am Schluß: **Falls der eine oder andere Vorsteher der Gemeinde die heilsame Erkanntniß Gottes, es sey durch Sommerschulen und wöchentliche Repetitionen, oder auf eine andere Manier zu äufnen** (ver-

---

*) In der Vorrede zur Schweizergeschichte; 1te Ausgabe.

(vermehren) sich getraut, werden wir dasselbe zu höchstem Gefallen aufnehmen; der Hoffnung, wenn dieses alles durchgehends werde geübt werden, daß dadurch die Ehre des allerhöchsten Gottes, und der Kinder Heil und Seligkeit werde befördert, wie auch viel abgöttische und abergläubische Gräuel, darein viele wegen ihrer groben Unwissenheit verfallen, abgeschafft, und neue irrige Lehren unterdrückt und hinterhalten werden. —

Folgende Sätze der ältern Verordnung müssen bey jeder neuen Vorschrift zur Grundlage dienen:

Erstlich sollen die Schulen auf dem Lande, in allen Kirchhören an den bequemsten Orten angestellt werden, damit die Kinder von den umliegenden Dörfern und Höfen selbige desto besser besuchen können.

Demnach sollen die Gemeinden dahin trachten, daß sie, wo möglich, eigene Schulhäuser haben, kaufen oder bauen, oder wanns nicht in ihrem Vermögen, Häuser dazu um den Zins empfahen, auf daß die Schulen ohne Hinderniß können gehalten werden.

Der Anfang der Schulen, was die jungen und kleinen Kinder betrifft, soll seyn auf Gallen-Tag, und der Ausgang den ersten April. Die andern aber, so etwas stärker und größer, und zum Feldbau nothwendig gebraucht werden, sollen den ersten November anfangen, und etwas früher erlassen, inzwischen zu größerm Fleiß angehalten werden. Weil aber die Beschaffenheit der Feldarbeit und des Orts ungleich, kann nach derselbigen die Zeit des Anfangs und des Ausgangs der Schule eingezielet und ausgestreckt werden, nachdem es der Amtmann und Vorsteher des Orts nothwendig erachten werden. Falls es sich thun läßt, und an denen Orten es seyn kann, und bereits eingeführt, sollen die Schulen das ganze Jahr durch continuiert werden.

Die Gemeinden sollen die Schulmeister nicht aus eigner Gewalt und Willen annehmen und bestellen, sondern die begehrenden Personen für die Amtleute und Vorsteher der Kirchen, als ihre Vorgesetzten, denen solche Annehmung zusteht, weisen sich vor ihnen zu stellen.

Zum Schuldienst sollen Gottesfürchtige, Gott- und Tugendliebende Personen, und die von Natur geneigt und tugendlich zur Unterweisung der Jugend, erwählt und bestätiget werden, nachdem sie ihrer Tüchtigkeit halber, durch ein vorgehendes Examen auf die Prob werden gesetzt worden seyn.

Die Schulmeister sollen vor allen Dingen, ihren Schulkindern ein gut Exempel vortragen, die Kinder fleißig, verständig und ausdrückenlich lehren Beten, Lesen, und zuvor, zum Ersten, nicht das Geschriebene, sondern das Gedruckte in dem Psalmenbuch, Testament, und Bibel, auf daß sie bey Zeiten zu dem Heil. Wort Gottes gewöhnt werden, darnach die größern im Catechismus und Unterricht getreulich unterweisen, und zum Schreiben fleißig anhalten.

Es sollen auch die Lehrmeister sich beyzeiten in die Schul begeben, da dann die Stunden, wann sie anfangen und aufhören sollen, ein jeder Vorsteher, nach Beschaffenheit des Orts bestimmen soll, und die Morgenstund mit Gebet und Psalmensingen anheben, und sonderlich zusehen, daß das Gesang in den Schulen und Kirchen geäuffnet werde.

Was dann ihre Belohnung anbetrift, sollen die Gemeinden dahin sehen, daß ihnen ihr bestimmter Lohn eingehändiget werde, und so jemand darinn saumselig wäre, soll derselbe von dem Chorgericht oder Fürgesetzten, zu seiner Schuldigkeit angehalten werden, damit die Schulmeister neben ihrer grossen Mühe, nicht noch darzu viel Verdruß und Undank und Unkosten bey Einziehung ihres Soldes haben müssen. Im Fall aber des einten oder andern Besoldung zu gering wäre, soll dieselbe ihnen verbessert werden.

Arme und nothdürftige Eltern, die ihren Kindern nicht vermögen Bücher zu kaufen, auch in der Zeit, da sie in die Schule gehen, Nahrung und Kleider darzureichen, sollen die Amtleut und Vorsteher, um Rath und Hilf ersuchen, welche dann allen möglichsten Fleiß anwenden sollen, wie ihnen aus gemeiner Steuer möchte geholfen werden, weil ohne das eine jede Gemeinde ihre Armen erhalten soll, damit die Armen aus Mangel der Nahrung von der Christlichen Unterweisung nicht hinderhalten werden.

Die Schulen sollen sie Morgens und Nachmittags, zur bestimmten Zeit besuchen, und sich bey dem Gebet und Gesang einfinden, und die Zeit wohl anwenden, weil sie kurz, und die Schulen mehrentheils nur den Winter durch währen, und sollen die Eltern sie dazu fleißig anhalten.

Es sollen auch neben den Chorrichtern und dem Schulmeister, etliche unter den besten Knaben, zu Aufsehern bestellt werden, damit fleißig Achtung geben werde, auf die, welche sich in der Kirchen und Schul ungebührlich verhalten.

Ob gleichwohl die Verständigen und Erwachsenen der Schulen halben erlediget werden, so sollen sie dannoch in den Kinderlehren zu antworten, und das Gesang in der Kirchen zu besuchen verpflichtet seyn. Und damit das Gesang desto glücklicher fortgehe, sollen sie es zuvor in den Schulen, oder an einem andern dazu bequemen Ort, mit einander probieren.

Nach Vollendung der Zeit, sollen auch die Examen, mit Zuthun der Amtleute, da es seyn kann, Predikanten und Eltesten, in der Schul gehalten, (oder wenn es die Gelegenheit giebt, in der Kirchen, vor der öffentlichen Gemeinde), angestellt werden, der Meynung, daß es ohne der Obrigkeit noch der Gemeinde Kosten geschehen, und zu dem End vorgenommen werden solle, wann der Amtmann etwann anderer Geschäften halber sich an denen Orten einfinden muß.

Wann dazu die Gemeinden den fleißigen Kindern eine Gabe austheilen lassen wollen, selbige damit desto mehr aufzumuntern, ist ihnen dasselbige freygestellt, und mögen sie zu dem End nach Mitteln trachten, gleich andern, die solches schon löblich eingeführt haben.

Damit nun diese Ordnung und Gesatz desto besser betrachtet werden, so sollen alle Vorsteher ihre Pflicht fleißig in Acht nehmen, und die Schulen alle Wochen auf das Wenigste einmal, so sie in ihrem Dorf ist, im Fall aber ausserhalb, alle 14 Tag, so weit möglich, und die Abgelegenheit und Vielheit der Schulen es zuläßt, visitiren, und so einiger Mangel an den Eltern so ihre Kinder nicht fleißig in die Schul schicken und versaumen, oder an den Lehrmeistern und Schulkindern verspührt würde, sollen sie die einten und andern ernstlich warnen, hernach weiters nach Gestalt der Sachen, es seye an dem Chorgericht, oder auch Kapitel anbringen, auf daß endlich durch Autorität und Ansehen der hohen Obrigkeit dem Uebel gewehrt werde.

Zu dieser gewiß meisterhaften Schulordnung darf man kaum etwas weiter hinzufügen, als einen herzlichen Wunsch: O wenn man sie doch nur befolgte!

Für tüchtige Lehrer wird aber schwerlich die Gemeinde recht sorgen wenn es die Obrigkeit nicht selbst thut! Und man sollte sie alle Jahr in die Stadt berufen, da examiniren und ihnen bevor, die Schulen angehen, aufs neue ihr Verhalten einschärfen, auch sie mit den nöthigen Büchern und Schreibmaterialien versehen.

Einige besondere Anekdoten unsre Stadtschulen betreffend.

Seit 240 Jahren hat man in Bern die Schulordnungen 7mal verändert. Und von einer Veränderung zur andern ist stets über den schlechten Erfolg der Verordnung geklagt worden.

Von 1617 bis 1674 herrschte eine so grosse Uneinigkeit zwischen den Schulherrn, daß sie nicht mehr zusammen sitzen wollten, sogar will man sagen sie seyen einmal gegen einander Handgemein worden.

Im Jahr 1674 setzte die Obrigkeit einen neuen Schulrath ein; und obgleich noch Zwistigkeiten entstunden, so war man doch jetzt gemäßigter im Vortrag seiner Meynung.

Unsre lateinische Schulen stammen noch von den Katholiken her, oder aus den sogenannten lateinischen Zeiten der römischen Clerisey: darum finden wir noch immer die lateinische Sprache als die Hauptbeschäftigung der Jugend. Bey der Kirchen-Reformation ließ die Regierung verkündigen: Wer armen Scholaren Gutes thun wolle, sollte seinen Beytrag im Jakobs-Spital abliefern. — Diese Aufforderung weckte den Eifer der Bürger, und sie steuerten mit vollen Händen — weil sie selbst ihre Kinder einmal daran Theil nehmen lassen wollten.

Hierauf machte die Obrigkeit die Anstalt, daß den

armen, aber fleißigen Studierenden eine tägliche Mahlzeit gegeben werden sollte. Aus dem Schloß Neuenburg kaufte man einen großen Kessel für Bern, darinn kochte man Mueß, und der Freytisch ward geöffnet. Auch wurde eigenes Brod gebacken, welches neben dem Mueß in großen Stücken ausgeschnitten und vertheilt worden. An gewissen Tagen der Woche ward ein Rind geschlachtet, da gab es auch Fleisch; das namten sie die Fleischtage.

36 arme Studenten wurden auch logirt. Man gab ihnen die Zimmer des vormaligen Barfüsserklosters ein, und so nannte man dieses Haus — das Collegium.

Nach dem Beyspiel vieler Städte in Deutschland und der Schweiz, wo ganz ähnliche Stiftungen sind, findet man auch noch eine damit verbundene Anstalt. Man gab den guten Köpfen Stipendia, und auf gemeine Unkosten konnten sie fremde Universitäten besuchen: Die Berner sandten ihre Söhne auf Straßburg, Basel, Zürich.

„Die von den Stiftungen leben, sollen gewählt werden von den Schulherrn, Prädikanten und Professoren „on alles Ansehen, Gunst oder Bitt.."

Von den Studenten so auf fremde Universitäten gehen, heißt es:

„Da uff diejenigen, die man vornacher gen Straßburg, jetzt gen Zürich schickt, und auch uff die Universitäten, treffentlicher Kosten uff gangen, der kum ze tragen ist, soll man einen jeden für Kleyder, Bücher, und Zehrung jährlich 90 Gulden bestimmen." —

Wenn ein Stipendiat: one MGHerrn Wyllen Wyber, der soll sein Stipendium verlohren han, und die auf ihn ergangne Kosten erstatten."

Schulordnung von 1553.

Sie enthält nichts besonders. Eine Rathserkanntniß von 1581 aber sagt folgendes:

„Wir der Schultheiß und Rath der Stadt Bern, u. „s. f. Demnach Wir bievor und lange Zyt har von „etlichen Stipendiaten und Schüleren, die in Unserem „Collegio und Musbaffen zu Unseren Kilchen- und „Schuhldiensten ufferzogen werden, vyl Unflyß, Muot„willen, ouch einen ußschweyffigen, prächtigen, „stolzen und ärgerlichen Wandel gespürt, u. s. f. „zum andern diewyl ouch Gesellschaft mit ärgerli„chem Volk gute Ingenia verdirpt, und aber nie„mand in solliche Gesellschaften gerathet, dann die so „ußschweyffig Gassentretter und Müßiggänger, sol„len sy ein Pedell zum Diener und Uffsechen haben „*).

In der Schulordnung vom Jahr 1548 heißt es:

Die Municipalstädte Thun, Zofingen, Bruck sollen einen beständigen und gelehrten Schulmann haben; dort sollen die da auf Bern wollen um weiter zu studi-

---

*) An. 1610 wird auf gleichen Fuß gesprochen.

ren, solang verbleiben, bis sie sich in den Schulen so weit gebildet haben, daß sie die Vorlesungen in der Hauptstadt mit Nutzen anhören können. — „

Auch stehet zur Warnung dabey: „Die Schulherrn sollen diese Stipendiaten prüfen; ihr Wesen, Gestalt und Ingenium erkhunden und besichtigen, und die nit tugendlich (tauglich) zu Handwerken wysen; damit myne Herrn ir Gut nit vergebens und unnütz anlegend. „ —

Für die Schulen auf dem Lande ist auch gesorgt worden. Von dem Dorf-Examen heißt es: — „Die Schulen sollen wenigstens alle Jahr einmal examinirt werden, zwar nicht auf bestimmte Tag, sondern unwissend, im Beyseyn MHGHerrn Amtleute, Vögte, Räthen, Prädikanten; u. s. wer dazu gehört. —„—

Auch die Schulmeister und Provisoren sollen: „Ler und Lebenshalb examinirt werden.„ Sagt die gleiche Verordnung.

„In der Stadt soll einer von den Prädikanten, der nicht Wochner ist, die Schulen fleißig visitiren.„

Schulordnung von 1616.

Diese war recht ernstlich gemeint, aber es kam, wie schon gemeldet, zum Bruch mit der Geistlichkeit und den weltlichen Schulräthen; so, daß 60 Jahre lang sich kein Schulrath mehr versammelte. Das Convent in Verbindung mit dem täglichen Rath besorgte alle Schulsachen während dieser langen Zeit.

In der damaligen Schulordnung kommt vor:

„Es sollen allein die auf die Hoche Schulen promo-„virt werden, von denen man hoffet, daß sie etwas „Vornems studiren werden. Diese sollen auch ehe sie „hinwegziehen, ihre Confeßion in Schrift stellen und „hinterlassen. Wenn sie wieder heimkommen, sollen sie „ein glychs zu thun verbunden syn.„

Schön heißt es:

„——— Welche Studenten sich ungebührlich halten, und ehrwürdigen alten Lyten nit ihr gebührend Ehr anthun, die sollen 8 Tag excludirt werden.„

Der Eingang zu dieser neuen Schulordnung lautete folgender massen: „Alsdann UGHHerren und Oberen „nun ein gute Zeit daher mit üsserstem irem Beduren „in Erfahrnis kommen, und gespührt haben, wie daß „ire Schulen je länger je mehr in Abgang und Vermin-„derung gerathen; und hieneben ouch nach obrigkeitli-„chem Eyfer zu Gemüth und Herzen geführt, daß die „Schuhlen nit das geringste Stuk syen, ires obrigkeit-„lichen von Gott anbefohlenen und ufferleaten Amyts, „als welche das einzige von Gott verordnete, üsserliche „menschliche und politische Mittel, dadurch die Jugend „in wahrer Gottseligkeit und freyen Künsten, nothwen-„digen Sprachen, und allerley vortreflichen Tugenden „kan ufferzogen und underwiesen werden, und daß in „denselben das rechte Fundament aller wohlangestellten „Regimenten, und derselbigen Wohlfahrt und Glük-„seligkeit bestande; also dahar nit allein die wahre reine

„Religion, sonder auch der obrigkeitliche Stand erhal-
„ten, fortgepflanzt und geäuffnet werden müste: Hin-
„gegen aber us Mangel rechter Unterwysung und Uffer-
„ziehung der Jugend, die Kirche Christi tugendlicher
„Lehreren beraubt, und, wie leyder der Augenschein
„bishar nur zu vil erwiesen, ein allgemeine Unwissen-
„heit in göttlichen Sachen, und dadannen vieleren
„Abfall von Gott in wahrer Religion, Ungehor-
„sam wider Gott und ein fromme Obrigkeit ent-
„steht, und sonst mancherley Unrat und Muthwillen er-
„wachset. Also haben ihr Gnaden, nach dem loblichen
„Exempel gottseliger Regenden, aus obrigkeitlicher
„Pflicht und christlichem Eyfer gegen die wahre Reli-
„gion und gemeinem Regimentswohlstand und desselbi-
„gen Befürderung nun eine Zeit daher mehrmahlen
„obrigkeitliche Anordnungen und Ansechen gethan, da-
„mit ire Schuhlen in besseren Stand und Wesen gebracht
„werden möchten: Diewyl wider alles ires Verhoffen
„sollichs ir ernsthaftiges Ansechen, Schuhlordnungen,
„Reformationes und andere gethane Befelch bis daher
„so vil nit erschössen, daß einige Verbesserung verspürt
„und erfolget syge, „ u. s. f.

Aus der Folge siehet man, wie der gemeine Mann in den damaligen Zeiten immer roh und ungebührlich war; mit Trotz, Pochen, Müssiggang und Stolz als mit seinen angebohrnen Erbübeln zu streiten gehabt hat. Welches der besserdenkenden Obrigkeit recht viel Mühe machte. — Stolz und Müßiggang; ja diese beyde Laster finden sich immer beysammen, und sie vollenden das sittliche und religiöse Verderben manches Volkes, das ursprünglich gut und bieder war. Unter den Mußhafnern ließ sich vornemlich diese Abartung verspüren. Auch siehet man aus dieser Verordnung, wie sehr diese Wohlthaten mißbraucht worden — und wie die Regierung gegen eine solche niedrige Denkungsart im Streit seyn mußte.

Im Jahr 1674 ward ein neuer Schulrath eingesetzt. Es waren die beyden Herrn Seckelmeister, die 2 jüngsten Herrn Venner; die beyden Herrn Heimlicher, der Herr Stiftsschaffner, der Herr Großweibel, der Dekan, 4 Professoren und der Prinzipal: Zusammen 14 Personen.

Hierauf erschien wieder eine neue Schulordnung, — nach einem andern Leisten geformt; im Ganzen aber steckte noch immer der alte Sauerteig darinn, Mönchgeist, Disputazen, Logomachien; Aristotelische, Cartesianische, Ramische Philosophie; durchwebt mit einer ziemlich derben Sprache. Daher kamen aus diesen gelehrten Schulen nichts als Wortmacher und Streiter, Casuistische Doppelzüngler, höchst selten aber ein brauchbarer bescheidener Mann, der für die Geschäfte des Lebens als Gelehrter genießbar war. Dies ists auch was die Obrigkeit wohl einsah, daher ihr steter Kampf mit den Prädikanten und dem Schulrath. —

So heißt es auch im Schulrathsmanual vom Jahr 1680: „Gefunden, daß keine andere Ursach sey, warum so wenig Knaben in die Schul gethan werden als ein böses Præjudicium — man habe in der Schul die rechte Manier nit zu instruiren, oder man könne eine kürzere haben — — und man die Knaben übel traktire. — —„

Und im Jahr 1685 heißt es:

„Weil die untere Schule alhier ungezwyfelt gar übel stehet, und die Jugend durch die Untüchtigkeit etlicher Provisoren mächtig versäumt wird.„

Im Jahr 1694 kommt endlich ein heller Gedanke hervor. Man verordnete:

—— „Daß auch die Muttersprache — die Deutsche, gelehrt werden soll.„ In der achten Klasse nemlich, soll Cicero de Officiis zur Erlernung eines guten deutschen Styli ins Deutsch vertirt und fleißig korrigirt werden.„

Wie konnte man doch eine Sittenbesserung erwarten, so lange die Denkungs- und Sprachart noch pöbelhaft, grob, zweydeutig, und jeder National-Ausdruck unter dem Volk ein Beweis von rohem Gefühl und unbändiger Grobheit war.

Bey einer so großen Unwissenheit und Unausgebildheit der Muttersprache, mußte auch die Religion leiden. Wer schöne Gefühle nähren und empfangen will, muß auch die Worte dazu wissen. Und die Lehrer sollten das Beyspiel geben, aber sie sprachen selbst wie der Pöbel. — Auch die Geistlichen auf der Kanzel führten eine grobe, harte, pöbelhafte Sprache; daher man die Kirchen nicht für so heilig ansah, und wie der katholische Aberglaube abnahm, man desto freyer sich von aller Religion losmachte: Auch lautet ein Rathszettel von 1696: „Es wird von Zeit zu Zeit geklagt, und bezeugen die vielfaltigen Sünd und Laster, daß in der Hauptstadt alhier nit wenig Bürger und Einwohner, sonderlich in den Abgassen, keine Erkanntniß in den Sachen ihres Heils haben, die Predigten nie besuchen, und ganz unwissend daher lebind.„ —

Noch in den zwanziger Jahren dieses laufenden Seculums klagte Herr Schultheiß Steiger in einer Rede an die Zweyhundert, über das unfleißige Predigtgehen. Aber man sorge nur für einen mehr rührenden Gottesdienst, und daß es edle würdige Geistliche gebe; man sehe weniger auf Schulweisheit und Orientalische Gelehrsamkeit als auf rechtschaffene Sitten, auf gefühlvolle Männer; — dann wird diese Klage von selbst abnehmen. —

Die Landgeistlichen.

Wir haben laut dem Regimentsbüchlein ohne die Hauptstadt, 207 Pfarreyen im deutschen Kanton, und 149 Pfarreyen im welschen Gebiet, überhaupt aber sind 452 geistliche Stellen; nemlich 249 im deutschen, 203 im welschen Antheil. Diese ansehnliche Klasse von Männern des heiligen Lehramts müssen und sollen auf den Geist des Volks vieles wirken; da sie ausdrücklich dafür besoldet und beeydiget sind; Wahrheit, Christenthum und Tugend zu vermehren, und sie haben dieses so hoch wichtige Amt auch darum freywillig angenommen. Ich kenne manchen brafen Prediger, der ganz für seine Gemeinde lebt, ihr Vater und Rathgeber in leiblichen und geistlichen Dingen ist, auch siehet man es einem Dorfe sogleich an, wenn es einen eifrigen Seelsorger hat. Die Kinder sind bescheiden und sittsam; die Eltern halten etwas auf das Kirchengehen und die Schulen; und wenn der Pfarrherr eine Dienstgefälligkeit verlangt, so ist jedes, Alt und Jung, herzlich froh, willig und bereit dem guten Herrn es zur Freude zu thun. Hingegen kenne ich auch Dörfer wo es ganz das Gegentheil ist; wo man erschrickt wenn der Pfarrer kommt; auch kenne ich Pfarrherrn und Gemeinden die sich einander fast niemals sehen, als auf der Kanzel; und da ist schon mehr frostiges Wesen, Gleichgültigkeit für Religion und Schulen, sichtbar. Wenn nun oft ein solcher schlafender Hirt 30 und 40 Jahre auf einer Pfründe ist, so kann ja Unkraut genug einwurzeln, das der Vaterlandsliebe und der Moralität für lange höchst nachtheilig ist; und kommt denn ein neuer besserer Lehrer nach, so findet er die Leute an Sitten und Geist so verwildert, daß er die gröste Mühe hat nur etwas Gutes zu wirken oder gute Neuerungen einzuführen. Zu lang sind die religiosen Gefühle erstorben und braach gelegen, sie wiederum zu wecken und für das gemeine Beste in Thätigkeit zu setzen, ja das kann nicht das Werk eines gemeinen Kopfes seyn.

Es muß ein Mann von edlem Herzen und großer Empfindung kommen. Aber wie viele giebt es derer?

Führt ein Geistlicher auf dem Lande noch einen ungenirten Lebenswandel; hat er Töchter und Söhne, die im Modeluxus aufwachsen und die Stadtsitten mit auf das Dorf bringen; so fällt ohnehin das Zutrauen weg; denn der Mittelsmann und Bauer entfernt sich und hat Scheue, wo er fremde Manieren und hohen Weltton bemerkt. Herzlichkeit, gute Laune, edle Freymüthigkeit, und ein reiner Wandel — das zieht Herzen an sich. Kann das der Geistliche nicht, so wäre es besser es gebe gar keine Prediger, als solche, woran der Gemeinsinn des Publikums sich stoßt, und die Religion und Aufrichtigkeit dabey untergraben wird.

Man muß es der wirklich sparsamen Anzahl von würdigen Landgeistlichen zuschreiben, daß wir auch in unserm Kanton so vielerley Meynungen unter dem Volk über die Religion herrschen sehen, und der Bauer entweder ganz sich von allen Pflichten des Christen losmacht, und bloß seine zeitlichen Vortheile betreibt, und lau, kalt, tückisch wird. Oder — daß viele sich mit besondern Religionsmeynungen abgeben, und in die wunderlichsten Einbildungen verfallen, auch von jedem Schwärmer angesteckt werden können; wie wir der Beyspiele in unserm Kanton schon viele erlebt haben. Ein einziger Mann konnte sich einen ganzen großen Strich Landes — am Bielersee unterwürfig machen und zu einer abscheulichen Gotteslästerung eine Menge Anhänger finden;

finden; ich brauche nur den Namen der Kohlerischen Sekte zu nennen, um die Wahrheit recht fühlbar zu machen.

Wir haben oben (Seite 109 und folg.) von der in vielen Dörfern herrschenden Denkungsart Proben gegeben. Wenn Schwärmerey, Sektirerey in den Gemeinden einreißen, so muß man allemal gewiß glauben, daß der Religionslehrer seine Pflicht nicht gethan habe, oder daß er das Talent nicht gehabt hat, sich bey seiner Gemeinde interessant, beliebt und geehrt zu machen; wobey jeder Sektenglaube freyes Feld erhält. Denn etwas muß der Mensch doch haben. Wer aber ist dabey verantwortlich wenn die Religion an solche gefährliche Klippen kommt? Ich frage wer am ersten? Wir haben gewiß viele achtbare würdige Geistliche; aber unter einer so großen Zahl muß sich auch ein ansehnlicher Theil finden, die es nicht nach ihrer wahren Bestimmung sind. Da schon oben ein Beyspiel eines bescheidenen und eifrigen Landgeistlichen, an dem Herrn Pfarrer Lauterburg in der Lenk gegeben worden, wie er seine Landschulen verbessert hat; so wollen wir auch an diesem wahren Seelsorger zeigen, wie er beym Antritt seines Amtes die Schwärmer und Sektirer behandelte. Er fand gar viele solcher Leute, aber er gebrauchte nicht heftige Mittel, auch nicht Satyre und Spötterey, um die Verführten und Irregeleiteten zurückzubringen. Freundlichkeit — die schon im Charakter des liebenswürdigen Mannes ist, wahre Theilnahme und Güte, das gewann ihm bald die Herzen. Und wer das Herz gewinnt, hat alles gewonnen. Recht schön und als warnendes Beyspiel spricht er *): „Man sagt freylich in unsrer Predikantenordnung:„ Es sey der „Pfarrer Amt und Pflicht, ja selbst von der hohen „Obrigkeit anbefohlen, alle schädliche sektirische Bücher „in den Gemeinden zu unterdrücken, wo sie dergleichen „antreffen und erfahren aufzusuchen; und durch Hülfe „der Herrn Amtmänner zu trachten, daß dergleichen „böse Quellen verstopfet werden.„ — Ich habe auch mit Verwunderung gesehen, daß Einige diesen Auftrag so weit ausgedehnt haben, daß sie sich berechtiget gehalten, dergleichen Bücher einzustecken und wegzunehmen, — aber ich weiß auch, daß durch solche gewaltsame Mittel mehr verdorben als gutgemacht wird. — „(Man lese die sehr lehrreiche Schrift: Briefe über die Schwärmerey in der Religion; so zu Bern 1788 gedruckt worden, und die dem Verfasser (Herrn Pfarrer Lauterburg in der Lenk) die gröste Ehre machen). Man lernt daraus den herrschenden Geist in den Thälern kennen.

Noch eine charakteristische Stelle ziehe ich aus dem eben gedachten schönen Buche aus: (Seite 54).

— „Aber das ist gewiß, daß insgemein die Pfarrer von einem großen Theil ihrer Pfarrgenossen mit scheelen Augen angesehen werden; ein Hauptgrund ist dieser und liegt in der Art wie die Pfarrer ihr Einkommen bezie-

*) In den Briefen über die Schwärmerey.

ben müssen *) Die Abgaben, die der Bauer dazu liefern muß, sind bey vielen eine Quelle des Neides und Hasses gegen ihren Pfarrer; sie murren als ob sie ihm gute Tage verschaffen müssen; daher kommt es auch, wie ich glaube, daß die Bauern so gerne von dem was sie liefern sollen, immer etwas abziehen; ja sogar betriegen sie ihn wo sie können, ohne sich ein Gewissen daraus zu machen. „ —

*) Interessant scheint die Bemerkung welche Hr. Professor Michaelis über die Landgeistlichen gemacht hat, und wir wissen nicht, ob sie auch auf unsre Pfarrherrn im Kanton paßt. Er sagt: — „Wenn die Einnahmen aus vielen tausend Kleinigkeiten zusammengesetzt sind, so ist die Folge, daß der Mann geizig wird. Daher sind die Landprediger gern geizig (wenigstens ist es kein Wunder wenn sie es sind, und sie werden es beschuldiget). Sie würden es nicht seyn, wenn sie dieselben Einnahmen, aber in ganzen Summen hätten: allein so wächset bey jeder kleinen Einnahme die Freude über das Geld, und die Liebe zum Gelde so unzähligemal, daß sie endlich Geiz wird.“ Michaelis Moral, 2ter Theil, Seite 32.

Doch finden wir Seite 112 einen Aufschluß; er spricht: „Vielleicht ist der Hochmuth und das unfreundliche Betragen gegen die Gemeindsgenoßen, was sich noch manche Pfarrer zu schulden kommen lassen; und was an manchem Orte eine Ursache ist, warum sich viele Gemeindsglieder absondern, und von Nebenlehrern sich anziehen und einnehmen lassen. Es giebt leider noch manchen Pfarrer, der sichs nur zu sehr merken läßt, daß er sein Schicksal beseufzet wenn er eine Dorfpfarre versehen muß und unter Bauern leben soll, die er verachtet. „

„Was muß aber eine Gemeinde von ihrem Pfarrer und seinem Christenthum denken, der seine Pfarrgenossen beynahe mit eben so großem Abscheu ansiehet, als der Braman in Indien die Parias; (wenn ein Parias einen Braman siehet, so fliehet er). Welche Sorge für das Heil kann man von einem Manne erwarten, der gegen seine Anvertrauten deutlich genug zu erkennen giebt, daß ihm bange wird, wenn er mit einem Gemeindsgenossen reden muß; und daß er in einer angesteckten Luft zu athmen glaubt, wenn er sich nahe bey der Athmosphäre eines Bauern befindet. Wie können gemeine Leute Zutrauen zu seinen Lehren fassen, wenn sie denken müssen, daß er mit Widerwillen mit ihnen redet.„ —

Genug und mehr als genug für uns, um das übrige was in solchen Gemeinden vorgeht, noch errathen zu lassen! Und auch genug für den Menschenkenner, der diese Züge mit Bedauren für wahr annehmen muß!

Unsere Sitten zu Stadt und Land.

Schwer ist es ein allgemeines Bild unserer Sitten zu geben. Der Verfasser der Beschreibung von Bern hat im 1ten Theil ein Gemälde ohne Schatten aufgestellt. Wo man aber nur Licht und keinen Schatten siehet, da fehlt die Wahrheit, man thut der Natur Zwang an, und eben darum sind solche Schriften auch größtentheils unnütz. — Tournons la Médaille de deux côtés. — Und laßt uns einmal einige zerstreute Züge von der sich uns darbietenden Charakteristik entwerfen. Was vorausgegangen ist, hilft das nöthige Licht ertheilen.

Wenn man den Sittenzustand eines Landes kennen will, so muß man nicht die Hauptstädte zum Maasstab nehmen, denn da herrschen die Moden, die Etikete und die Convenienzien mehr als die Menschen; diese dürfen ihre natürlichen Triebe nicht äussern, sie müssen sich alle nach den eingeführten Gewohnheiten richten. Man weiß es auch schon genug, daß der Mensch nur dann wahrer Mensch ist, wenn er ohne Zwang in dem vertrauten Umgang seiner Familie lebt. Alles was wir äusserlich an ihm sehen, ist das Decorum seines Standes; das wahre Bild sehen nur wenige — die mit ihm genauer verbunden sind.

Weniger verstellt sich der gemeine Mann und der Landbewohner. Sie glauben handeln zu dürfen wie sie sich empfinden, und mit ihnen ist man also bälder im Reinen. Der Bürger von Bern, der diesen Namen wahrhaft verdient, und seine Würde recht fühlt, ist ein durchaus ehrlicher Mann; ein guter Patriot und Freund der Gerechtigkeit. Er liebt seine Vaterstadt, aber er verachtet darum andere nicht. Er ist auch nicht so kleinherzig, daß er meynt, er müsse seinen Stand andern fühlbar machen, wie viel er vor ihnen voraus habe. Der Bürger von Bern, wenn er sich in der wahren goldenen Mittelstraße hält, daß er weder zum Hochmuth noch zur kriechenden Armuth herabsinkt; — wird ein Wohlthäter seiner Vaterstadt und eine Hülfe seinen Mitbürgern seyn, die es verdienen. Mit Rath und That wird er jedem Hülfsbedürftigen an Handen geben. Vergnügt seyn mit den Fröhlichen, das wird seinem Herzen wohlthun; aber grobe Ausschweifungen in Saufen, Fressen, Schwelgen wird er verabscheuen. So zeichnet sich überall der wahre Bürger aus, auf den seine Vaterstadt zählen kann. Und so ist auch der Berner gestaltet, der dieses Namens wahrhaft würdig ist.

Und welcher jetzt anders gestaltet ist, als das Bild, so hier gezeichnet worden, der gehe in sich zurück, und denke er habe seiner Väter Ebenbild verlohren; ihre Tugenden, sein bestes Erbgut sey dahin. Er stehet wie ein Baum, der seine Kraft und Blüte überlebt hat, also auch im Staat nichts mehr wirkt. Ausnahmen von der Regel gab es immer. — Man verschone mich aber diese Ausnahmen recht kenntlich zu machen, wie sie sich heut zu Tage zeigen. Das Bild thut den Patrioten wehe. Luxus, das wird jedoch niemand läugnen, hat uns am meisten geschadet, und des Prunkwesens ist ziemlich viel in Bern. Die Kleidungen der Frauenzimmer erheben sich stolz, und gehen weit über das Zierliche, Nette und Reinliche hinaus. Das macht auch die Ehen so unglücklich, so viele Familienfeindschaften; so viel Haß und Neid. — Doch haben auch schon edle Frauen das Beyspiel gegeben, daß sie sich durch wirklich bescheidene Kleidungen auszeichnen, und weniger Aufwand machen als viele Weiber und Töchter der mittlern und untern Stände. Selbst die Herrn von der Regierung beweisen auch solchen Personen die sittsamlich einhergehen, die meiste Attention und Zuneigung. Dadurch werden auch die Gesetze geehrt.

Das Lob, welches auf Seite 87 und 88 des 1ten Bandes den schönen Bernerinnen gegeben wird, ihre beyspiellose Bescheidenheit und Selbstkenntniß, mag wenn es keine Satyre ist, ein schmeichelhaftes Compliment seyn; und wie ein verständiger Bürger von Bern und Herr vom Stande bey diesem Anlaß gesagt hat: „Dies Lob ist mehr schön — als wahr.„ Ja er setzte hinzu: „Es wäre vielleicht im Gegentheil hier der schicklichste „Anlaß gewesen, zu sagen: daß das unbürgerliche Di„stinguiren meistens vom Frauenzimmer herkom-

„me, und unter ihnen viel weiter getrieben werde, „als unter Mannspersonen.„ —

Daß auf den Bällen im Hôtel de Musique die Frauenzimmer sich den Rang geben, wie in der Beschreibung von Bern (Seite 87) behauptet wird, ist ein Irrthum. Die Sache verhält sich folgendermassen: Nicht nur bey den Tanz-Societäten im Hôtel, sondern auch bey andern dergleichen Gesellschaften, wird man durch Einschreibung aufgenommen; jede Tänzerinn erhält zu den Englischen Tänzen, von dem Direktor oder Ceremonienmeister durchs Loos eine Karte, mit abwechselnden bessern und schlechtern Nummern, auf dieser Karte ist die Colonne und der Platz welchen sie in der Gesellschaft haben soll, auf den ganzen Abend bestimmt.

Der Charakter der Mannspersonen ist schon zutraulicher und umgänglicher, auch ihre Kleidung ist sehr bescheiden und bürgerlich anständig; und man siehet mit Vergnügen, daß sie überall dem Soliden den Vorzug vor dem bloß Scheinbaren geben. Selbst der überflüßige Aufwand einiger vornehmen Berner zwecket mehr auf Vergrößerung häuslicher Bequemlichkeit, als dahin ab, in den Augen anderer durch Pracht zu glänzen. Nirgends wird Pracht in Equipagen, Kleidung u. s. w. weniger durch den Beyfall des Publikums aufgemuntert als in Bern. Man kennt ohngefehr die Vermögensumstände eines jeden seiner Mitbürger, und wenn der Aufwand eines Mannes seine bekannten Reichthümer übersteigt, so erndtet er durch seinen Luxus anstatt

Bewunderung, Geringschätzung ein. Sogar bey dem grossen Haufen der so gern alles Glänzende anstaunt und hochachtet, hat dieß bey uns nicht Platz. Ein reicher Patrizier, der in einer schönen Equipage daherrollt, sich alle Tage in einem neuen Frack und geschmackvollen Juwelen spiegelt, wird deswegen in den besten Gesellschaften um kein Haar höher geachtet, als der weniger begüterte, der alle seine Reisen zu Fuß thut, und alle Tage mit dem gleichen simplen Rocke erscheint. So wie aber übermäßiger Luxus nicht gefällt, so wird hingegen Knickerey und besonders Eigennuz mit einer auffallenden Verachtung gebrandmarkt.

So vortheilhaft diese Charakteristick der vornehmen Berner ist, so auffallend ist auch die Gefälligkeit welche ehrbare Männer des Mittelstandes gegen die Landleute und die Fremde äussern, wenn sie in Gesellschaften und an öffentlichen Vergnügensorten sich antreffen. Offenherzigkeit aber scheint nicht der herrschende Zug im Charakter der Berner zu seyn. Sie haben darinn das Eigene, daß sie eher zu kalt, als zu warm, eher zu zurückhaltend und bedenklich, als zuvorkommend und zutraulich sind.

Was unsere Sitten noch am meisten geschützt hat, die doch gewiß weit verdorbener seyn würden, das ist das weise Verbot aller Schauspiele oder Comödien.— Nichts zerrüttet den Geist eines Volkes geschwinder, macht ihn faullenzerisch, zum Müßiggang geneigter, und zur wahren Lebensweisheit ungeschickter, als das weichliche bildliche Vorstellungsspiel der verdorbenen

Welt, der Empfindeleyen, der Ritterthorheit, des Prunks mit Theatertugenden. — Je weniger ein Staat Bälle und Comödien duldet, je länger wird er stark und gesund an natürlicher Denkart bleiben. Eher noch Spiele des Hanswursts und der Hofnarren würde ich einer Nation erlauben *), als die heut zu Tag gewöhnlichen Trauerspiele und Singstücke.

Daß dennoch in Bern viel Müssiggang herrscht, wird kein unpartheyischer Beobachter leugnen. Viele Leute scheinen äusserst beschäftiget, sie reden auch stets von ihren vielen Arbeiten, man siehet aber durchaus nichts gethan, die geringste Sache wollen sie aufschieben; sie verlangen gar sehr ihre Bequemlichkeit. Frühe an die Arbeit — und späte Erholung, das kennen nur wenige. Die vielerley Nebengeschäfte, die man sich zu seinem Vergnügen oder aus Ebrgeiz macht, und wohl eben so gut ungethan bleiben könnten, verschlingen viele kostbare Stunden des Lebens.

Die Jagdfreyheit (ob sie gleich sehr beschränkt ist **), hat auf die Einwohner in der Stadt den nachtheiligen Einfluß, daß sie die Sitten rauh und hart macht; viele Zeitverschwendung führt sie ohnehin mit sich, da nichts so geschwind zur Leidenschaft wird wie

---

*) Die doch zum Lachen reitzen mögen, also heilsam für unsre ohnehin melancholische Geistesstimmung seyn könnten.

**) Acht Monat lang (vom Jenner bis in Herbst) ist alles Jagen verboten.

dieses Vergnügen, wenn man sich demselben überläßt. Die Haushaltungsgeschäfte müssen auch nothwendig bey dergleichen paßionirten Jägern leiden, und in Unordnung kommen.

Wenn es wahr ist, daß der Fleiß und die Tagesarbeiten der Einwohner in die Einnahme einer Nation kommen, daß sie um so mächtiger und reicher ist, je fleißigere Hände sie hat; um so gewisser ist es auch, daß Trägheit, Nachläßigkeit, Zeitverschwendung in die Ausgaben kommen, die das Land drücken. Dem Fleißigen wird mehr Arbeit aufgeladen als recht ist, die zunehmende Bequemlichkeit der Kinder, die ein so schädliches Beyspiel sehen, macht ihr Schicksal noch härter und schwerer, als alle Fürsten-Abgaben und Frohndienste. Zum Beyspiel, wenn der Bauer der Bequemlichkeit fröhnt, so müssen die Stadtleute ihm alles noch so theuer bezahlen; seine geringste Mühe wird er doppelt hoch anschlagen; alles was er zu Markt bringt, muß ihm mit Geld aufgewogen werden; der saure Schweis des armen Handwerkers fließt ganz in den Sack des Bauern. So braucht man in der Stadt mehr Geld als sonst; man hat mehr Müssiggänger zu ernähren, die mit Sünden ihr Brod essen. Wie viele Mäuler verlangen das Mittagsmahl, die es nicht verdient haben? deren Arbeiten gar niemals in die Einnahmen der Nation kommen?

Aber hier muß ich einem gemeinen Vorurtheil begegnen, da die gemeinsten Leute glauben, und vorzüglich der Bauer glaubt es, die Stadtleute thun gar nichts, weil sie nicht mit Pflug und Karsch, mit Dreschen und Füttern sich abgeben. Mancher Mann, der in seiner Stube ein stilles Geschäft treibt, strengt seine Leibes- und Seelenkräfte unendlich mehr an als solch ein Tagwerker. Man lerne doch billig seyn, und einem jeden Stand seine Gerechtigkeit wiederfahren zu lassen die ihm gebührt. Fleißig seyn, zu dem Gewinnst der Nation — das kann auf tausenderley Arten geschehen; und es wäre kläglich, wenn alle ein oder das nämliche Gewerb und Geschäft treiben wollten, da würde die bürgerliche Gesellschaft bald auseinander gehen müssen.

Man kann zur Ehre der vornehmen Berner sagen, daß die Liebe zum Landleben täglich bey ihnen zunehme, und viele unter ihnen sind sehr geschickte Landwirthe, dadurch vermehren sich die Landesprodukte, und auch der Bauer verbessert hie und dort seine Oekonomie nach dem Beyspiele der benachbarten Herren. Freylich entfernen sich aber auch im Sommer eine grosse Anzahl von Regierungsgliedern von der Hauptstadt, daß dadurch die Arbeit derjenigen, die Pflichthalber zu Bern bleiben müssen, um vieles erschwert wird.

Das Besuchen der Bäder und Gesundbrunnen, hat der Verfaßer der Beschreibung von Bern (1ter Theil, Seite 89) als ein Hauptvergnügen der Berner angegeben; es ist aber nur in so fern wahr, daß die Besitzer von Landgütern selten an solche Orte kommen; denn der begüterte Berner hält sich mehrentheils auf seinen Gütern still; ob man gleich gestehen muß, daß die Herrlichkeit, Zutraulichkeit und wahre landsmännische Einverständniß unendlich dabey gewinnen würden, wenn man sich allgemeiner im vertrauten Umgang einige Wochen geniessen würde, wie es in einigen Bädern, zum wahren Lobe der Berner, wirklich geschiehet; — wo Landmann, Städter, Fremde, sich sehr aufgemuntert finden, weil sie sich alle gleich herzlich gut sind, und sich einander alles zu Gefallen thun; auch behält die Bekanntschaft, die man so im Bade gemacht hat, stets eine herzlich frohe Zurückerinnerung. Wie oft dachte ich, wenn ich dies so mit ansah, warlich der Mensch ist nur böse, weil er sich verstellen muß, weil er unter dem städtischen Zwang lebt; wären wir der Natur näher — wir wären uns alle wie Brüder!

Die Sitten in der Stadt würden noch besser seyn, wenn die weibliche Eitelkeit nicht allmächtig wirksam wäre. Man fühlt es aber jetzt in allen Europäischen Staaten, daß die Generationen herunter gekommen sind durch die weibliche Weichlichkeit, die auch die Männer angesteckt hat. Daher kann man fast nirgends mehr reinen ächten Republikanergeist antreffen. — Alle Nationen sind sich im Charakter gleich geworden. Daher stehen auch die Schweizer mit allen cultivirten Völkern in allen Bedürfnissen gleich, und also auch in den Sitten, in ihren Tugenden und Lastern. —

Trunkenheit. Ausartung der Sitten mehrerer unsrer Landleute.

Es ist schrecklich, wenn man in viele unsrer Dörfer kommt, wie die Wirthshäuser so voller Bauern sind. In allen Jahrszeiten wo oft der Landmann so überhäuft zu thun hat, bringen sie halbe Tage lang darinn zu. Das macht viele Zänker und Prozeßbauern; denn der unordentliche Mann ist allemal zum Hader und Streit aufgelegt. Man beschuldiget den Handwerker in Städten wenn er unter Tags in ein Wirthshaus gehet, er sey ein Lump und schlechter Mann; was sollen wir aber von betrunkenen Bauern sagen? Welche Erndte kann man bey solchen Tagverderbern hoffen?

Damit man mich nicht beschuldige als übertreibe ich diese Schilderung, so lasse ich gerne angesehene wahre Vaterlandsfreunde (aber nicht Egoisten, die alles nur mit der Brille der Eigenliebe sehen) statt meiner das Wort führen.

Ein Mitglied der ökonomischen Gesellschaft von Bern schreibt: Das Laster der Völlerey ist unter unsern Landleuten gar sehr im Schwange. Unter den Bürgern und Einwohnern der Städte hat dieses Laster merklich abgenommen, aber dagegen nimmt es auf dem Lande zu. Unter den Bauern sind die Hausväter durchgehends in geringer Anzahl, welche nicht dieser schändlichen Neigung anhangen. Dadurch wird die Landwirthschaft versäumt, Prozeßsucht genährt, der Ehefrieden ist gestört, die Kinderzucht ist ganz dahin; — und der Ruin vieler Familien nimmt überhand. (Man sehe auch nur alle 8 Tage unser Berner Wochenblatt an: wo mehrere Bevogtungen und Vergantungen vorkommen und vor Säufern und schlechten Haushältern gewarnet wird. „Wie können wir aber (fährt die ökonomische Gesellschaft „von Bern fort) eine Verbesserung hoffen, da die meisten „Tavernenrechte Herrschaftliche Kleinodien sind; da „unsre bürgerlichen Häuser bald alle zu Schenken ge„macht werden, und die Weinhandlung fast die einzige „ist, durch die sich Patrizier und angesehene Bürger „nicht entehrt glauben. Die fruchtbarste Anstalt würde „diese seyn, daß man die Gelegenheiten zu den Sauf„gelagen und der Volksverführung lieber verminderte, „als stets zu vermehren trachtete —„ *).

Durch Einlösung mehrerer Tavernenrechte könnte man viel Gutes stiften. Es ist laut den gedachten Schriften der ökonomischen Gesellschaft, auch dem Verfasser eine Dorfgemeinde bekannt, die durch Einlösung des Tavernenrechts und Unterdrückung desselben, sich vor dem nahen Ruin bewahret habe. (Schriften der ökonom. Gesellschaft 1766. St. II Seite 27)

Ein anderes Mitglied dieser patriotischen Gesellschaft, Herr K. T. schrieb schon im Jahr 1760 von der Gemeinde

---

*) Siehe die Abhandlungen der ökonomischen Gesellschaft zu Bern. Jahrgang 1766. Stück 2, Seite 26.

des Kirchspiel Bötzberg im untern Aergäu: „Man wird schwerlich in der Schweiz so abgehärtete Leute finden wie hier. Sonst wäre der Feldbau in diesen Gegenden fast unmöglich; ist aber der Wein im Ueberfluß, folglich wohlfeil zu haben, so ergeben sich die Bauern dem Trunk dergestalt, daß sie aus rauhen aber arbeitsamen Landleuten, zu wilden und vollkommen unbändigen Menschen werden „ — *).

Auch die sonst so guten Leute im Saanenlande tragen ihre Bergwaaren nach Vivis, und nehmen dagegen den besten Seewein in ihre Hütten zurück. —

Die Bewohner des Oberlandes am Brienzersee, zu Meyringen und Hasly schildert Herr Pfarrer Sprüngli folgendermassen *): — — „ Diese Mannschaft ist schön, gesund und stark; die gewöhnlichsten Krankheiten sind Fieber und der Stich; letzterer kommt von den kalten Gletscherwinden, wenn man erwärmt ist, und plötzlich wieder erkaltet. — Nahrung und Kost ist geringe. Reiche und Arme leben von Milchspeisen; von eingesalznem Fleisch, Ziegenmilch und Erdäpfeln. — Wein kommt gegen 1000 Säume ins Land, die etwas zu 16000 Kronen kosten. Es mögen etwa neunhundert

*) Sammlung der ökonomischen Gesellschaft von Bern, 1ter Band, Seite 469.

*) Abhandlung der ökonom. Gesellschaft von Bern 1762. 4s Stück, Seite 132.

hundert Haushaltungen seyn; folglich käme fast auf eine Haushaltung 1 Saum; ein Saum hält 100 Maas. Jetzt aber kommt wenigstens dreymal soviel Wein in diese Gegend, weil die jährlich zunehmende Menge von Reisenden es nöthig macht, und auch die Einwohner sich immer stärker daran gewöhnen. —

Das Kirchspiel Kerzerz, oberhalb Bern, nahe am Murtersee, schildert ein Mitglied der ökonomischen Gesellschaft *): Die Leute sind dienstfertig und freundlich. — „Aber eines ist zu bedauren, daß die vorzügli„che Liebe zum Wein, sie zu verschiedenen Aus„schweifungen verleitet, deren sie sich nüchtern zu „schämen haben.„

Der kürzlich verstorbene Herr Seckelmeister von Tscharner, als er noch auf seiner Obervogtey Schenkenberg im Amt stund, schrieb an die ökonomische Gesellschaft in Bern von seinen Angehörigen: — „Der Mißbrauch des Weins ist auch hier sehr gemein; die Hauswirthschaften leiden durch die Nachbarschaft des Wirthshauses, die Pest der Dörfer, die der Oekonomie der Bauern nicht weniger als seinen Sitten und seiner Lebensart schadet.„ (Oekonom. Abhandl. 1771.)

Die Besoffenheit aber ist beynahe auf den höchsten

*) Abhandlung der Berner ökonomischen Gesellschaft 1763. Seite 73.

Gipfel im Berner Welschlande (Pays de Vaud) gestiegen. Die welschen Bauern haben meistens dieses Loos, daß ihr Aufenthalt das Wirthshaus ist; wo sie auch alles sitzen lassen, was sie gewinnen und verdienen. — Und es ist leider auch bey dem großen Theil unsrer deutschen Bauern wahr — daß sie den Wein zu stark lieben.

Herr Pfarrer Muret zu Vivis schreibt von der Landschaft Waadt:

„Die Trunkenheit ist in einigen unsern Städten und Dörfern auf einen so hohen Grad gestiegen, daß es alle Aufmerksamkeit der Regierung verdient. Denn, ohne von den Trunkenbolden zu reden, die daraus ein Handwerk machen, und die ein Schandfleck der Menschheit sind; die auch ihre Arbeit völlig verlassen, und die, so zu sagen, ihren gewöhnlichen Wohnsitz im Wirthshaus haben; so sehe ich doch, daß fast alle unsre Handwerker täglich und regelmäßig in den besten Tages-Stunden, zum grösten Nachtheil ihrer Geschäfte, darinn zubringen. — Was noch mehr ist, so hatte ich die Neugierde eines Tags das Todtenregister einer unsrer kleinen Landstädte durchzusehen, und diejenigen auszuzeichnen, deren frühzeitiger Tod dem Wein zugeschrieben werden konnte; die Zahl derselben war so stark, daß ich mich nicht scheue zu versichern, der Wein tödte in unsern Städten und Dörfern eben so viele oder vielleicht noch mehr Männer, als der Seitenstich, die Fieber und die bösartigsten Krankheiten, die wir bey uns einheimisch haben „ — *).

Bloß durch eine bessere Erziehung der Landjugend kann man diese häßliche Neigung schwächen. Die Vorsteher des Volks sollten ihr ganzes Ansehen dahin verwenden, bessere Gefühle in diese ausgeartete Leute zu pflanzen. Verbote und Mandate helfen da nichts, wo es zum allgemeinen Nationalübel geworden ist. Nur nach und nach kann es sich zur Besserung anlassen, wie es auch in Deutschland geschehen ist, wo ehemals die gleiche Klage geführt worden. Aber um Gotteswillen man vermehre doch nur nicht stets die Wirthshäuser, die Keller und Pintenschenken!

Und nach diesem traurigen Gemälde siehet man, wie es ganz natürlich zugehet, daß wir an vielen Orten so schlechten Feldbau haben; und daß die meisten Bauern aus Liebe zum Wein verarmen. Ueber das Vermögen solcher Verschwender wird auch nicht eher ein Vogt gesetzt, als bis nichts mehr vorhanden ist.

Vielen Gegenden aber gebührt das Lob, daß sie nüchterne Leute haben. „Die großen Markttäge ausgenommen, trift man hier fast niemals einen Betrunkenen an;„ — sagt H** in der Beschreibung des Amts Burgistein **). Die ganze Woche hin-

---

*) Muret gekrönte Preisschrift über die Entvölkerung des Pays de Vaud. Seite 102.

**) Oekonom. Abhandlung 1761. Seite 394.

durch gehet niemand ins Wirthshaus, und am Sonntag sitzen da nur sehr wenige und nicht sehr geachtete Bauern." Dieses Lob gilt auch noch von manchem Berner-Dorfe. Wo wir es so finden, da rufen wir voll Freuden aus: Hier sind die Leute so braf, wie die Bauern zu Burgistein!

Wohlthätigkeit, Mitleiden findet man daher bey den Stadtleuten viel allgemeiner als bey den Bauern. Auch dieses kommt aus der schlechten Erziehung. Wessen Herz nicht gebildet ist, wird immer hart, und wenn es die Umstände mit sich bringen, sogar grausam seyn. Selbst Kinder- und Elternliebe ist geschwächt, die sonst doch selbst das Thier gegen seine Jungen hat, und die auch der natürliche Mensch noch behält, wenn er nicht vom Geiz, Eigennutz und dem Geldteufel angesteckt ist. Die Armen unter den Landleuten sind daher oft sehr übel daran, die von der Gunst und Mitleidensfähigkeit solcher Menschen abhangen müssen. Doch füge ich hier mit Vergnügen auch bey, daß wir hierinn nicht gar zu allgemein klagen müssen, sondern an die bessere Menschheit noch glauben sollen, daß es mithin noch Gemeinden giebt, die sich rühmlich durch ihre Mildthätigkeit auszeichnen. Freylich sind diese Charakterzüge, wie der nachstehende, weit seltener und einer grossen Bemerkung werth, weil sie unter unsern reichen Bauern fast nicht erhört sind. Aber zur Aufmunterung muß es nicht vergessen werden. Ein brafer Landmann aus dem Amt Lenzburg, wohnte in der Nachbarschaft von den zwey

Heilbädern: Schinznach und Baden, wo alle Jahr sehr arme Personen aus allen Nationen Hülfe suchen. Er hat den traurigen Anblick so vieler Elenden sich zu Herzen gehen lassen, und gab im Jahr 1785 acht tausend Gulden an diese beyden Bäder; nämlich Schinznach 2 tausend, Baden 6 tausend Gulden. Sein Namen ist Georg Löscher, von Möriken.

So schön wie diese Großmuth eines gemeinen Mannes ist; so erquickend für das Herz ist auch der Anblick der alten ehrwürdigen Greise unter dem Bauernstande, die sich noch als Ueberbleibsel der alten Welt, und von gutem ächten Schweizerschlag in unserm Kanton finden! Daraus schliessen wir, daß die Zucht in den vorigen Zeiten auch besser müsse gewesen seyn! Ihre alte Redlichkeit, ihr heiterer freundlicher Blick, ihre Dienstfertigkeit macht sie Fremden und Einheimischen schätzbar. Selbst bey abgenommener Leibeskraft haben sie doch guten frohen Sinn und mehr Liebe zur Arbeit als die Jungen. Offenbar muß es sich also mit der Bauern-Erziehung seit einem halben Jahrhundert sehr verschlimmert haben. Unter den Alten ist mancher belesener weltkluger Mann, der über alles was das Vaterland angehet, sehr vernünftig urtheilen kann. Auch können viele bejahrte Bauern von 50 und 60 Jahren besser lesen und schreiben als so viele Jungen von 25 bis 40 Jahren. Wenigstens fand ich dies an vielen Orten so. Die Zucht der Alten mag auch darum mehr Kraft und Nachdruck gehabt haben, weil sie religioser, frömmer und eifriger im Christenthum waren; denn die Religion allein schafft gute Menschen; sie giebt Würde, Sanftmuth; und macht menschlich-wohlthätig

Herzerfreulich — ich sage es noch einmal — ist es, wenn man einen redlichen alten Bauern siehet; einen Altvater, einen Großvater im Kreis seiner Enkel —; und Gottlob, der gute Saamen ist noch nicht ganz unter uns ausgegangen.

Vor einigen Jahren ist es geschehen, daß die Obrigkeit einen Landmann mit 100 Bern-Pfunden beschenkt hat, der an der Landmusterung mit der Hellparte in der Hand, in Begleitung seiner sieben Söhne erschienen ist, die auch alle das Gewehr trugen, und alle schöne erwachsene, gesunde Männer und rechtschaffene brafe Bauern waren. Vier davon sind auch schon wirklich verheyrathet gewesen, und hatten eine Schaar gesunder Kinder um sich her. — Solche Beyspiele sah man in vorigen Zeiten viele, jetzt aber erzählt man sie als Seltenheiten.

Baurenmädchen; ihre Ausartung in den Städten und in Wirtyshäusern.

Betrachten wir auf der andern Seite das weibliche Geschlecht unter den Bauern, so sind auch hier die Spuren der Ausartung sichtbar genug. Die einen sind so grob und unwissend, daß sie in einer Haushaltung mehr zerstören als aufrichten. Andere die Witz und etwas Lebensart haben, sind gar häufig der Galanterie und Koketterie ergeben. Haben die Mägde in der Stadt gedient, so taugen sie nicht mehr für den Feldbau. Von der vernünftigen Kinderzucht haben alle fast gar keinen gesunden Begriff. Schreiben und Lesen können die wenigsten, ja so gar siehet man in die Stadt verheyrathete Frauen von reichen Eltern, die von dem Lande abstammen, die aber so wenig wie die plumpeste Viehmagd weder schreiben noch lesen können. Die Eltern wenden ihr Geld lieber an reiche Erbgüter als an Sitten und Seelenbildung ihrer Kinder. Was ist bey solcher Denkungsart für die Moralität zu erwarten? Ach, wir fühlen es nur zu gut, daß die Erziehung selbst bey den Reichsten auf dem Lande höchst erbärmlich ist, und der Menschheit zur Schande gereicht!

Wäre eine bessere Erziehung unter uns, so würde man auch wohl ohne Zwangsmittel das Kiltgehen abkommen sehen, denn es beleidiget jeden Menschen von einiger Sittlichkeit, Nachts wenn alles im Dorf schläft, den Lerm von solchen muthwilligen Leuten erdulden zu müssen, und Vater und Mutter zu seyn, und seine Töchter nicht sicher wissen, — wodurch auch schon die jungen unmündigen Kinder mit allem bekannt werden, was die Unschuld erröthen machen könnte. Doch leidet das Kiltgehen unsrer jungen Bauern auch eine Einschränkung. Man beschuldiget gemeiniglich alle Berner Landschaften (denn in andern Kantonen weiß man von dieser Kiltgilby nichts) daß alle junge Bauernkerle diese freche, grobe und zudringliche Gewohnheit haben, sich des Nachts in die Häuser ihrer Nachbauern zu schleichen wo Mädels sind; das ist aber nicht so; angesehene wohlhabende Bauerntöchter leiden dieses nicht; sondern der Gebrauch ist nur unter Knechten und Mägden, und bey muthwilligen Purschen, die es oft in der Trunkenheit und gegen den Willen ihrer Eltern thun. — Doch muß ich hier den herzlichen Wunsch beyfügen, daß dieser sittenlose Gebrauch, an welchem sich auch alle rechtschaffene Fremde ärgern, die davon hören, einmal abkommen möchte. Lange genug hat man diese frevelhafte Kühnheit geduldet.

Die geputzten Mägde aus der Stadt tragen nicht wenig zum Sittenverderbniß auf dem Lande bey; denn wenn sie wieder in ihre Dörfer kommen, so spiegeln sie den Bauernmädchen ihren Stolz und ihren Kleiderstaat, mit so vielem Gepräng, mit so vornehmen Manieren vor; sie pralen mit dem leichten Erwerb des Geldes und den Freuden des Stadtlebens; so locken sie manches brafe Mädchen zur Kokettcrie und Wollust. Auch die vielen galanten Kammerdiener und Knechte, die wir in der Stadt haben, schaffen uns manche feile Dirne, und ziehen sie in die Häuser der reichen Fremden und Vornehmen. —

Könnten wir den Müssiggang und die Faullenzerey der grossen Anzahl von Knechten und Mägden vermindern, o so würde unsern Sitten ausserordentlich geholfen! Denn der Müssiggang ist die Quelle alles Uebels!

Herr Pfarrer **Muret** sagt: So viele Bauerntöchter, die von ihrer Geburt bestimmt sind, einen Landmann zu heyrathen, ihm in seiner Arbeit Hülfe leisten sollten, sind für ihren Stand verlohren, sobald sie in Stadtdienste treten. Fünf bis sechs Jahre, die sie in der Stadt oder auf Schlößern zubringen, machen sie zu ihrem Beruf für immer untüchtig. „Ein solches Mädchen, das an einen müssigen Hausdienst, und an eine allzuniedliche Nahrung gewöhnt worden, findet sich in einem ganz andern Elemente, sobald sie in ihr Dorf zurückkehrt; ihr geschwächter Körper kann die mühsame Feldarbeiten nicht mehr aushalten, noch weniger starke Kinder gebähren, die zur Feldarbeit tüchtig sind. Glücklicher Weise haben diese Geschöpfe selbst einen Widerwillen auf das Land zurückzukehren, und rechtschaffene Bauern haben noch Verstand genug, wahre Bäurinnen solchen Amphibien und verzärtelten Nymphen vorzuziehen. — Diese Bauernfräuleins finden in der Stadt Herrnmäßige Bauern genug, die ihnen die Aufwartung machen; sie heyrathen einen Kammerdiener aus unsern guten Häusern. Das ist eine Heyrath, die sich auf das allerbeste zusammenschickt. Es fehlt ihnen beyden nichts als die Häuslichkeit und die Lust zur Arbeit. — Was wird aber aus dieser neuen Haushaltung werden? Zuletzt wird doch die Bauerngemeinde sie aufnehmen müssen. Inzwischen aber so lang es gehen mag, geht es so ziemlich zwischen wohl und übel hin. Ein Handwerk versteht der Mann nicht; er wird wenn es gut geht, ein Pintenschenk, Wirth oder Detailhändler. Die Kinder fallen der Gemeinde zu.„

Hat sich eine Magd in einem guten Diensthause etwas erspart, so macht man ihr noch im Alter Anträge zur Ehe. Ihr Geld hat Reize. Was für elende Ehen täglich gemacht werden, kann man auf unsern Chorgerichten hören, denn diese Streithändel endigen niemals. Manche solcher Weibspersonen haben sich auch ins Bürgerrecht geheyrathet, damit sie sich scheiden lassen, und hernach als Bürgerinnen Handel und Gewerb treiben und an den Gesellschaftsgeldern Theil nehmen könnten. Die Männer waren betrogen. Vor einigen Jahren hat man aber in Bern die gute Verordnung gemacht, daß alle solche Weibspersonen, die sich nicht wohl aufführen und von Bürgern scheiden lassen, keinen Theil am Bürgerrecht haben sollen.

Auch die Mädchen die sich noch am besten halten, werden doch verzärtelt, sie nehmen einen stolzen vornehmen städtischen Ton an; und die Arbeit will ihnen, wenn sie in guten Häusern gedient haben, nicht mehr schmecken. Ihr Schicksal ist elend. Tissot, unser Landsmann, sagt in seinem Avis au peuple sehr wahr von den vornehmen Stadtmägden die im Putz, in der Tändeley, und im Müßiggang herangewachsen sind:

„Die Stadtmägde können nach einem Dienste von zehn oder zwölf Jahren nicht mehr tüchtige Dorfweiber werden; und welche diesen Stand noch ergreifen, erliegen gar bald unter der Arbeit, deren sie nicht mehr gewachsen sind. Wenn man auf dem Lande ein Weib siehet, das aus der Stadt gekommen und sich verehlichet; so kann man schon nach einem Jahre wahrnehmen, wie sehr sie bey dieser Lebensart veraltet; oft scheitert ihre Gesundheit bey dem ersten Wochenbette, wo sie sich nicht so gemächlich pflegen kann, als es ihre Weichlichkeit erforderte; sie verfällt wohl auch in einen Stand der Ohnmacht, Blödigkeit und Entkräftung; sie bekömmt kaum mehrere Kinder; und diese werden, mit den Ehegatten, unnütze Glieder des Staats.„

“Unzeitige Geburten, verschickte Kinder nach einer verschwiegenen Schwangerschaft, Unmöglichkeit einen Bräutigam zu finden, sind oft Wirkungen ihrer ausgelassenen Lebensart.

Es ist zu besorgen, daß diese Uebel noch mehr zunehmen, seitdem man aus Mangel erwachsener Leute, oder aus ökonomischen Gründen, angefangen hat, Kinder in Dienst zu nehmen, deren Körper und Sitten nicht gebildet sind, und die durch den Aufenthalt in der Stadt sich der Faulheit, den bösen Beyspielen und schlimmen Gesellschaften in gleichem Verhältnisse ergeben.„ —

Bey einer solchen Lage der Dinge muß man sich

fast wundern, daß nicht noch mehr Sittenlosigkeit und Roheit unter dem Volke herrscht, als wirklich ist. Man nehme noch dazu das Beyspiel so die Kinder von ihren Eltern sehen; und die immer stärker zunehmende Wanderungen der Fremden durch unsern Kanton, die der Eitelkeit der Bauernmädchen so hoch schmeicheln —; so ist die weibliche Hausehre auf dem Lande in der That noch besser beschaffen als man gemeiniglich glaubt.

Wenn aber die reichen wollüstigen Fremden ein Land so überlaufen, wie das Oberhasli, und die Gegenden um die Gletscher, so müssen die Sitten von Jahr zu Jahr noch mehr verdorben werden. Gegen die Verführung der Fremden kann keine Obrigkeit schützen, oder sie verbiete den Paß allen solchen muthwilligen Schwelgern: die nur reisen ihre Curiosität zu befriedigen, nicht um die große Natur in unsern Alpen zu bewundern und dem Gott der Schöpfung näher zu seyn! dazu haben die wenigsten einen Sinn; — Sich einige Monate auf Kosten reicher Väter oder eines erheyratheten Erbguts gute Tage in unsern Bergen zu machen; voilà leur but! Der Anmerkungenschreiber zu der deutschen Uebersetzung des Gouvernement de Berne, so zu Berlin 1793 herausgekommen, sollte also wohl ein wenig vorsichtiger urtheilen können. Am Brienzersee, im Dorf Meyringen und im Haslithal schildert er die Zerrüttung der Sitten folgendermassen, und er bürdet sie gleichsam dem ganzen Kanton Bern auf. — Er sagt: „Diese Sittenverderbniß ist im Kanton so allgemein, daß man sie noch in den entferntesten Alpen wiederfindet. Ich hatte im vorigen Jahre Gelegenheit, in diesem Punkte über die Haslithaler Beobachtungen anzustellen, die mich in unwilliges Erstaunen versetzten. Ich mußte wegen des schlechten Wetters einen Sonntag in Meyringen liegen bleiben, wo ich eine Anzahl junger Herren aus Deutschland antraf, welche um sich die Zeit zu verkürzen, am Abend den Bewohnern von Meyringen einen Ball gaben *), wobey auch ich nicht ermangelte, mich als Beobachter einzufinden, und in der That reichen Stoff zum Beobachten fand. Die Mädchen und jungen Weiber, die sich in ziemlicher Anzahl eingestellt hatten, zeigten nicht nur bey den schmutzigen Scherzen und unanständigen Zumuthungen, welche, wohlgemerkt, von Seiten der Fremden an sie ergingen, eine sehr bedeutende Duldsamkeit; sondern waren selbst in Reden und Gebehrden so zuvorkommend, daß es jeden unbefangenen Zuschauer empören mußte. Wie sehr die Sittenverderbniß selbst schon auf die Sprache gewirkt habe, bemerkte ich unter andern an dem Worte, Heirathen, welches die Mädchen, ohne zu erröthen, ganz in dem niedrigen Sinne brauchten, den der verderbte Franzose dem Worte baiser beylegt. Um dieses Gemählde noch widerlicher zu finden, muß man bemerken, daß bey dem Allen Väter und Gatten

---

*) Da siehet man die Haasenfüße; in einem Dorf einen Ball! in der Nachbarschaft so himmlisch großer Natur einen Ball! o! über die Sittenschilderer!

und Brüder nicht nur müßige Zuschauer waren; sondern wohl selbst noch durch Wort und That aufmunterten. Vorzüglich, wiewohl auf eine unangenehme Art, interessant war es mir, dies in einer Gegend zu bemerken, in welcher man sich durchaus nicht mit Manufakturarbeit beschäftigt. Es ist bekanntlich eine in der Schweiz fast allgemein angenommene Meynung, daß die Sitten eben durch die Einführung der Manufakturen so sehr verderbt worden seyen; indessen muß ich gestehen, daß ich dies durch meine Beobachtungen nicht bestätigt gefunden habe, indem ich oft in denen Gegenden, wo alle Industrie fehlte, die größte Sittenlosigkeit antraf. Ich vermuthe, daß diese Meynung sich vorzüglich von den Pfarrern herschreibt, die vielleicht schon das, was erst eine mitwirkende Ursache der Sittenverderbtheit werden kann, das weniger fleißige Besuchen der Kirchen, als eine Folge derselben ansehen. „ —

So weit lasse ich meinen Herrn Reisenden sprechen. Nun will ich aber einen andern Mann vorführen. Ramond auf seiner Fußreise kommt im Hasli in eine einsame Hütte. Er sagt: „Anstatt ins Dorf Meyringen hineinzugehen, wählte ich mir eine einsame Hütte zum Wohnort um einige Tage in diesem reizenden Geländ auszuruhen. Ein neu verheyrathetes, eben nicht reiches junges Ehepaar empfieng mich freudig in seiner Wohnung unten am Housleberg, und ich zog ihre Hütte den schlechten Wirthshäusern vor, wo man nichts siehet als was man aller Orten finden kann:

Bauersleute, die durch den Umgang mit Fremden verdorben worden, welche auf diejenigen, die mit ihnen umgehen, gewiß stärkern Einfluß haben, als man nimmermehr glauben sollte. Dieses war auf allen meinen Reisen durch die Alpen so meine Gewohnheit; und ein derley engeres Verkehr mit den guten Leuten, die sie bewohnen, hat mir viele süsse Freuden gewähret. „ —

Hier der Küchenzettel: „Vorerst trägt man eine gute Portion Milch auf, kalt oder warm, hernach gesottene Erdäpfel und Zieger; und endlich Käs vom Jahrgang; dann noch ein Stück von recht altem Käse folgt, wenn man sich was zu gute thun will. Zu den Käsespeisen trinkt man immer dünne Molken, um dessen Schärfe zu mildern; Brod bekommt man selten. „ —

„Das Häuschen, das ich bewohnte, war nur ein Boden hoch; es war alles enge und so niedrig, daß kaum ein Mann von mäßiger Länge darinn aufrecht stehen kann. Ich stieß, ungeachtet ich die Unbequemlichkeit dieser Bauart mehrmals schon erfahren hatte, doch immer mit dem Kopf gegen die Diehlen. Meine Wirthsleute wohnten im untern Theile des Hauses, das aus einem einzigen Zimmer bestand, wo in einem Winkel der Ofen von ganz grober Maurerarbeit, etwa drey Schuh hoch angebracht war, und gleich drüberhin hatte man ein viereckigtes Loch gemacht: dieses war der Eingang in mein Wohnzimmer, welches den ganzen Raum des ersten Stockwerks einnahm. In dasselbe konnte ich nur kletternd gelangen, nachdem ich erst auf den Ofen gestiegen, der die Stelle der Treppe versehen muß. Mein Bett war ein breiter Sack mit dürren Blättern gefüllt, auf dem ich aber bey dem unausgesetzten fernen Geräusche der Wasserfälle von Housleberg recht wonnevoll einschlief. Zur Seiten hatte ich ein Guckloch, wodurch ich die Scheidegg und die ungeheuren kegelförmigen Spitzen des Wetterhorns und Wellhorns sehen konnte, in Gesellschaft ihrer Gletscher, deren Oberfläche der Vollmond übersilberte. „ — So reißte Ramond; — und so reißt der Freund der Natur in diesen Thälern, und dabey behält er für sein ganzes Leben eine süße melancholisch-liebliche Empfindung. Andere Reisende aber, die am Busen der großen Natur schwelgen, kommen klein und dürftig und verächtlicher zurück, wie sie hingegangen sind! Und so soll es ewig seyn!

Ich schließe mit diesen beyden contrastirenden Schilderungen, damit man auch siehet, wir haben noch immer edle Naturmenschen unter uns — die neben der Ausartung ihrer wollüstigen Nachbarn ein stilles genügsames patriarchalisches Leben führen. Wer sich aber lieber bey der verdorbenen ausgearteten Sorte aufhält, der klage sich selbst an; der bescheidene einsame Wanderer findet die bessern Menschen in der stillen Hütte, und ihm ist wohl!

„Noch eine Nachschrift müssen wir hier machen, so ungern wir es auch thun. „ Fast keine Reisebeschreibung über die Schweiz siehet man, wo nicht von der

der Matte in Bern, als einem berufenen Orte, die Rede ist. Aber gewiß ist es, daß die Einwohner von Bern, die alles was daselbst wohnt, besser kennen, ihn bey weitem nicht für so verdächtig ansehen als es die Fremde thun. Die wenigen Häuser, welche einen bösen Ruf haben, stehen verlassen und werden von niemand Gesittetem aus der Stadt besucht. Selbst Handwerkspursche gehen nicht dahin, oder es müßten sonst Debauchanten seyn, die auch ohne Matte sich verderben würden; das wird ihnen aber hier bald so verleiden, daß sie wohl nicht oft dahin zurückkehren; denn sie zahlen, wie man hört — ihren Vorwitz mit einer tüchtigen Zeche. Die Herausgeber der Schweizerbibliothek, so in Bern gedruckt worden, sagen in dem 1ten Stück, Seite 39 ganz wahr: „Diese berüchtigten Oerter haben ihren Ruf „größtentheils den Ausländern zu verdanken, denn sie „werden meistens nur von Reisenden und der niedrigsten „Volksklasse besucht.„

Gut aber ist es doch, wenn solche Häuser ausgezeichnet sind, damit man sich zu hüten wisse. Auch ist gewiß die Polizey viel schärfer in Bern, als sie in den policirtesten Staaten nicht angetroffen wird. Welche Ausartung siehet man in Frankfurt, Leipzig, Berlin, Wien, ja auf den sehr besuchten Universitäten Deutschlands, die doch auf gute Polizey so stolz sind! Auch hat zuverläßig das weibliche Geschlecht bey uns nicht jene Frechheit, Zudringlichkeit und niederträchtige Betteley, wie man sie wohl an jenen Orten so auffallend findet, wo der Zusammenfluß der Fremden auch die Sitten verderbt, aber wo neben der geldhungerigen Wollustbegierde noch die Armuth dazu kommt und zu allen niederträchtigen Schleichwegen, ja sogar zu Diebstählen die Metzen hinleitet; die sich selbst auf offener Straße Schaarenweise neben einander stellen, die gesittete Mannheit anrufen, guterzogene Jünglinge locken, und was vor allem jedem gefühlvollen Manne auffallend ist, daß diese wilde Zucht sich in so großer Menge findet, und einem jeden feil stehet, am liebsten aber dem der am besten bezahlt, sey er Jude, Mohr, Türk oder Philister. Unsere verworfensten hieländischen Mädchen haben darinn doch wohl noch einen Grad von mehr edlem Stolz, und würden schwerlich sich so zur Betteley und kriechenden Nullität herabwürdigen lassen. Sie fühlen selbst in ihrer Debauche noch etwas von einem bessern Nationalgefühl.

So wenig ich unserer ziemlich freyen Lebensart und ausgearteten weiblichen Sitten eine Lobrede gehalten habe; so billig war doch diese Anmerkung, da ich manchen brafen Vater selbst in der Schweiz kenne, der seinen Sohn um keinen Preis nach Bern würde gehen lassen, aus Furcht verdorben zu werden; und eben diese Väter machen sich kein Bedenken ihre Kinder nach Frankreich und in die obengedachte deutsche Städte zu senden! Aber man siehet, was das Vorurtheil nicht thut. Wer die Welt kennt, wird gestehen müssen, daß man an jenen Orten, wo der weibliche Charakter durch Armuth herabgewürdiget ist, weit schlimmer daran ist, als wo noch National-Wohlstand den Geist erhebt, und das geringste Individuum seinen Einfluß noch spürt.

Stadtrechte.

Das im Jahr 1539 zusammengetragene Stadtrecht von Bern blieb bloß Handschriftlich bis 1615, wo es zum erstenmal gedruckt worden. Eine verbesserte neue Sammlung ward im Jahr 1762 in Folio, und im Jahr 1768 in Octavformat veranstaltet. Ein neuer Abdruck dieses Werks mit dem Anhang, welcher die seitherigen Zusätze und ein Register enthält, kam im Jahr 1789 in Folio und in Octavo zum Vorschein.

Die Stadtverfassung von Bern heißt nicht Handfeste sondern die Urkunde, in welcher dieselbe enthalten ist. Die Städtische Verfassung hatte Bern bereits von Berchtold V. erhalten. Die durch die Handfeste vergönnten neuen Freyheiten bestehen vorzüglich in der Unmittelbarkeit (Immedietas) vom Reich, und in dem, der Stadt ertheilten Alment-Rechten. (Usuagium).

Verschiedene Städte und Landschaften haben besondere Rechte, von denen aber im deutschen Lande, nur die Handfeste von Thun gedruckt ist, nebst denjenigen so in Walthers Geschichte der Berner Stadtrechte eingerückt sind.

Handschriftliche und gedruckte Privatrechte im Kanton giebt es:

Arau. Stadtsatzung.
Arberg. Handfeste.
——— Stadtsatzung.
Aeschi. Satzung d. Landsch.
Brugg. Stadtsatzung.
Büren. Handfeste.
Burgdorf. Handfeste.
——— Stadtsatzung.
Emmenthal. Satzung der Landschaft.
Erlach. Handfeste.
Frutigen. Satzung der Landschaft.
Hasle im Weisland. Satz.
Interlachen. Satz. der Ls.
Lenzburg. Stadtsatzung.
Lenzburg. Landrecht der Grafschaft.
Nidau. Handfeste.
Nieder - Simmenthal. Landrecht.
Ober-Simmenth. Landr.
Oesch. Satzung.
Sanen. Landbuch der Ls.
Schenkenberg. Landrecht.
Sigriswyl. Landrecht.
Steffisburg. Landrecht.
Thun. Handfeste.
——— Stadtsatzung.
Zofingen. Handfeste.
——— Satzung d. Stadt.

Nun giebts noch besondere Rechte verschiedener Gegenden, über Ehesachen, Erbrechte u.s.w. Die Mediat-Lande aber, so wie die Welschen Lande, haben nochmals ihre eigene Provinzialrechte.

Die Gesetze der Landschaft Waadt sind im Jahr 1616, deutsch und französisch neben einander; und 1730 französisch allein, und 1765 und 1766 mit Boyve's Anmerkungen gedruckt worden. Lausanne, Aelen (gedruckt 1772. 4to) Petterlingen (gedruckt 1733. 4to) und andere Distrikte, haben wieder besondere Gesetzbücher. Darf man sich nun wundern, warum die Prozesse verlängert, ungemein umständlich, langwürig und oft selbst verwirrt werden? Aber den Grund der Verfassung darf man nicht umstossen, wenn man nicht die Leute überzeugen kann, daß es eine noch bessere Art der Verfassung giebt, als sie geerbt haben. Man läßt also diese geerbten Rechte von den Vorfahren in ihrer Gültigkeit, und die Regierung nimmt bey allen ihren Entschliessungen und Urtheilen dahin vorzüglich Bedacht, daß die allgemeinen Gesetze geehrt, und in ihrer Kraft ausgeübt werden.

Gerichtsordnung. Stadt- und Landrechte.

(Man sehe im 1ten Band, Seite 112. f.) Hier folgt noch einiges über die Rechtsform bey Prozessen und Streithändeln.

Billig ist nichts interessanter in einem Staat, als die Weise, wie das Recht — das Mein und Dein verwaltet wird. Aber auch man mag in eine Verfassung treten in welche man will, sey sie monarchisch, aristokratisch, demokratisch, überall wird man Menschen finden, die oft nach Leidenschaften handeln, und man wird sich stets übel befinden, wo nicht gutgebildete, edeldenkende Menschen das Regiment führen. Manche Volksregierung hat die grösten Ungerechtigkeiten und

Tyranneyen gegen seine eigene Mitbürger ausgeübt, sie hat Grausamkeiten gutgeheißen wie sie in Monarchien nicht geduldet werden; und hier tritt also der Wunsch für alle Regierungen ein: Der Richter muß ein durchaus edler Mann seyn; und damit er das sey, so sey er ein Mann von Gewissen! Ein Christ!

Die Regierungsform von Bern ist eine der edelsten, sie kann unendlich wohlthätig seyn, sie erweckt Hochachtung und Liebe. Selbst ohne ein sehr vorzügliches Gesetzbuch hatte der Staat blühen können, in sofern nur die Maximen der Alten nie ganz vergessen worden; Wenn die Redlichkeit ihrer Entschlüsse, ihre Liebe zum Vaterland, zur Rechtschaffenheit und zum Recht, noch in den Enkeln fortleben, die auf ihren Gerichtsstühlen sitzen; wenn edle Tugenden in beyden noch wirksam sind, sowohl in denen die gehorchen als in denen die befehlen. O, wenn die Sitten eines Landes gut sind, so gilt das mehr als das beste Gesetzbuch.

Der deutsche Antheil erkennt (mit Ausnahme einiger wenigen Orte) die Gerichtssatzung von Bern, für das allgemeine Gesetzbuch. Es giebt bey uns Städte, wo man seine Sachen durch seine eigene Mitbürger entscheiden lassen kann, und wenn sich die Partheyen mit ihrem Ausspruch begnügen wollen, so hört aller Streit auf, und alles ist damit abgethan.

Es giebt zwey Appellationskammern in Bern; eine deutsche, für die deutschen Lande; und eine welsche, für das Pays de Vaud. Wer bey der deutschen

Appellationskammer verliert, kann noch an den grossen Rath appelliren; wer bey der welschen Kammer verliert, kann nicht weiter appelliren; oder es sey ein Streit zwischen einem Bürger von Bern und einem Angehörigen des Pays de Vaud, in welchem Fall auch die Appellation vor 200 Statt hat.

Das Instruiren des Prozesses, und die nöthige Austheilung der Schriften, der Beystand der Advokaten als Fürsprecher, der Aufenthalt in Bern selbst, und die oft lange Versäumniß aller häuslichen Arbeiten, machen die Prozesse noch kostbar genug: ja sie ruiniren manchen Mann. Was an die Regierung für das Endurtheil zu entrichten ist, macht nur eine Kleinigkeit aus. Aber ein gar nicht langwüriger Prozeß steigt leicht, man mag es rechnen wie man will, auf ein großes Kapital; denn die viele Incidenzien, wie es so gewöhnlich durch Intrikenmacher geschiehet, bringen die Hauptsache ins Dunkel; fressen Zeit und Geld und Geduld. — Und wer nicht Lust hat an seinem eigenen Herzen ein Todfeind zu werden, der giebt lieber nach — als daß er sein Recht mit Gefahr seines Lebens und seiner Ruhe sucht. Eben wegen diesen grossen Bedrückungen, denen auch der billige Mann der nur das Seinige sucht, bisher ausgesetzt war, und wodurch so manche brafe Familie ruinirt worden, wendet die Regierung alle mögliche Mittel an, die Formalitäten abzukürzen; einen faßlichern, weniger complicirten, und natürlichern leichtern Rechtsgang einzuführen, und den Chikaneur ausser

Fassung zu bringen. Wenn sie nur so weit in ihren Verbesserungen gelangt, daß die Prozesse nicht über ein halbes Jahr dauern dürfen, und daß die Prozeduren statt mit großen Kosten gedruckt zu werden, mit wenigerm Zeitverlust, in essentiali zur Kenntniß des grossen Raths gelangen können; wenn man den Intrikenmachern ihr infernales Spiel legt, wodurch sie die Richter und die Partheyen necken und irre führen, so ist warlich die Hauptsache gut gemacht! Das Uebrige giebt sich dann leicht nach und nach. Aber wenn man das Recht verlängert — so ist stets wachsender Schaden, und jeder Prozeß wird allemal ruinös für die streitenden Partheyen man mag gewinnen oder verlieren: denn der so verliert wird zu hart gebüßt, wenn er alle Kosten bezahlen muß: und theilt man die Kosten, so ist abermal das Recht zu theuer erkauft. Auch gegen den Verlustigen noch milde und gerecht seyn, daß er nicht mit den Seinigen zu Grunde gehe, das ist die höchste Regentenwürde. Es scheint den meisten Prozeßführenden sehr beschwerlich, daß sie Caution für die Kosten schon im Voraus stellen müssen, und in Verlegenheit und Muthlosigkeit gerathen, bevor ihre Rechtssache zur Sprache kommen kann.

Die Landesgesetze fordern, ehe ein Prozeß anfängt, die Freundlichkeit zu versuchen. Gerichtsherrn, Landvögte sollen die Zwistigkeiten gütlich beyzulegen trachten, ihre Hauptpflicht gehet dahin. — Und dadurch können sie ihr Amt zum Segen für das Land machen. Auch ist ein Gastgericht verordnet, da sollen die Gerichtssäßen und Amtleute des Landes die Streitsachen erörtern, schlichten, beylegen, um weitere Kosten zu vermeiden, und die Sachen die im wachsenden Schaden stehen — sollen sie unverzüglich beendigen. Wenn auf diese Art gastgerichtlich procedirt wird, soll eine jede Parthey zu ihrem Beystand und Rath zwo Personen von ihren Verwandten zum Beystand mit sich nehmen; diejenigen aber, so sich nicht wollen in Güte mit diesem Urtheil begnügen lassen und weiters ihr Recht in Bern selbst suchen; werden, wenn sie mit Ungrund und Eigensinn ihre Trölerey zu weit getrieben haben, — mit Gefängnißstrafe belegt. (Laut Erkanntniß und Landesgesetz de dato 25 Sept. 1711.)

Nach eben dieser Verordnung heißt es: „Wann „aber wider besseres Verhoffen einer unserer Angehöri„gen wider obrigkeitliche Verordnungen auch wider „Recht und Billigkeit wurde gehalten werden, und er „also ob seinem Amtsmann zu klagen Ursach hätte, so „wird er allezeit einen ungehinderten Zugang bey seiner „Obrigkeit finden; zu welchem End der klagende Theil „vor allen Dingen seine Klägdten schriftlich und in der „Wahrheit aufsetzen, und nachwerts die Befugsame „haben soll, sich entweder bey einem je wesenden Ehren„haupt dem regierenden Herrn Schultheiß, oder bey „einem Herr Seckelmeister und Venner, oder auch bey „einem von den Herrn Heimlichern anzumelden. — u. „s. w. Aber es hat auch die billige Meynung, Falls man

„einen Amtmann ungültig und ungegründet bey der „Obrigkeit anklagen würde, daß dann zumal, auch ein „solch unbegründet Klagender gebührend abgestraft wer- „den soll.„ —

Zur Vermeidung aller Geldschulden - Prozesse, soll auf dem Land kein Kapital auf Güter gesucht werden, ohne es zuvor den Amtleuten anzuzeigen; diese sollen mit dem Gericht des Orts zu Rath gehen, ob dieses Anleben dem Suchenden nützlich und gut, oder aber ihm und den Seinigen nachtheilig seyn möchte, auch in wie fern er Unterpfand und Sicherheit geben kann, ohne sein Eigenthum tiefer zu verschulden, als es werth ist, oder eine ungerechte Handlung an den Seinigen zu begeben. Daher sollen auch alle Anlehen bey den Amt eingeschrieben werden, und wenn ein frisches Anlehen erlaubt wird, so kann der Gläubiger sicher seyn, er habe noch Unterpfand genug. —

Die Landvögte haben zwar die Gerichtsbarkeit ihres Amtes, aber sie können gar nicht willkührlich handeln, sondern sind verbunden, sich an die Verordnungen des grossen Raths zu halten und an die Landesrechte. Man kann auch von ihrem Rechtsspruch an die Regierung nach Bern appelliren, und alle bedeutende Rechstsachen kommen ohnehin für den grossen Rath. Die Hauptsorge der Landvögte gehet auf die gute Ordnung in Polizeysachen, auf die Schützung des Eigenthums eines jeden Einwohners, Aufsicht über die Zehenden und Abgaben; Verwaltung der obrigkeitlichen

Domänen, die der Stand bey der Reformation eingezogen oder an sich gekauft hat.

Schon im März 1793 lies die Berner Regierung in das Wochenblatt, wie auch in viele auswärtige Zeitungen folgende Anzeige einrücken, welche deutlich genug den Eifer und die Bedürfnisse unsers Staats zeigt. Man siehet was uns fehlt, aber man bemerkt auch darinn den ernstlichen Willen dem Mangel abzuhelfen:

„Als bey der neuesten Ausgabe des Bernerischen Civil-Gesetzbuchs (die Gerichtssatzung, Bern 1762.) die Prozeßform neu ausgearbeitet wurde, so war der Hauptzweck, den man dabey vor Augen hatte, dieser: die bürgerliche Freyheit und die Sicherheit des Eigenthums so fest als möglich zu gründen, und sie von der Willkühr der Richter unabhängig zu machen. Die Erfahrung hat nun aber gezeigt, daß die gegenwärtige Einrichtung der Prozeßform zwar dieser Absicht entsprochen, aber zugleich die üble Folge nach sich gezogen hat, daß sie zum Nachtheil des ganzen Landes die Rechtshändel vervielfältigt, in die Länge zieht, und viel kostbarer macht. Damit nun diese fehlerhafte Einrichtung verbessert, und den daher entspringenden Uebeln abgeholfen werden könne, so hat die Regierung des hohen Standes Bern einer dazu verordneten Stands-Commission den Auftrag ertheilt, den Entwurf einer andern Prozeßform auszuarbeiten, und über diesen wichtigen Gegenstand einheimische und auswärtige, theoretische und praktische Rechtsgelehrte zu Rathe zu ziehen. Dem zufolge wird hiemit bekannt gemacht, daß für die beste Abhandlung über die hiesige Civil-Prozeßform mit besonderer Rücksicht auf die Verfassung und Einrichtung des Landes, und die zweckmäßigste neue Redaction des ganzen 2ten und 3ten Theils der Bernerischen Gerichtssatzung, ein Preiß von Einhundert französischen Louisd'ors, und für die, so ihr an Zweckmäßigkeit und Vollständigkeit am nächsten kommen wird, ein Accessit von Fünfzig französischen Louisd'ors bestimmt worden ist. Der Hauptgegenstand dieser Abhandlung wird die Entwicklung der Mängel, die die Umarbeitung und Verkürzung dieses Theils der Gesetzgebung nothwendig machen, und der Mittel seyn, durch die ihnen abgeholfen werden kann. Die wohlthätige gemeinnützige Absicht der Regierung bey diesem Vorhaben, läßt mit Grund erwarten, daß erfahrne, und mit der Verfassung des hiesigen Landes bekannte Rechtsgelehrte, mit Freuden sich mit diesem Gegenstand beschäftigen, und durch Mittheilung ihrer Begriffe und Einsichten zu der vorhabenden Arbeit das Ihrige beytragen werden. Die Abhandlungen müssen bis auf den 1. Oct. nächstkünftig (an Herrn Commißionschreiber Gruber) eingeschickt werden, der sich auch eine Pflicht daraus machen wird, denenjenigen Rechtsgelehrten, welche über diesen Gegenstand zu arbeiten gedenken, die Einfragen, welche sie nöthig finden würden, zu beantworten. Die Abhandlungen werden mit Wahlsprüchen versehen, und die Namen der Verfasser derselben versiegelt beygefügt, von welchen Siegeln man nur diejenigen eröfnen wird, denen der Preiß und das Accessit zubekennt werden wird. Bern den 25ten Febr. 1793.

Noch ist das Resultat dieser wichtigen Preis-Aufgabe nicht im Publiko erschienen; man hat aber Hoffnung, daß es nicht lange mehr anstehen dürfte, eine so dringendwichtige Sache durch eine obrigkeitl. öffentliche Entscheidung enthüllet zu finden. Die Wünsche aller Patrioten vereinigen sich dahin, wenige und gute Gesetze seyen besser, als weitläufige Codices, die allemal der bürgerlichen und allgemeinen Freyheit nur Fesseln anlegen und der Chikane ein weites Feld öffnen. Die Egyde aller dauerhaften Gesetze muß das Gewissen seyn, welches man also bey den Richtern und bey den streitenden Partheyen zu bilden und wirksam zu erhalten suchen muß. Wir widerholen es: Gute Sitten sind die beste Brustwehr der Gesetze; ja die einzige Garantie der Freyheit und Menschenglückseligkeit.

— — Weh, dem gedrückten Staat:
Der, statt der Tugend, nichts
Als ein Gesetzbuch hat!

(Lessing.)

Criminalrecht.

(Man sehe im 1ten Theil, Seite 135.)

Ein Uebelthäter wird von dem täglichen Rath gerichtet. Dieser setzt eine eigene Criminal-Commißion, wozu der jüngste Herr Venner, der jüngste Rathsherr, die zwey Herrn Heimlicher gebraucht werden. Diese untersuchen die That, oder lassen solche von den Unterrichtern untersuchen und darüber Bericht erstatten. Bey der Verurtheilung giebt der jüngere Venner zuerst seine Stimme zum Leben oder Tod. Klein- und Großrath aber sprechen das Urtheil. Das Todesurtheil wird von einem Prediger erst dem Malisicanten angezeigt, sodann tritt der Großweibel vor ihn, und bestätiget solches durch eine feyerliche Anrede. Den Tag darauf gehet die Execution vor sich.

Die öffentlichen Anstalten zu mehrerer Feyerlichkeit der Hinrichtung, bestehen in der Aufrichtung eines Richterstuhls und der dazugehörigen Schranken, an der Kreuzgaße. Der jüngste Rathsherr und die zwey Heimlicher sitzen auf den drey Lehnstühlen des Richterstuhls; Großweibel und Gerichtschreiber stehen zur Seite. Ersterer liest öffentlich das Urtheil dem Unglücklichen vor. Der Rathsherr bricht den Stab, und der Scharfrichter führt den Verurtheilten zur Executions-Stelle aus der Stadt.

Die Tortur ist im Bernischen durch kein förmliches Dekret aufgehoben; sie wird aber, zufolge eines von der Regierung angenommenen Grundsatzes seit vielen Jahren niemals angewandt als bey wirklich überwiesenen Missethätern, die ihre Mitgehülfen verläugnen, und die man schon zum Theil kennt. —

Alle in den Landvogteyen aufgefangene oder eingezogene Verbrecher erhalten ihr Endurtheil vom kleinen Rath — wovon keine Appellation statt findet, wenn keine Todesstrafe darauf gesetzt ist. Sonst aber entscheidet der große Rath, wie oben gemeldet; Landesverrätherey und Frevel gegen die Gesetzgebung gehört aber stets für den großen Rath.

Polizeyordnungen.

Einige theils erst vor kurzem ergangene obrigkeitliche Mandate, welche allgemein zu wissen nöthig und nützlich sind.

Stadtquartier = Ordnung.

Für die Polizeyordnung der Stadt ist im Jahr 1792 ein merkwürdiges Reglement erschienen. Es heißt: Instruktion für die neu bestellten vier Quartieraufseher. Instruktion der acht Feuerbeschauer u. s. w.

Die Stadt ist darinn in 4 Quartier abgetheilt, und stehet unter 4 Quartier-Aufsehern und 8 Feuerbeschauern. Die Feuerbeschauer sollen auf alles Acht haben, was in ihrem angewiesenen Revier vorgehet; wo etwa sich etwas zeigt, sollen sie Rapport an die ihnen bestimmte Kammern erstatten. Auch sollen sie alle Landsassen, so sich in der Stadt aufhalten, auf ihre Rodel setzen, um die einem jeden bewilligte Erlaubniß Geschäfte in der Stadt zu treiben, bey der gehörigen Stelle zu conferiren.

Wo Hülfsbedürftige, Kranke und Arme sind, denen sollen sie zum Beystand dienen, und Hülfe und Rath schaffen durch schleunige Vermeldung bey höherer Stelle. — Wenn sich ansteckende oder bösartige Krankheiten äussern, so sollen sie dem Sanitätsrath augenblicklich Nachricht geben.

Alle Fremde sollen sie der Marechaussee- und Polizeykammer anzeigen, und darüber Bescheid einholen.

Vorzüglich aber sollen sie auf die Feuerstätte, Oefen, Heerde, Kamine acht haben, und durch den obrigkeitlichen Werkmeister die Inspektion nehmen lassen; auch wo die Häuser eine bessere Bauart bedürfen, sollen sie es dem Bauamt anzeigen.

Die vier Herrn Quartieraussseher aber haben neben der allgemeinen Aufsicht über die Sicherheit und gute Polizey der Stadt, auch noch insbesondere das Amt, welches sehr wichtig ist, und die Fremden vorzüglich interessiren muß. Nämlich diese Ordnung sagt:

„Sobald in denen unter seiner Aufsicht stehenden Quartieren ein Hintersess, es seye ein Hausvater, eine Wittwe, Manns- oder Weibsperson, die für sich selbst ist, ein Knecht oder eine Magd ꝛc. mit Tod abgehet, und er dessen benachrichtiget seyn, oder solches sonsten vernehmen wird, sobald soll er sich in des Verstorbenen Wohnung, doch jeweilen mit Vorwissen des Hausherrn, verfügen, das allfällig allda vorhandene baare Geld, Zinsschriften, u. dergl. in das sicherste Gehalt einschliessen, dasselbe, wie auch Cassetten, Schäft, Trög, ꝛc. wohl versieglen, jedoch in Gegenwart allfälliger Vögte, oder so viel möglich der interessirten.

reßirten oder andrer in ihrem Namen bestellter Personen, und alles übrige was vorhanden, und nicht eingeschlossen worden, also nur dasjenige so nicht unter das Siegel gebracht werden kann, vom kleinsten bis zum grösten, in einem expreß zu dem Ende führenden Buch, mit Anzeigung des Tags wann es geschehen, und aller dazu dienenden Umstände, fleißig verzeichnen, die Schlüssel in ein Papier einwickeln und verpitschieren, und sodann selbige, mit dem darauf geschriebnen Namen des Verstorbenen, dem Herrn Waysenschreiber alsobald zustellen.

Nach dieser Verrichtung wird ihm in fernerem obliegen, sich ungesäumt zu einem jewesenden Herrn Obmann des Stadt-Waysengerichts zu verfügen, Wohldemselben den Sterbfall anzuzeigen, und ihn um den Zutritt vor die nächst sich zu versammelnde Kammer zu ersuchen.

Wann er also den Acceß vor das Waysengericht erhalten hat, soll er auf den bestimmten Tag unausbleiblich erscheinen, und dennzumal Mnhhrn. dieser Kammer ein exaktes aus seinem Aufseherbüchlein gezogenes Inventarium eingeben, auch den etwa begehrenden mehrern Bericht erstatten, zumalen Mehhrn. darüberhin jeweilen das Gutfindende veranstalten werden.

Sollte er aber Krankheits halb, oder wegen Abwesenheit, diese Versieglung nicht selbsten verrichten können, so mag er diesen Auftrag einem Feuerbeschauer übergeben.

Wenn der Quartier-Aufseher einmal auf vorige Weise das Siegel aufgedruckt, soll er keines derselben ohne Beyseyn und Gegenwart des Hrn. Waysenschreibers oder seines Stellvertretters erbrechen, bey Strafe der Verantwortung.

Für alle daherige Verrichtungen soll dem Quartier-Aufseher bezahlt werden:

Von bemittleten Personen die keine Kinder hinterlassen, = = = = Pf. 8.

Von minder bemittleten, oder die Kinder haben, = = = = = Pf. 4.

Von denen aber, deren Vermögen Pf. 1000 nicht übersteigt:

wann sie keine Notherben haben, Pf. 3.

wann sie aber Kinder hinterlassen, höchstens = = = = = Pf. 2.

Von Unbemittleten aber und denen so weniges Vermögen haben, soll nichts gefordert werden.

Mit welcher Belohnung sich die Quartier-Aufseher für obige Verrichtungen völlig begnügen, und ein mehreres als obausgesetzt nicht fordern sollen. „

Stadt- und Wirthshaus-Polizey.

Nach der Retraite soll man nicht ohne Licht in der Stadt gehen.

Nach 10 Uhr Abends sollen keine Kutschen mehr in der Stadt fahren.

Die Kutscher sollen einen langsamen Schritt fahren, und wo es um Ecken oder Kreuzgassen gehet, sachte thun. Ueberhaupt sollen sie nie stärker als höchstens den kleinen Trab fahren. Die Reuter sollen nicht galloppiren.

Nach 10 Uhr sollen alle Wirthshäuser geschlossen seyn; die Keller im Winter um 8 Uhr, im Sommer um 9 Uhr.

In den Ställen Taback zu rauchen, wird hoch gestraft u. s. w.

Die Dachdecker sollen an Markttagen nicht in gangbaren Straßen arbeiten.

Man soll nichts, weder Unrath noch sonst etwas zum Fenster hinaus auf die Straße werfen.

Man soll nichts in den Arkaden führen, keine schwere Lasten, keine Päcke, keine Kisten und dergleichen tragen; dies alles soll auf der freyen Straße geschehen, damit die Leute im Gehen nicht gehindert werden. (Doch siehet man auch noch oft zerbrochene Laternen von diesem verbotenen Tragen.)

Handwerksgesellen sollen keine Degen tragen.

Polizeyordnung für die ankommenden Fremden und Andere.

Kein Fremder, der in die Stadt kommt, soll eine Wohnung suchen, ohne einen Erlaubnisschein. Jeder auch im Kanton wohnender Bürger und Habitant, wenn er nach der Stadt kommt, soll bey der Zeughauswacht zwey Zettel abgeben lassen; wovon einer dem Herrn Stadtmajor, der andere der Polizeykammer zukommt: darauf muß seine Wohnung, Geschäfte, Dauer des Aufenthalts angezeigt stehen; — auch wenn er wieder verreist, soll dies durch eine gleiche Anzeige gemeldet werden.

An die Einwohner der Stadt ist zu wiederholtenmalen folgende Warnung ergangen:

„Mehghrn. der Burgerkammer müssen mit Unlieb ersehen, daß sowohl die E. Burgerschaft, als aber Hintersässen, Leute zu sich in ihre Wohnungen und an ihren Tisch aufnehmen, bevor sie die erforderliche Bewilligung zu ihrem Aufenthalt in der Stadt oder im Stadtbezirk erhalten haben. Hieraus entsteht, daß Personen, die für die Toleranz abgewiesen worden, oder auch solche denen die Aufenthalts-Bewilligung gezuckt (entzogen) worden, nichts desto weniger hier verbleiben, und so den Erkanntnissen Mrhghrn. nicht Folge geleistet wird. Wohldieselben finden demnach nöthig, E. E. Burgerschaft und alle Hintersässen in der Stadt und dem Stadtbezirk an den 1ten Artikel der Hintersässen-Ordnung von 1711 zu erinnern:

„So viel die Wohnung in der Stadt betrift, soll „kein Fremder noch Ausserer, er seye ein Unterthan oder „nicht, Mann noch Weib, unter was Schein und Na„men es seye, sich darinnen Haushäblichen niederlassen, „oder Wohnung nehmen, er habe dann nach vorgewie„senem genugsamen Heimathschein, von der Burger„kammer schriftliche Bewilligung von Jahr zu Jahr „aufzuweisen, bey 20 Pf. Pfenning Buß von denen zu „beziehen, so wider dies Verbott behauset und beher„berget haben werden. Betreffend dann die unerlaubten „Hintersässen, wann selbige über einmaliges Hinaus„bieten nicht gehorchen, oder wiederum unerlaubt hin-

„einziehen wurden, für das erstemal mit zweymal 24 „stündiger Gefangenschaft, falls fernerer Uebertretung „aber, mit dem Schallenwerk abgestraft werden sollen.„ Welches anmit zu jedermanns Verhalt offentlich kund gemacht wird. Besonders warnen Mehghrn. diejenige Klaß von Hintersässen, die, obwohl sie nicht im Fall sind, Diensten zu halten, dennoch unter diesem Vorwand Leute bey sich haben, sich in Acht zu nehmen, indem ihr Thun und Lassen aufs genaueste wird untersucht, und wenn sie im Fehler sich befinden, sie ohne Schonen mit Zuckung (Zurückziehung) der Toleranz *) werden bestraft werden.„

Kleiderordnung.

Laut der Kleiderordnung von 1767, welche hernach durch neuere Mandate ist bestätiget worden, soll man nicht tragen.

1. Kleider mit Borden besetzt. Doch sind goldene und silberne Knöpfe erlaubt, werden aber von niemand gesucht.
2. Alle mit Seiden und Spitzen garnirte Kleider.
3. Alle Kleidungen der Mannspersonen von Sammet oder Manchester; doch Hosen und Westen mag man von solchen Stoffen tragen.

*) Es ist dieses ein Toleranzzettel, den ein jeder Nichtbürgerlicher haben muß, der in der Stadt sich aufhalten will.

3. Den Frauenzimmern ist aller Perlenschmuck, alle Broderien mit Gold oder Silber durchwirkt, alle Sammetkleidung 2c. verboten.

Falsche Perlen sind zu tragen erlaubt: die Frauenzimmer aber tragen sie nicht.

4. Alle Poschen und Reifröcke sind straffällig.

5. Knechte und Mägde sollen nichts von Seiden und Halbseiden; nichts von Manchester; keine garnirte Hemder, keine seidenen Strümpfe u. s. w. tragen. Den Mädgen sind seidene Halstücher und Sammetbänder erlaubt.

Das mehrere ist in der Verordnung nachzusehen.

Häuserkauf, ist den Nichtbürgerlichen verboten.

„Meghhrn. die Räthe, haben durch Hochdero Befehlzetteln vom 16ten May 1793 und 1ten Dec. 1794. Mnhghrn. der Burgerkammer aufzutragen geruhet, die unbefugten Besitzer von Häusern in der Stadt, und Güthern im Stadtbezirk, anzuhalten, ihre Possessionen in bürgerl. Hände zurückzugeben. Hochgedacht Meghhrn. die Räthe, finden zugleich nöthig, durch gegenwärtige Publikation E. E. Burgerschaft, und alle Personen, die es angehen mag, an den 4ten Art. der Hintersässen-Ordnung vom 16ten Jan. 1711 zu erinnern, wörtlich also lautend: 4. „In Ansehen des Kaufs der Häusern „in der Stadt, oder Wohnungen, Güther und Gelegen„heiten um dieselbe, so weit der Stadtbezirk sich er-

„streckt, solle außern und fremden Hintersässen und Ein„züglingen, das ist, allen denjenigen, die weder Burger „noch ewige Einwohner sind, dergleichen einiges an „sich zu kaufen, darunter auch Wirthschaften in der „Stadt verstanden, verboten seyn, bey Ungültigkeit des „Kaufs, und Straf gegen den Verkäufer; der Mey„nung, wann etliche schon mit verkauften Häusern oder „Güthern versehen wären, daß sie solche ihren Verkäu„fern wiederum anzubieten haben, und diese auch schul„dig seyn sollen, so fern sie des Vermögens, mit Er„setzung des Kaufschillings, wieder abzunehmen; dieje„nigen aber, so ihre Verkäufer darum nicht belangen „könnten, oder ihre Häuser und Güther ererbt hätten, „sollen ein Jahr lang Termin haben, solche anderwär„tig zu verkaufen. Nach Verfließung aber des Termins „ohne beschehenen Verkauf, die Häuser und Gelegen„heiten abgetreten werden, und so lang unbewohnt ver„schlossen bleiben, bis durch Veranstaltung der Burger„kammer, solche vermittelst öffentlicher Steige„rung, oder sonsten verkauft seyn werden.„ Insbesondere dann verbieten Meghhrn. allen geschwornen Schreibern, keinerley Kauf-Tausch-oder sonst irgend eine Art Instrument, was Namens es immer haben mag, zu verschreiben, in welchem ein Haus in der Stadt, oder ein Guth im Stadtbezirk, an eine Person veräussert wird, die weder Burger noch Kleinburger von Bern ist; welches zu jedermänniglichen Verhalt öffentlich kund gethan wird, zumalen gegen alle diejenigen, so im Fall obbemeldter Ordnung vom 16ten Januar 1711 sich befinden, und derselben nicht ein Genügen leisten würden, ohne Ansehen der Person wird verfahren werden.

Feuerordnung.

Auch diese Anstalt ist merkwürdig, weil sie die ganze Stadtverfassung zeigt. Erstlich soll in den 4 Hauptquartieren die ganze Bürgerschaft sich bewafnet stellen; der kleine Rath versammelt sich nebst dem Kriegsrath auf dem Rathhaus mit dem Seitengewehr; alle Herrn Kanzelisten, Beamte, müssen ebenfalls bewafnet zu ihren Büreaux eilen, um die Archive und Kassen, auch alles was unter ihrer Aufsicht stehet, zu bewachen.

Wer bey dieser Versammlung fehlt, wird streng zur Verantwortung gezogen. Kein Bürger vom 16ten Jahr an, bis zum 60ten soll fehlen, bey Straf vom 5 Pfund Buß, oder 24stündiger Gefangenschaft. Auch wird deswegen alle Frühjahr, den ersten Sonntag im Monat März, die allgemeine Visitation der Armatur und Munition der Bürgerschaft gehalten; — jeder Bürger muß sich des Morgens um 8 Uhr auf seiner Gesellschaft stellen, und zwar gerade so, wie er bey Feuer- und Lermfällen zu erscheinen verbunden ist. —

Alle Stadtsoldaten begeben sich beym Feuerlerm auf die Hauptwache, und werden von dort aus an verschiedene Plätze kommandirt.

Die Hauptdirektion der zum Brand erforderlichen

Hülfspersonen, führt der Bauherr mit Beystand zweyer Rathsherrn, die ihm sogleich zugeordnet werden. Auch muß unverzüglich Sr. Gnaden dem regierenden Herrn Amts-Schultheiß der Rapport abgestattet werden, um das Weitere nach Umständen zu verfügen.

Es sind zum Brand eigen verordnete Brandmeister. Diese eilen sogleich dem Brand zu, und nehmen Küferknechte, Dachdecker, Steinhauer, Zimmerleute mit sich.

Die Bach- und Brunnenmeister bemühen sich gleichfalls die werkthätigste Hülfe zu schaffen; da sie die Stadtbäche schwellen und die Wasserleitungen besorgen.

Die Stadtthore werden geschlossen und die Fallbrücken aufgezogen. Wer zur Stadt herein oder hinaus muß, kann durch die kleine Thörlein gehen.

Die erste Feuersprize die auf dem Platz ankommt, erhält zur Belohnung von der Obrigkeit selbst 12 Thaler oder 9 große Thaler Recompenz; die zunächst darauf ankommt 8 Thaler oder 6 große Thaler —; die dritte aber erhält nur 4 Thaler oder 3 große Thaler.

Des Nachts werden an allen Häusern Lichter in Laternen ausgehangen, damit die Stadt zur Nothhülfe desto bequemer erhellet sey.

Jeder Bürger soll seine Knechte und Dienstbothen zur Hülfe senden.

Jährlich werden die Feuerspritzen zweymal probirt und die dazu verordnete Mannschaft exercirt.

Jedes Bürgerhaus soll einen Feuereymer haben;

alle Gesellschaftshäuser haben sie in Menge, alle öffentliche und obrigkeitliche Gebäude ebenfalls. Die Müller und Lehnrößler müssen ihre Pferde parat halten um Feuersgeräthe zu führen. Es sind auch ausser diesen, 7 ordentlich bestellte obrigkeitliche Brenn-Pferde da. Wenn es in der Stadt brennt, wird auf der Schanz ein Zwölfpfünder 4mal abgefeuert; — brennt es im Stadtbezirk, soll es 2mal geschehen.

Alle Feuerspritzen sollen lederne Schläuche von wenigstens 100 Schuh Länge haben; an denselben sollen alle meßingne Gewinde gleich seyn, damit sie im Fall der Noth zum Verlängern auch zu den andern dienen können. Es haben unsre Feuerspritzen gewisse Communikations-Schläuche, die das Wasser desto leichter in sich aufnehmen. Die Spritzen selbst sind nach dem Modell der kleinen Straßburgischen Feuerspritzen gemacht; sie sind sehr bequem zu transportiren, und können in das Innere der Häuser selbst gebracht und demontirt werden.

Zum Austragen der Geräthschaften soll man in den Bürgerhäusern Feuersäcke im Vorrath haben, wozu die Modelle im Zeughaus zu sehen sind. Auch sind eigne beeydigte Männer beordert, die alles Personale dirigiren und selbst Hand anlegen.

Wenn das Feuerhorn vom Thurm geblasen wird, so bedeutet es, daß der Brand nicht in der Stadt, sondern im Umkreis der Stadt und bis auf 2 Stunden in der Weite sey. Hingegen ist das Lermzeichen für die Stadt das Trommeln und Läuten. —

Die neueste Feuerordnung ist vom Jahr 1794.

Straßenordnung.

Als im Jahr 1744 der neue Straßenbau im Lande zu Stande gekommen war; (denn Bern war allen Kantonen der Vorgänger) so wollte die Obrigkeit, wie billig, auch den grossen Kostenaufwand sicher stellen, damit nicht nach wenigen Jahren das theure und mühsam ausgeführte Werk wieder in Verfall und Abgang gerathe; — also setzte sie durch ein Straßen-Reglement fest: „Es soll ein beständiger Weg-Inspektor in jedem Dorfe seyn; Es sollen keine Bäume und Häge zu nahe an die Straße gepflanzt werden, damit nicht der Schatten die Trockene verhindere; auf Straßen die durch Wälder gehen, soll wenigstens 25 Schuh breit von jeder Seite der Straße kein Gesträuch geduldet werden; auf Landgütern die an der Straße liegen, soll kein Baum näher als 12 Schuh vom Zaun entfernt gesetzt werden; das Gesträuch, so heranwächst und Schatten auf den Weg wirft, soll fleißig abgeschnitten werden; man soll keinen Schutt auf die Straße werfen; von den Aeckern und Bauten keinen Abwurf dahin führen, keine Reiser, keine Schorrhaufen, es sey so wenig oder so viel es wolle, darf gelitten werden; wer die Straße freventlich beschädiget, soll 50 Pfund Strafe zahlen, und nach Umständen stehet Züchtigung am Leibe und Gefängniß darauf. Alle Jahre zweymal, im Frühling und Herbst, sollen die Karren und Fuhrgleise von den Wegmachern ausgefüllt, die Straße wieder frisch überworfen und geebenet werden, wozu eigene Leute angehalten und die Gemeinden und Landvögte zur Aufsicht bestellt seyn sollen. —

Jedes Dorf soll seinen eignen Wegmeister haben; ihm soll die besondere Aufsicht zustehen, und er ist für alle Versäumniß und Verwahrlosung verantwortlich. Bey Bestellung der Landvogteyen werden die Herrn Landvögte jeder in seinem Amt besonders instruirt, die General-Aufsicht wohl zu Handhaben; auch die Postillions sind angewiesen so bald sie irgendwo Mängel entdecken, sogleich bey der Zollkammer in Bern die Anzeige zu machen.

Das erste Weg-Reglement ist erschienen 1744, den 29ten April.

Bauernwucher.

Bey der im Jahr 1794 und 1795 und jetzt noch stets wachsenden Theurung aller Lebensmittel, welche zum Theil auch die im Ueberfluß zu Markt gebrachten Victualien betroffen, und womit die Habsucht der Bauern und ihrer Helfershelfer auch solche Articel beschwerten, welche gut gerathen, und gar nicht selten waren, als Erdäpfel, Gemüß, Erbsen, Bohnen; war es nötig ein Gesetz zu machen. Die Verkäufer wenn sie nicht theuer genug verkaufen konnten, stellten das Uebergebliebene in die Keller und Häuser der Stadt ein, bis zum nächsten Markttag. Die Polizey hat weislich verordnet, daß alle diejenigen so ihre Waaren unverkauft behalten, solche nicht ferner in der Stadt en depot lassen dürfen, sondern mit sich zurücknehmen sollen; bey Straf der Wegnahme und höherer Ahndung.

Fremder Arztneyverkauf.

Aller fremder Arztneyverkauf ist zu Stadt und Land verboten. Diejenigen, so ein neuentdecktes brauchbares Mittel vorschlagen oder zum Kauf feil bieten, müssen zuvor beym Sanitätsrath in Bern die Erlaubniß einholen. Alle reisende Operatoren, Augenärzte und Zahnärzte, Bruchschneider, und wie dergleichen Herrn Namen haben mögen, werden oft gewarnet, nicht ohne vorher erhaltene Genehmigung ihre Kunst im Kanton zu treiben. Noch in diesem Jahr (1795) ward durch eine öffentliche Bekanntmachung folgendes geschärft empfohlen.

„Da noch erst letzthin durch das Avisblatt, sowohl Arztneyen als medic. und chirurgische Hülfe angeboten worden, so wird andurch von Seiten Mrhghrn. der Sanitäts-Räthe zu jedermanns Verhalt bekannt gemacht, daß in Zukunft keine Artikel dem Berichthaus übergeben werden sollen, durch welche man dem Publikum Arztneyen oder Besorgung in medic. oder chirurgischen Fällen anbietet, der einzusetzende Artikel seye dann durch den Herrn Sanitätsrathschreiber unterschrieben, welches auf erfolgte Genehmigung Mrhghrn. der Sanitätsräthen unentgeltlich geschehen wird.„

Marktschreyer, Hausirer, Bilder- und Gemäldekrämer.

Schon in den ältesten Zeiten sind die Marktschreyer aus dem Kanton abgewiesen worden; obgleich sie von Zeit zu Zeit sich doch sehen liessen. Vor 15 Jahren sah ich selbst noch einen Hanswurst auf der Bühne in Bern öffentlich Quacksalberarztneyen feilbieten, und eine Menge Volks um ihn her. Seit dieser Zeit aber hat nicht nur in der Hauptstadt sondern auch im Kanton sich keiner mehr einschleichen können. In einer Berner-Ordnung vom Jahr 1613 stehen diese Worte: „Den Schreyern soll weder uff noch ussert den Märitten ihr Kunst us zu schryen und Gewerb zu tryben in keinem Weg gestattet sondern sie hinweg gewysen syn:„ —

Man siehet also, daß nicht bloß in den neuern Zeiten man klug dachte, es hat nur oft an dem Eifer gefehlt gute ältere Verordnungen in Uebung und im Gang zu erhalten.

So war auch in eben diesem Polizeygesetz vom Jahr 1613 weislich und gut gesagt: „Den fremden Bilderhändlern soll eingeschärft werden, daß wenn sie auf die Jahrmessen kommen — alle unnütze, üppige, ärgerliche Schriften und Gemälde meiden, denn diese sollen ihnen nicht gestattet syn uszulegen und feil zu halten, bey Strafe der Confiscation und höhe-rer Verantwortung.

Wer hat sich nicht schon oft geärgert über die sittenlosen Bilder und Gemälde welche zu verschiedenen Zeiten hier in der Stadt feil geboten, und öffentlich ausgehangen werden, die Neugierde der jungen und lüsternen Personen anzuziehen. Diese Frechheit, daß man lüsterne, muthwillige und im ganzen Sinn des Worts — scandaleuse Dinge — ohne Schaam öffentlich aushängt, zeigt viel zu auffallend den Sittenverfall an, als daß man es ungeahndet lassen könnte. Ein solches Feiltragen und Anbieten der Erfindungskraft eines muthwilligen Mahlers und Zeichners, der in irgend einer sittenlosen großen Stadt seine Originale aufsucht und unter den verdorbensten Klassen von Menschen seine Käufer und Bewunderer findet; ein solches geduldetes Commerz hat gewiß nicht den Beyfall guter Patrioten; und ihnen gebe ich diesen Wink, damit sie es nicht für zu unbedeutend ansehen, weil die Sitten dadurch stark leiden. Denn weit mehr als die sittenlosesten Bücher wirken diese Gemälde und Situationen des Kupferstechers, Mahlers und Zeichners. Er arbeitet für die Sinne weit beredter, weit anschaulicher, weit wirksamer als kein Schriftsteller es kann. Auch das gemeinste Gefühl wird erhitzt von dem Bilde, wenn es bey den Büchern nur Langeweile empfindet. Die Sinne, die Sinne — wirken allmächtig und auf alle Stände. Ungesittete Gemälde lassen einen unvertilgbaren schädlichen Eindruck zurück; der gemeinste Mensch fühlt ihn. Und darum sollte man diesem Bilder- und Gemäldehandel eine mehrere Aufmerksamkeit wiedmen und ihn nicht dem Eigennutz verdorbener Hausirer überlassen. Aber trägt man doch auch kein Bedenken seine Wohnzimmer, so gar die Wirthsstuben damit zu zieren. — Selten kommt man so gar auf dem Lande in ein Logie, wo nicht alles voll solcher Galanterien hängt! O, wehe! wehe!

Sittenmandat.

Das obrigkeitliche Mandat über die im Schwang gehenden Sünden und Laster, welches alle Jahre und zwar am ersten Sontag nach Ostern in allen Kirchen des Landes abgelesen wird, enthält die allgemeine Sittengesetze; darinn kommt auch folgende Stelle vor: „Alle abergläubische Beschwörungen des Viehes; aller Mißbrauch des göttlichen Namens bey sogenannten Zauberkünsten; alle betrügerische Segnungen; alles was zur Schwarzkunst gehört; auch alle Schatzgräbereyen und Wahrsager-Blendwerke, sind bey höchster Strafe verboten.„ —

Zinskasse für Dienstboten.

Da in den letzten Jahren viele unglückliche Bankerotte im Land ausgebrochen sind, wobey auch die Dienstboten zum Theil ihre eingelegten Gelder verlohren haben;

und diese unwissende Personen ihre Sparpfenninge immer solchen Handelsleuten gaben, die am meisten Aufsehen machten, so war die Errichtung einer Diensten-Zinskässe eine wohlthätige Anstalt der hohen Regierung. Nur für Dienstboten und arme Leute in der Hauptstadt ist dieses sehr nützliche und wohlthätige Amt gestiftet. Da können sie ihre Liedlöhne um den jährlichen Zins von $3\frac{1}{2}$ Procent einsetzen; die abgekündigten Kapitalia aber liegen zu jeder Zeit parat; so sind sie vor jedem Unfall gesichert, und ihre Zinse erhalten sie auf Tag und Stunden; die mindeste Einlage ist 30 Kronen; die höchste 60 Kronen; sonst konnte man bis auf 300 Kronen steigen. Wenn andere unter den Diensten-Namen Geld einlegen, die werden zur Verantwortung gezogen.

Die Gewichte und Maaße der Stadt Bern.

Folgendes ist gröstentheils ein Auszug der im Jahr 1770 erschienenen, von der ökonomischen Gesellschaft in Bern bekannt gemachten Beschreibung der Gewichte und Maaße der Stadt Bern, welche über das Verhältniß dieser Maaße und Gewichte (auf hohen Befehl) sehr umständliche und genaue Untersuchungen und Bestimmungen hat anstellen lassen.

Mit Auslassung desjenigen, was über die bey Untersuchung und Prüfung dieser Gewichte und Maaße gemachten physischen Proben, Abwägungen, Abmessungen und Vergleichungen in obgedachter Beschreibung enthalten ist, wird hier bloß das Wesentliche beschrieben, und mit einigen Bemerkungen und Zusätzen vermehrt.

Länge.

Der Werkschuh, der zu allen geometrischen und mechanischen Verrichtungen gebraucht wird, hat sein Urmaas an dem Klafter, von welchem unten geredet wird. Der Schuh theilt sich in 12 Zölle, der Zoll in 12 Linien, diese in 10 Secunden: er ist gleich 10 Zöllen 10 Linien des franz. königl. Schuhes; Oder wenn dieser in 1440 Secunden eingetheilt wird, so hat der Bernschuh 1300 dieser Theile.

Der Steinbrecherschuh, nach welchem die Steine aus den Steinbrüchen geliefert werden, soll halten 13 Zölle des Bernschuhes.

Das Klafter von 8 Schuhen hat sein Urmaas auf dem Rathhause. Es ist auch eines zum Gebrauche des Publikums unter dem Gewölbe des Zeitglockenthurms angeheftet. Es sollen alle Handwerker ihre Arbeit nach diesem Klafter einmessen.

Das Klafter von sechs Schuhen wird nur zu Ausmessung der Heustöcke gebraucht.

Die Ruthe hat 10 Schuhe, welcher in der Feldmessung in 10 Zölle eingetheilt wird.

Die Elle theilt sich in ½, in ¼, in ⅛ Schuh oder auch in ⅓, und in ⅙. Sie verhält sich zum Schuh wie 133 zu 72.

Die Elle ist laut Dekret vom 2ten May 1770 auf 22 Zölle 2 Linien, oder 266 Linien des Bernschuhes gesetzt. Eine eiserne Probe- oder Mutter-Elle ist zum Gebrauch des Publikums unter dem Gewölbe des Zeitglockenthurms festgemacht, und hält 1 Schuh 8 Zoll und $1\frac{10}{150}$ Secunden = Linien des franz. königl. Schuhes.

Gewichte.

Zum Verkauf aller Waaren und Lebensmittel wird das Bernpfund oder sogenannte Eisengewicht; zum Verkauf des Goldes, Silbers, der Galonen, Seiden und des Salzes, das Parisermarkgewicht; und für die Apotheker und ihre Medikamente, das medicinische Pfund gebraucht.

Aller dieser Gewichte Muttergewichte werden auf dem Rathhause verwahret.

Das Bernpfund theilet sich

in 32 Loth
das Loth in 4 Quintlin oder Quart
das Quintlin in 4 Pfenning
Das Pfund hält genau 17 Unzen, oder 9792 Gran Pariser Markgewicht.

Es ziehet also

				Parisergran
das Pfund			Parisergran	9792.
das $\frac{1}{2}$ lb.	16 Loth			4896.
das $\frac{1}{4}$ lb.	8 Loth			2448.
das $\frac{1}{8}$ lb.	4 Loth			1224.
	2			612.
	1			306.
	=	$\frac{1}{2}$	oder 2. Quintlin	153.
	=	$\frac{1}{4}$	oder 1. Quintlin	$76\frac{1}{2}$
	=	$\frac{1}{8}$	oder 2. Pfenning	$38\frac{1}{4}$
	=	$\frac{1}{16}$	oder 1. Pfenning	$19\frac{1}{8}$
	=	$\frac{1}{16}$	oder oder Pfenning	$19\frac{1}{8}$
Loth 32			Gran	9792.

100 Pfund machen den Centner.

100 Pfund Berngewicht sind gleich $106\frac{1}{4}$ Parisermarkgewicht.

Das Parisermarkgewicht theilet sich nach französischem Fuß:

livres					
2	marcs				
16	8	onces			
128	64	8	gros		
384	192	24	3	den.	
9216	4608	576	72	24	grain

Nach hiesigem Fuß:

die Mark in Loth	16
das Loth in	4 Quintlin.
das Quintlin in	4 Pfenning.
der Pfenning in	18 Gran.

100 Pfund machen den Centner.

100 Pfund Parisermarkgewicht sind gleich $94\frac{3}{17}$ lb. Eisen = oder Berngewicht.

Die medicinische oder sogenannte Apothekergewichte theilen sich

in	12 Unzen. ℥
die Unze ℥ in	8 Drachmen. ʒ
die Drachme ʒ in	3 Scrupel. ℈
ein Scrupel ℈ in	20 Gran. gr.

und hält genau französische Gran 6715, oder 11 Unzen 16 den. 3 Gran poids de marc.

Es ziehen also

		Parisergran
6	Unzen	$3357\frac{1}{2}$
3	Unzen	$1678\frac{3}{4}$
1	Unze	$559\frac{7}{12}$
4	Drachmen	$279\frac{19}{24}$
2	Drachmen	$139\frac{43}{48}$
1	Drachme	$69\frac{91}{96}$
1	Scrupel	$23\frac{91}{288}$
1	Scrupel	$23\frac{91}{288}$
10	Gran	$11\frac{379}{576}$
4	Gran	$4\frac{3820}{5760}$
3	Gran	$3\frac{2865}{5760}$
2	Gran	$2\frac{1910}{5760}$
1	Gran	$1\frac{955}{5760}$
12	Unzen	französisch Gran 6715.

Flüßige Dinge.

Der Wein und andere Getränke werden nach der Pinte oder Maas gemessen, welche laut obrigk. Decret vom 2ten May 1770 auf $114\frac{47}{100}$ Berner-Cubikzölle festgesetzt sind, und deren Muttermaas auf dem Rathhaus verwahrt wird.

Diese $114\frac{47}{100}$ Berner-Cubikzölle betragen 84[illegible] französische Cubikzölle.

100 Bern-Maas machen einen Saum, welcher folgende Abtheilungen hat:

						Bernzölle.	Pariserzölle.
Saum						11447	8425
4	Brente					$2861\frac{75}{100}$	$2106\frac{25}{100}$
100	25	Maas				$114\frac{47}{100}$	$84\frac{25}{100}$
200	50	2	½ Maas			$57\frac{23}{100}\frac{1}{2}$	$42\frac{12}{100}\frac{1}{2}$
400	100	4	2	Viertel		$28\frac{61}{100}\frac{3}{4}$	$21\frac{6}{100}\frac{1}{4}$
800	200	8	4	2	½ V.	$14\frac{30}{100}\frac{3}{8}$	$10\frac{53}{100}\frac{1}{8}$

Eine Maas Soodwasser wiegt 3 Pfund und 6 Unzen 12 den. 9 Gran Markgewicht, oder 3 Pfund 6 Loth 2 Quintlin $1\frac{45}{71}$ Pfenning hiesiges Gewicht.

Trockene Früchte.

Das Maas zu dem Getraide aller Arten, ausser Reis, so beym Pfund verkauft wird, auch zu Kartoffeln, grünem und gedörrtem Obst, ist das Mäs, dessen cubischer Halt laut obrigkeitl. Dekret vom 23ten Merz 1774 auf 960 Berner-Cubikzoll gesetzt ist, welche $706\frac{14}{168}$ franz. Cubikzölle machen.

Das doppelte oder große Mäs, mit welchem an verschiedenen Orten des Kantons die obrigkeitl. Gefälle an Zehenden, Bodenzinsen und dergleichen gemessen werden, soll $1996\frac{4}{5}$ Berner-Cubikzölle halten, mithin genau 4 Procent stärker seyn als das obgedachte einfache oder ordinäre Mäs; 50 große oder doppelte Mäs geben demnach 104 einfache.

Seit vielen Jahren befindet sich zum Gebrauch des Publikums unter der Halle des großen Kornmagazins ein Mütt von 12 Bern. Mäßen in hartem Stein in der Form eines Cilinders, eingehauen.

Das Mäs wird für das Getreide bestrichen, hingegen beym Obst, Kartoffeln, gehäuft gemessen und verkauft.

Die Abtheilungen der Fruchtmaaße sind folgende:

						Berner''	Pariser''
Mütt						11520	$8476\frac{8}{100}$
12	Mäs					960	$706\frac{34}{100}$
24	2	½ Mäs				480	$353\frac{17}{100}$
48	4	2	Imi			240	$176\frac{53}{100}\frac{1}{2}$
96	8	4	2	8terli		120	$88\frac{29}{100}\frac{1}{4}$
192	16	8	4	2	16nerli	60	$44\frac{14}{100}\frac{5}{8}$

Es wäre zu wünschen, daß zwischen der Maas zu flüßigen Sachen und dem Kornmäs ein natürlicheres oder schicklicheres Verhältniß angenommen, und die Maas zu Flüßigkeiten genau auf 12a

Berner-Cubikzölle festgesetzt würde; welches den achten Theil des Kornmäses von 960 Cubikzoll ausmacht; alsdann würden 8 Maasse gerade ein Mäs geben.

Auf gleichen Fuß könnte auch die Elle genau auf 2 Bernschuh gesetzt werden, welche 260 französische Linien betragen; 2 solcher Ellen würden dann beynahe einen Parisersstab oder Aune (welche eigentlich genau 526½ französische Linien lang befunden worden) ausmachen, und 3161 doppelte Berner-Ellen würden alsdann 3120 Parisersstäbe geben, mithin würde die doppelte Berner-Elle nicht gar 1⅓ Procent kleiner seyn, als der Parisersstab.

Ein solches gleichmäßigeres Verhältniß zwischen Maas und Mäs, Elle und Schuh, ist schon so lang der Wunsch des grösten Theils des Publici gewesen, und auch hin und wieder von erfahrnen und sachkundigen Männern angerathen worden; und obgleich eine solche Abänderung der Maas und Elle vielen Schwierigkeiten unterworfen zu seyn scheint, so würden solche wohl zu überwinden seyn, wenn man sich die Sache mit Ernst wollte angelegen seyn lassen.

Man könnte zu Abänderung unserer Elle und Maas eine Zeit von etwa 3 oder 4 Jahren festsetzen, und hohen Orts dekretiren, daß der Gebrauch der neuen Maas und Elle mit dem 1ten Januar 1799 oder 1800 seinen Anfang nehmen soll. Ein jeder Privatmann hätte sodann Zeit genug sich dieselben bekannt zu machen und anzuschaffen.

Verschiedene Lebensmittel.

Brod. Die Pfister (Becker) sollen dasselbe nach der ihnen vorgeschriebenen Ordnung vom 14ten Febr. 1774 bey dem Gewicht verkaufen; nämlich wenn der Mütt Dinkel (Spelz) 60 Bz. gilt, so soll das 2 Kreuzer-Mütschlein (Brödlein) 19 Loth wägen: gilt der Mütt nur 30 Bz. so soll es 35 Loth wägen: gilt er aber 120 Bz. nur 9 Loth; nach diesem Verhältniß steigt und fällt auch das Gewicht nach dem Zwischenpreise des Mütts. Der Herr Ohmgeldner der Stadt soll einigemal des Jahrs zu unbestimmten Zeiten den Umgang bey den Beckern halten, um zu sehen, ob das Brod das behörige Gewicht habe; die Uebertreter aber mit Konfiscation des Brodes und einer Busse bestrafen.

Salz wird beym Markgewicht verkauft, es sey Pfund- oder Centnerweise.

Obst verkauft sich bey der Hutte, deren Innhalt unten soll gezeigt werden; im Kleinen aber und Gedörrten bey dem gehäuften Kornmäse.

Honig und **Oel** werden beym Weinmaas verkauft.

Oel, das feine, oder Olivenöl, beym Pfund.

Milch wird im Kleinen bey dem Becher, so ein halb Viertel hält, verkauft; im Grossen aber bey der Milchmaas, welche fünf Viertel der Weinmaas hält. Also sind 100 Milchmaas gleich 125 Weinmaas.

Heu wird bey dem 6 schuhigen Klafter gemessen; hält also das Klafter 216 Cubikschuhe; von einem grossen festgesessenen Futterstocke von 50 bis 80 Klafter, wiegt das Klafter 9 bis 10 Centner Berngewicht; von einem kleinen Futterstocke aber nur 7 bis 8 Centner.

Stroh wird bey der Bürde oder Bund verkauft; welche 16 bis 17 hiesige Pfunde wägen sollen.

Brenn- Materialien.

Holz, soll laut der Ordnung vom 9ten Febr. 1787 beym Klafter verkauft werden: das Klafter soll lang seyn 6 Schuhe, hoch 5 Schuhe; das Holz oder Scheit $3\frac{1}{2}$ Schuh lang. Hält also das Klafter 105 hiesige, oder $77\frac{25}{100}$ französische Kubikschuhe.

Turben oder Torf, soll laut Ordnung von 1760 bey dem Wagen verkauft werden: dieser soll halten an Länge 17 Schuhe: die Breite auf dem Boden 2 Schuhe, oben 3 Schuhe: die Nebenwände hoch 2 Schuhe. Also hält der Wagen 85 hiesige Cubikschuhe.

Kohlen. Dafür ist kein bestimmtes Maas, sondern selbige werden beym Sacke verkauft, welcher ungefehr $5\frac{1}{2}$ Cubikschuh hält, oder beym Wagen, der ungefehr 11 bis 12 Wannenkörbe hält: dieser hält 8 hiesige Cubikschuhe, also der Wagen 88 bis 96 Cubikschuhe.

Steinkohlen werden beym Centner hiesigen Gewichts verkauft.

Bau-Materialien.

Sandsteine beym Fuder, welches 16 Schuhe Steinbrechermaas hält, der Schuh zu 13 Bernzöllen: also hält das Fuder $20\frac{34}{100}$ hiesige Cubikschuhe.

Bruchsteine beym Fuder, welches auch 20 bis 21 hiesige Cubikschuhe hält.

Sand bey der Benne, deren Mäs unten wird gezeigt werden.

Kalk wird nach der den 25ten Augustmonats 1770 im Bauamte gemachten Verordnuug in Fäßlein verkauft. Der Kalk wird zuerst in einer dazu bestimmten und mit dem Stadtwappen gezeichneten Kiste gemessen, welche $2\frac{1}{4}$ Schuh lang, 2 Schuh breit, und $2\frac{1}{4}$ Schuh hoch ist, also daß das Fäßlein ungefehr $13\frac{1}{2}$ hiesige Cubikschuhe halten soll, oder 10 französische Cubikschuhe.

Gyps beym Fäßlein, welches 7 Brenten oder 21 gehäufte Mäße geriebenen Gyps hält, oder $14\frac{7}{8}$ hiesige Cubikschuhe. Dieses Maas ist im Jahr 1743 bestimmt worden.

Gebackene Steine und Dachziegel, davon die Formen oder Modelle bey dem Bauamte liegen *).

	lang.	breit.	dick.
Kaminsteine	10''	4''8'''	2'' 6'''
Mauersteine	14''	7''	2'' 2'''
Dachziegel	17''6'''	7''	10'''

*) ' Bedeutet Schuh, '' Zoll, ''' Linien.

	lang.	breit.	dick.
Dachziegel auf d. Seite	14″6‴		
Hohl- oder Forstziegel	15″9‴	7″3‴	9‴
= = am kleinen Ort		6″	
Besetzplatten	10″	10″	1″ 6‴

	lang.		breit.		dick.	
Dachlatten	30′	=	2″6‴		1″6‴	
Doppellatten	30′	=	3″6‴		3″6‴	
Gartenlatten	30′	=	5″	=	1″6‴	
Laden	30′	=	=	=	2″	=
Boden- oder Falzläden	30′	=	=	=	1″6‴	
Täffelladen	30′	=	=	=	1″3‴	
Schindlen, tannige gevierte an dem Bund sind 200)	15″	=	3″6‴ bis 4″			
= = = eichene runde an dem Bund sind 100)	9″		3″6‴			

	lang.	breit.	dick.
Zaunlatten	35′ bis 50′	4″ bis 5″	1″ bis 1″6‴
Zaunschenen	8′ bis 12′	4″ bis 5″	1″
Zaunstecken	6′		1″6‴
Weinstöcke	6′ bis 10′	4″ bis 5″	4″ bis 5″
Gartenstangen	6′ bis 18′		1″ bis 1″6‴

Fuhrwerk.

Schnellbenne auf 2 Rädern, ist im Boden inwendig lang 4′7″ oben lang 4′9″ am vordern Theil auf dem Boden breit 18″ von hinten 19″ oben in der Mitte breit 2′ 2½″ tief 15 Zölle: hält also 11 hiesige Cubikschuhe.

Stoßbenne (Schubkarren) ist im Boden inwendig lang 23″ von vornen her breit 18″ hinten breit 16″ tief 11″, hält 2½ cubische Schuhe; weilen aber selbiger an der vordern Seite offen ist, so kann mehr nicht als ungefehr 2 Cubikschuh darein geladen werden.

Hutten (Traghoten), welche zum Obstverkauf gebraucht werden, halten 2½ hiesige Cubikschuhe, oder 3 volle Mäse Obst.

Feld-Maaße.

Juchart (Morgen). Diese hat kein bestimmtes Maas, wird aber insgemein auf folgende Weise berechnet: die

Holzjuchart für	Schuhe	45000
Ackerjuchart		40000
Matten- oder Wiesenjuchart		35000
kleinere		32000
kleinste 50 Schritte breit und 100 Schritte lang, der Schritt à 2½ Schuh		31250

Auch hier wäre zu wünschen, daß durch den ganzen Kanton durchaus eine gleiche Messungsart, für Acker, Wiesen, Reben und Waldung ohne Unterschied, von hohem Ort aus für ein- und allemal festgesetzt würde. Die schicklichste Messung scheint das Quadrat von 40000 Schuh zu seyn, dessen Wurzel 200 Schuh ist; auch müßte dabey kein anderes Fuß- oder Schuhmaas gebraucht werden können, als einzig und allein der Bernschuh.

Metall-Proben

welche mit dem B. oder dem Stadtwappen als dem Stadtzeichen gestempelt werden sollen:

Gold in der Goldarbeiterey 18 karat fein.
6 karat Zusatz.

Silber 13 Loth feines, 3 Loth Zusatz,
oder nach französ. Manier 9 den. 18 gr. fein.
2 den. 6 gr. Zusatz,
von Kupfer.

Zinn, 4 lb. fein,
1 lb. Zusatz von Bley.

Ehrene Geschirre, 1 Centner Kupfer, 20 Pfund Zinn.

Geld.

Geld- oder Münzfuß der Republik Bern, ist nach dem Jahr 1755 bestimmten Tarif, in welchem alle Gold- und Silbersorten nach dem Werthe der feinen Mark gewürdiget worden sind.

Gold, die feine Mark 206 Kronen 10 Batzen, oder hiesige Franken 516.

Silber, die feine Mark 14 Kronen 10 Batzen, oder hiesige Franken 36. Also ist das Verhältniß der beyden Metallen wie 1 zu 14⅓.

In der Münzstadt in Bern werden folgende Geldsorten fabricirt:

Gold. Dukaten à 23½ Karat Gewicht 65 Gran.

Seit 1793 werden auch Dublonen ausgemünzt, von gleichem Korn wie die französischen Schild-louisd'ors, und an Gewicht 143 französische Gran haltend, à Kr. 6 = 10. Bz.

Silber.	10 Bz. Stück, Gewicht	30 1/2	zur Mark.
	5 Bz. Stück, Gewicht	55	zur Mark.
	10 Kzer Stück, Gewicht	110	zur Mark.

Jetzt (1795) sind auch Neue Thaler zu 40 Bz. ausgemünzt worden.

Scheidmünzen.	Ganze Batzen	103	zur Mark.
	halbe Batzen	130	zur Mark.
	Kreuzer	240	zur Mark.
	1/4 Kzer oder Vierer	400	zur Mark.

Unsere wirkliche Geldsorten sind nach jetzigem Münzfuß:

Dukaten	zu	7 L. oder 2 Kronen 20 Bz.
Zehenbatzenstück	zu	40 Kreuzer.
Fünfbatzenstück	zu	20 Kreuzer.
Zehnkreuzerstück.		
Ganze Batzen	zu	4 Kreuzer.
Halbe Batzen	zu	2 Kreuzer.
Kreuzer.		
Vierer oder 1/4 Kreuzer.		

In den Jahren 1755 und 1777 sind alle fremde Espéces theils verboten, theils abgewürdiget worden. Da man aber die neuen Louisd'ors und Federthaler in einem etwas höhern Preise als der Pari gewürdiget hat, so sind alle fremde Espéces aus dem Lande gewichen, und siehet man in hiesigen Landen wenig andere mehr, als

Französische Louisd'ors oder Schilddublonen zu 16 L. oder 160 Bz. welche geben 6 Kr. 10 Bz.
Ganze Laub- oder Federthaler, zu 4 L. oder 40 Bz.
Halbe Federthaler, zu 2 L. oder 20 Bz.

Ideale Gelder:
so nur zur Rechnung dienen:

Thaler	von 30 Bz.	
Cr. Kronen	von 25 Bz.	
L. Franken	von 10 Bz.	
lb. Pfund	von $7\frac{1}{2}$ Bz. oder 30 Kreuzer.	
ß. Schilling	von 20 auf ein Pfund.	
d. Pfennig	von 12 auf einen Schilling.	

In dem Aergäu rechnet man auch öfters nach Gulden, deren jeder 2 lb. ausmacht.

Die Münzkammer hat die Aufsicht über die Gold = Silber = und medicinische Gewichte, und läßt dieselben durch ihren bestellten Fecker prüfen.

Die Ohmgeld = oder Weinkammer hat die Aufsicht über die Eisengewichte; die Pinten und Mäße trockener Früchte und die Milchbecher; sie läßt solche durch den bestellten Mäß = und Gewichtfecker prüfen.

Das Salzgewicht, steht unter der Aufsicht der Salzdirektion, welche selbiges auch durch den bestellten Mäs = und Gewichtfecker prüfen läßt.

Die Elle wird an den Märkten von einem Ausgeschossenen der Kaufleutenzunft geprüft.

Nach der bestimmten Beschaffenheit unsrer Gewichte und Maaße kann mau leicht eines durch das andere berechnen, und auch das Verhältniß anderer Länder gegen die unsern finden.

Damit aber ein jeder diejenige Basis wisse, nach welcher dergleichen Prüfungen können angestellt werden, so wollen wir bemerken, daß ein cubischer Schuh Bernmaas vom Soodbrunnenwasser in temperirter Wärme 102 Mark, 6 Unzen 22 den.

12

12 Gr. poids de marc wiegt; — oder 48 Pfund $13\frac{1}{17}$ Loth Eisengewicht.

An distillirtem Regenwasser 102 Mark, 5 Unz. 19 den. $19\frac{1}{4}$ Gran.

Nach Herrn Belidors Berechnung wiegt der französische cubische Schuh an Soodwasser 69 Pfund $14\frac{46}{100}$ Unzen, oder 65 Pfund $25\frac{1}{2}$ Loth Eisengewicht, und an Regenwasser 69 Pfund $11\frac{58}{100}$ Unzen.

Es hat eine halbe Unze Soodbrunnenwasser $1814\frac{22}{100}$ hiesige, oder $1335\frac{72\frac{1}{2}}{100}$ französische cubische Linien, und eine halbe Unze distillirtes Regenwasser ist gleich $1816\frac{8}{100}$ hiesigen, oder $1336\frac{75}{100}$ franz. kubischen Linien. Hat man nun ein mit dergleichen Wasser gefülltes Gefäß gewogen, so kann man seinen cubischen Innhalt finden.

Eben so leicht kann man aus dem bekannten cubischen Innhalte das unbewußte Gewicht finden; da ein Bernduodecimalzoll an Soodbrunnenwasser $274\frac{10}{12}$ Gran, an distillirtem Regenwasser $274\frac{1}{12}$ Gr. der franz. Duodecimalcubiczoll an Soodwasser $372\frac{82}{100}$, und an distillirtem Regenwasser $372\frac{44}{100}$ Gr. wägen.

Noch verdient bemerkt zu werden, daß der hohe Stand Bern von jeher gute und feine Silbersorten ausgeprägt hat, und er ist die Ursache, daß auch die benachbarten Kantone besseres Geld in Cours zu setzen sich bestreben, als es in vorigen Zeiten bey ihnen nicht üblich war. Mit großem Nachdruck verbannte der Kanton Bern die im Lande eingebrachten elenden Geldsorten von den Schweizerkantonen und dem Auslande. Im Jahr 1731 stellte die Regierung eine eigene Geld-Veräußerungs-Commißion auf; lies alles fremde schlechte Geld einwechseln, und zahlte neugeschlagene Landschafts-Münze dagegen. Hunderttausend Thaler wurden dazu bestimmt, diesem Landverderblichen allgemeingewordenen Uebel zu steuren. Das fremde schlechte Geld ließ man durch Partikularen wieder über das Gebiet mit Verlust hinausschaffen. Der Erfolg entsprach doch noch nicht ganz der Absicht. Bald kamen wieder diese schlechte Gelder zum Vorschein, und die ernstlichsten obrigkeitlichen Ermahnungen hatten abermals keine lange Dauer. Im Jahr 1750 nahm die Regierung diese Angelegenheit nochmals vor, sie setzte allen ihren Ernst darauf und bestimmte große Summen die Einwechselung zu veranstalten: nach unablässigem strengen Aufsehen ward endlich das Uebel entfernt. Die Landmünze wurde überall gesucht und angenommen, keine Zahlung war gültig, die nicht in solcher geschah, nur allein die französischen großen und kleinen Thaler wurden für gut und Landcoursirend geschätzt; alle fremde kleinere Geldsorten waren verbannt: Allein gültig waren die von Bern selbst ausgeprägte Batzen, halbe Batzen; Zehenkreuzerstücke, 5 Bz. und 10 Bz. Stücke, und nur sehr wenige 15 Bz. Stücke. Noch jetzt siehet man keine andere kleine Münze als diese.

Kunstsachen. Gemälde. Alterthümer. Münzkabinette.

(Man sehe den 1ten Theil von Seite 201 bis 226.)

Es ist kein einziges eigentliches Gemähldekabinet in Bern, aber viele Partikularen besitzen theils in der

Stadt, theils auf ihren Landhäusern, mehr oder weniger, zum Theil sehr schöne Gemählde der besten Meister.

Herr Seckelmeister Stettler, Herr Venner Fischer, Hr. Fischer von Wangen, älter, Hr. Fischer von Oberried, Hr. von Büren von Vaumarcus, Herr Hauptmann von Sinner von Clendi, Herr Ober-Commißarius Wyß, Hr. Hauptmann von Mülinen, Herr Landvogt von Muralt von Bipp, Herr Oberherr von Grafenried von Kersatz, Herr von Frisching von Rümlingen, Herr Landvogt von Sinner von Yverdon, Herr Landvogt Fischer von Yverdon, Herr Schultheiß von Wattenwyl von Nidau, Herr Hauptmann Tillier von Interlaken, u. a. m. sind alle im Besitz zum Theil vieler, zum Theil weniger guter Gemählde.

Auch sind die meisten Häuser in Bern mit vortrefflichen Gemählden und Kupferstichen ausgeschmückt, die theils von Nationalkünstlern verfertiget, theils aus Italien geholt worden. Vorzüglich siehet man auf historische Gemählde und Landschaftsstücke. Aber ein Vergessen der Polizey scheint es zu seyn, daß man in den öffentlichen Gemählde-Magazinen, wo immer neue Stücke zu Kauf ausgeboten werden, viele obscene, scheußliche, sittenlose und schandbare Stellungen und Figuren öffentlich duldet; besonders zur Marktzeit, um die Vorübergehenden anzulocken, die jungen Leute zu belustigen. Die gesitteten Menschen aber, besonders das wohlerzogene Frauenzimmer ärgert sich daran, und macht es zu erröthen und nöthiget es sich mit Eile zu entfernen.

Mahler, Zeichner und Kunsthändler von solcher Art, sind die Kuppler der Wollust; die Schande der Zeit, und sie sprechen Hohn den guten Sitten.

Der Mahler Stunz zu Arlesheim, und M. La Rive zu Genf, haben beyde viele schöne Landschaften des Bernerkantons gemahlt. Sie verdienen also hier vorzüglich eine Stelle. —

Aberli hat mit seiner bekannten Geschicklichkeit verschiedene Kleidertrachten des Kantons Bern in angenehmen und sehr guten Zeichnungen vorgestellt. —

(Zu pag. 226 des 1ten Theils). Von dem ganzen Pays de Vaud hat man sehr artige Reliefs von Herrn Exchaquet, welche ehmals zu Genf in Porcellan gemodelt worden, und die ganze Gegend um den Genfersee, von Grandson an bis an den Montblanc, und von Fort de l'Ecluse bis über Sitten hinein, sehr treu vorstellen. Sie kosteten zwey Louisd'or.

(Pag. 221 zum 1ten Theil.) Zum Verzeichniß der Zenzischen Sammlung müssen folgende beygefügt werden, von welchen ein großer Theil durch den geschickten Künstler Rosenberg sind gemahlt worden.

26. Monument érigé à la gloire des fondaturs de la Liberté Helvetique sur le Lac de Lucerne.

27. Lac & ville de Thun, avec la riviere de l'Aar, prise à vue d'oiseau depuis la terrasse du chateau.

28. Vue de l'Hospice & de la chapelle des Capucins au haut du St. Gotthard. Dem Pabst dedicirt mit der Inschrift: Summo Pontifici summum templum.

29. Vue d'un Pont sur l'Aar, dans le Canton de Berne. Ist eine Brücke auf der Grimselstraße.

30. Vue d'une partie du pays de Hasle contre le Reichenbach, prise depuis le vieux chateau de Kesti.

31. Cascade du Rhin près de Schafhouse.

32. Chapelle de Guillaume Tell sur le lac des quatre Cantons, wo Tell aus dem Schiffe gesprungen ist.

33 Vue de la chapelle de Guillaume Tell, dans le Canton de Schweiz. Wo Tell den Landvogt erschossen hat.

34. Vue du Village de l'Hospital dans la Vallée d'Ursern.

35. Glacier inférieur de la Vallée du Grindelwald.

36. Glacier supérieur de la même Vallée.

37. Vallon de Lenk & Glacier du Räzliberg.

38. Glacier de Rosenlaui dans le pays de Hassli. An der Straße über die Scheideck.

39. Vue des environs du Lac de Thun, prise depuis Thierachern, durch Studer gezeichnet.

40. Plan des Montagnes & Glaciers des vallées du Lauterbrunn & du Grindelwald. Ist aus Gruners Eisgebirgen copirt.

(Zu pag. 224.) Von Eichler kann billig angebracht werden, daß er die schönen Karten von den Meyerschen Reliefs gravirt, und schon ein gutes Stück davon vollendet habe.

Nahls Kunstwerk zu Hindelbank, soll auch in einem Buch über die Merkwürdigkeiten unsers Kantons nicht fehlen. Wir holen also hier die Beschreibung nach; und da ohnehin die Steinart, worinn es gearbeitet ist, nicht für die lange Dauer sichert, so soll doch wenigstens auf die Nachwelt kommen, was die Zeitgenoßen bey der Künstler-Idee empfunden und bewundert haben. Hirschfeld schrieb vor 30 Jahren, da das Werk noch frisch war, folgendes: „Es befindet sich nicht weit von Bern in der Kirche zu Hindelbank ein treffliches Werk der Bildhauerkunst das ich etlichemal mit Bewunderung betrachtet habe, und viele Fremde zu demselbem eine kleine Lustreise machen. Es bestehet in einem Grabmal in Stein, das ein Schwede, Namens Nahl, verfertigt hat, und worunter eine in ihrem ersten Wochenbette gestorbene Gattin des Pfarrers zu Hindelbank ruhet. Der Künstler hatte viele Achtung gegen sie, und setzte ihr das Denkmal zum Beweis seines Schmerzes, und nicht aus Eigennutz. Sie war eine Person, die Tugend mit ihrer Schönheit vereinigte. Sie starb am ersten Ostermorgen. Dieser Umstand gab dem Künstler die Idee, die Verstorbene in dem Moment einer Wiederauferstehenden vorzustellen. Der Stein, der das erhabene Grab bedeckt, ist zerborsten, und wird von der Bemühung, die der wieder belebt werdende Körper gegen denselben anwendet, in die Höhe und von einander gehoben.

Durch den Riß sieht man die Wiederaufstehende, die ihr Kind im Arme hält, das ebenfals wie die Mutter emporstrebt. Man kann sich nichts Feyerlicheres und Rührenderes denken, als in dieser ganzen Vorstellung liegt. Das unschuldige Kind, in den Armen seiner Mutter, mit welcher es gestorben, mit welcher es wiederum erwacht; der Ausdruck der Freude und Hofnung in dem Gesicht der Mutter, das mit der größten Aehnlichkeit und mit einer meisterhaften Kunst gebildet ist; ihr Bestreben, die Decke des Grabes wegzuheben; die Größe der Ideen, die dadurch bey dem Zuschauer erwachen, und das Interesse, das ein jeder Mensch daran hat — alles dieses vereinigt sich, die Seele in die lebhafteste Bewegung zu setzen. Diese wird nicht wenig durch eine Aufschrift vom Herrn von Haller unterhalten, die auf dem Stein eingegraben ist:

Horch! die Trompete schallt, ihr Klang dringt durch das Grab;
Wach auf, mein Schmerzenssohn, wirf deine Hülsen ab,
Dein Heiland ruft dir zu; vor ihm flieht Tod und Zeit,
Und in ein ewig Heil verschwindet alles Leid.

Auch Hr. Wieland hat dieses Werk, von dem er sagt, daß es nicht bloß das Meisterstück des Künstlers, sondern der Triumph der Bildhauerkunst sey, in seinem Gedicht über die Natur oder die vollkommenste Welt gepriesen.

Seht, wie vom Donnerton des Weltgerichts erweckt,
Durch den zerrißnen Fels, der dieses Wunder deckt,
Die schönste Mutter sich aus ihrem Staub erhebet,
Wie den verklärten Arm Unsterblichkeit belebet!
Wie bebt von seinem Stoß der leichte Stein zurück!
Wie glänzt die Seligkeit schon ganz in ihrem Blick!
Ihr triumphirend Aug, im heiligen Entzücken,
Scheint den enthüllten Glanz des Himmels zu erblicken;
Der Seraphinen Lied rührt schon ihr lauschend Ohr;
Ein junger Engel schwebt an ihrer Brust empor;
Und dankt ihr jetzt zuerst sein theurerkauftes Leben.
Der Wandrer siehts, erstaunt, und fromme Thränen beben
Aus dem entzückten Aug: er siehts, und wird ein Christ,
Und fühlt mit heilgem Schaur, daß er unsterblich ist.

Römische Alterthümer findet man in unserm Kanton auch zu Bürglen; Ins; Stauden und Triben im Amt Nidau, wo vormals das alte Petenisca gestanden; und wo die alte römische Heerstraße von Aventicum nach Solodurum, (Solothurn) noch immer zu sehen ist. Merkwürdig ist dieser ganze Landesstrich; viele römische Münzen sind daherum ausgegraben worden, vorzüglich im Amt Fraubrunn. Ausser Aventicum ist das Minidunum (deutsch Milden) noch vorzüglich an Alterthümern reich. Die Hauptstadt in unserm Kanton aber, von den alten Römern gebaut, bleibt immer Aventicum;

heut zu Tag ein kleines Landstädtchen auf dem Weg nach dem Pays de Vaud. Die beste Beschreibung des vormaligen vermuthlichen Zustandes dieses Hauptortes, und seiner heutigen unbedeutenden Gestalt, lieferte vor einigen Jahren Herr Architekt Ritter von Bern. Es ist uns ein Vergnügen seine wenig bekannt gewordene Schrift hier näher zu schildern; der Titel ist: Mémoire abrégé & Recueil de quelques Antiquités de la Suisse, avec des Desseins levés sur les lieux, depuis 1783, par M. Ritter, Intendant de L. L. E. E. & Directeur à la Douanne à Berne; Architecte &c. &c. Berne 1788. Nebst 8 Blatt Kupfer, architektonische Zeichnungen von Ruinen.

Von den Alterthümern Wiflisburgs (Avanches) findet man in verschiedenen Büchern Nachricht, aber keine that dem Kunstkenner Genüge; denn es haben meistens nur bloße Liebhaber, ohne selbst Alterthumskenner zu seyn, davon Meldung gethan; und noch gar nicht ein eigentlicher Bauverständiger, wie Herr Kaufhaus-Verwalter Ritter, der selbst ein geschickter Zeichner und Architekt, dabey ein Mann von weitläufigen literarischen historischen Kenntnißen ist. Mit einem neuen Forscherblick hat er diese Ueberbleibsel viele Wochen lang untersucht, und er giebt in oben angezeigter Schrift, sein Befinden der alten römischen Lagerstadt Aventicum. Er bemerkt, daß die Stadt nicht von gar grossem Umfange müsse gewesen seyn, denn das Terrain erlaube keine Ausdehnung. Tempel, Bäder, Monumente, die im äussern Kreis lagen, mögen die Hauptsache gewesen seyn. Das alte Mauerwerk, die Dichtigkeit, Festigkeit, und die Güte des Kalks, die gute Wahl des Sandes und der Steinart zu den Gebäuden, welche aus der Nachbarschaft von Neuenburg und über den Murtersee dahin müssen gebracht worden seyn — verdienen unsere Bewunderung. Man pflügt und baut jetzt auf dieser verschütteten Stadt. Ein altes Stück Säule mit Gemäuer (Cicognier genannt) ist 37 Fuß hoch, oben ist noch ein Stück von Architraben; Herr Ritter erkennt daran die Corinthische Bauordnung. — Die Mosaiken, wovon Stücke zu Bern in Verwahrung liegen; bestehen aus einem grauen Sandstein; die Würfel aber sind von ungleicher Größe, sie waren in einen Kütt von Kalk und pulverisirtem gelben Stein mit Leinöl eingemacht; und der Grund ruhet auf einem Ciment von zerstampften Ziegeln von mehrern Lagen. — Er fand auch Würfel, die glasirt waren. Die gelbe, rothe und schwarze Farbe hat sich am besten erhalten. Ein Gewölb das gemahlte Wände hat; ein Bad, wo die Treppen mit Marmor besetzt sind, beschreibt Herr R. Er zeigt auch die ausserordentliche Kunst des Marmorsägens, da zu der Römer Zeiten der Marmor nicht mit Wassersägmühlen geschnitten worden, wie heut zu Tag. Eine Menge guter Bemerkungen über die Sculptur der Alten machen dieses Werk noch schätzbareres; kostet 1 Rthlr. mit 8 Kupfertafeln bey Herr Ochs. Vielleicht ist manchem Fremden mit dieser Kunstanzeige gedient, daher wir etwas umständlich waren.

Münzcabinette.

Die öffentliche Münzsammlung war vor 10 Jahren noch nicht sehr beträchtlich, und bestund meistens aus Antiken. An Modernen waren nur wenige Stücke da. Seidem aber das ehemals Hallerische: (des verstorbenen Herrn Landvogts von Neus und Verfassers des Buchs: Schweizerisches Münz- und Medaillenkabinet, worinn über viertausend Münzen aus der ganzen Eidgenoßschaft beschrieben sind, und mit einigen Abbildungen im typographischen Societätbuchhandel verlegt, 2 Bände) damit vereiniget, und noch vor dem Tode des gedachten Herrn Landvogts von der hohen Obrigkeit erkauft worden; seit dem ist es ein reicher Schatz von vaterländischen Medaillen. Ein vollständiges, mit historischen und kritischen Anmerkungen begleitetes Verzeichniß der alten Münzen, hat Herr Hofschreiber Haller von Königsfelden ausgearbeitet, und sind vornemlich seine Bemerkungen über die Römischen, die er auch zuerst in eine richtige Ordnung gebracht, numerirt und ihrem Werthe nach recensirt hat, höchst interessant, da er in diesem Felde con amore arbeitet, und selbst seit 20 Jahren zu einer römischen Numismatik sammelt. Dies Verzeichniß ist schon im Jahr 1789 auf obrigkeitliche Kosten gedruckt worden, aber nicht in Handel gekommen, sondern wird von dem Herrn Oberbibliothekar an die Liebhaber ausgeliefert. Herr Haller von Königsfelden hat die Zufriedenheit der Regierung sich so damit erworben, daß er vor Räth und Burger mit 50 Neuen französischen Louisd'ors dafür remunerirt worden. Der Titel ist: Enumeratio Numismat. Vet. ein Heft von circa 10 Bogen.

Einzelne Münzkabinette in unserer Stadt und Kanton konnte am besten der sel. Herr Landvogt von Haller kennen. Er bemerkt darüber in seinem Werke folgendes:

„1. Herr Sprünglin, gewesener Pfarrer zu Stettlen, so jetzt zu nächst bey Bern lebt, hat nebst einem sehr zahlreichen Naturalienkabinet, auch eine beträchtliche Sammlung der schönsten neueren Medaillen von den vorzüglichsten Künstlern, auch verschiedene sehr seltene Stücke, die in mein Fach einschlagen. Ich habe es benutzet.

2. Herr Ith, des großen Raths zu Bern (hernach Landvogt zu Trachselwald), hat auch eine sehr reiche Sammlung von antiken und modernen Münzen

3. Herrn Mörikofers Medaillen-Sammlung verdient auch alle Aufmerksamkeit, und enthält sehr seltene Stücke.

4. Verschiedene Partikularen von Bern besitzen ganz artige Sammlungen. Es ist mir aber nicht erlaubt worden, solche hier bekannt zu machen.

5. Meine eigene Sammlung enthält nichts als Schweizerische Stücke. Sie ist, wie man es aus meiner Arbeit sehen kann, ziemlich beträchtlich, da sie an Medaillen über 500, an Goldmünzen über 200, an Silber-

münzen über 1000; und an Scheidemünzen bey 1200, also in allem über 3000 Stücke enthält.„ (Dies schrieb der Verfasser 1779; er hatte aber noch täglich gesammelt, und bis 1785 einen ziemlichen Nachtrag von seinem Verzeichniß zum Druck fertig, welcher aber aus Mangel eines Verlegers ungedruckt geblieben.)

„6. Die Stadt Zoffingen besitzt auch ein öffentliches Kabinet von Schweizer-Münzen, welches besonders wegen der ungewohnten Menge der Bracteaten sehr merkwürdig ist. Es wird täglich vermehrt.„

So weit gehen die Nachrichten in der Schweizer-Medaill. Sammlung, 2ter Theil, Seite 477. Nun ist noch das Münzkabinet von Römischen allein, merkwürdig, welches Herr Hofschreiber Haller zu Königsfelden, wie oben erwähnt worden, seit mehr als 20 Jahren sammelt, eintauscht, selbst ausgraben lassen, und mit unermüdetem Fleiße in allen Gegenden der Schweiz aus den Ruinen hervorziehet, auch wo er Gelegenheit findet, mit Münzliebhabern Vertauschungen trift; die Dupletten auswechselt, und dadurch zu einem Vorrath von Münzen aus allen Zeiten der römischen Geschichte gelanget ist, der wenig oder gar nicht seines gleichen leicht haben wird. Da unsere Vaterlandsgeschichte mit der Römischen sehr genau zusammenhängt, so ist diese Bemühung desto schäzbarer und ruhmvoller. Sein leztes Werk so im Druck erschienen: Geschichte Helvetiens unter den Römern, beweißt eine Kenntniß in diesem Theile der Wissenschaften, die man vergeblich bey einem andern erwartet, die nicht wie Herr Haller ganz in diesem seinem Lieblingsfach lebet und webet und also da wie zu Hause ist.

Wirklich lebende Schriftsteller im Kanton.

Wir haben in unserm Bezirk Gelehrte und Freunde der Literatur in so ansehnlicher Menge, daß es bloß schwer halten dürfte, sie alle zu nennen und ihre Schriften zu verzeichnen. Um jedoch einem hieherkommenden fremden Gelehrten einen Fingerzeig zu geben, in welchem Fache einige der im Kanton lebenden Männer für das Publikum gearbeitet haben, die zu kennen vielleicht ihm bey seinem hieländischen Aufenthalt angenehm und nützlich seyn könnte; so bemerke ich kürzlich folgende, obgleich die mehresten schon rühmlich jedem Reisenden empfohlen und bekannt sind. Hier gilt aber vorzüglich die Anmerkung, welche Zimmermann schon vor 30 Jahren über unsre Gelehrte gemacht hat. Er sagte: „ich „kannte in Bern eine Menge fähiger Köpfe, die Schrift„steller von der ersten Größe hätten werden können, die „aber nie eine Zeile drucken lassen wollten.„ — Darum wird das nachfolgende kleine Register um so merkwürdiger, es giebt aber bey weitem keinen vollständigen Begriff von unserm gelehrten Stande, weil bloß Männer die für das Publikum haben drucken lassen, hier vorkommen, also bleiben noch viele höchst schätzbare Namen ungenannt, die als Gelehrte und Schriftsteller einen vorzüglichen Rang behaupten könnten.

von Bonnstetten, (Alt-Landvogt von Nyon) ausser verschiedenen interessanten Aufsätzen zu Journalen, sind von dieser verehrten Hand: Briefe über ein Schweizer-Hirtenland. 2) Briefe über die Erziehung der Patrizier in Bern. Müller hat Herrn von Bonnstetten seine erste Ausgabe der Schweizergeschichte dedicirt.

Dürand (Professor zu Lausanne) als geistlicher Redner haben ihn seine Sermons berühmt gemacht. Kürzlich gab er in Druck: Statistique élémentaire, ou essai sur l'Etat de la Suisse, à l'Instruction de la Jeunesse, 4 Vol. 8. 1795.

von Erlach (Alt-Landvogt von Lauis) Code du bonheur, ou Maximes & regles pour l'Homme 7 Vol. 8. Lausanne 1788.

Fellenberg (Rathsherr) vieljähriger Präsident der ökonomischen Gesellschaft von Bern, gab heraus: Iurisprudentia antiqua, Legum mosaicar. rom. & græc. thesaurus. 2 Tomi 4.

Fisch (zweyter Prediger zu Arau). Er hat sich durch eine sehr interessante Reisebeschreibung durch die südlichen Provinzen von Frankreich bekannt gemacht.

von Haller (Alb.) Kriegsrathschreiber, Sohn des grossen Mannes. Hat botanische Beyträge an verschiedene Gelehrte geliefert.

Haller (Hofschreiber zu Königsfelden bey Brugg).

Ein großer Münzkenner; Münzsammler; Geschichtsforscher. Sein Catal. Numismat. Bibl. Bern. ist geschätzt; seine kürzlich erschienene Geschichte der Helvetier zu den Zeiten der Römer, findet jeder Leser judiziös und tief geforscht. Sein Kabinet von römischen Münzen ist beträchtlich. Im Schweizer-Museum stehen von ihm wichtige Abhandlungen.

von Herrenschwand (Doktor der Arzneywiss.) das in französisch und deutscher Sprache gedruckte Werk über die Hausarzneykunde, oder von den vornehmsten Krankheiten, 4. Bern 1788, ist allgemein geschätzt und bekannt.

Höpfner (Apotheker). Gab heraus: Magazin zur Naturkunde Helvetiens. 4 Bände. Seine Aufsätze betreffen Mineralogie, Chemie ꝛc.

Ith (Professor der Philosophie). Gab schon vor 18 Jahren Cornelii Nep. Vitæ mit kritischen Anmerkungen heraus. Diese Arbeit zeugt von klaßischer Gelehrsamkeit. 2) Uebersetzung des Ezour Vedam; von den Braminen; mit vielen Anmerkungen über die Religion der Indianer und ihre Geschichte. 3) Auswahl einiger Predigten. 4) Ein neuer Schulplan 1794. 5) Antropologie, oder von der physischen und intellectuellen Natur des Menschen. 2 Theile 1795. Auch stehen von ihm in Höpfners Magazin einige Reden von der Perfectibilität der Menschheit.

Kuhn (Professor) hat über die Berge im Kanton eine Abhandlung in Höpfners Magazin geliefert; war

auch

auch Mitarbeiter an der Schweizer-Bibliothek, und lieferte mehreres in Journale.

Langhans (Doktor der Arzneywissenschaft). Auch in Deutschland ist sein Buch von den Lastern, die sich an der Gesundheit selbst rächen, sehr bekannt.

May von Romainmotier (Landschreiber zu Landshut) Verfasser der Histoire militaire de la Suisse, en 8 Vol. 1788.

Morell (Apotheker in der Stadt Bern) gab heraus: Untersuchung der Gesundbrunnen und Bäder im Kanton Bern, 1788.

von Mülinen von Laupen (N. Fr.) des großen Raths; lieferte in das Schweizer-Museum einige Aufsätze über die vaterländische Geschichte. Dieser Herr und große Kenner der Geschichte, vorzüglich des Mittelalters; besitzt auch eine der wohlgewähltesten diplomatischen Bibliotheken.

Müßlin (Helfer an der Münsterkirche) gab nicht nur verschiedene Predigten in Druck, sondern auch seine kürzlich erschienene neue katechetische Lehrform: Religionsunterricht für Töchter gebildeter Stände, hat großes Aufsehen gemacht, das Werkchen ist ganz philosophisch-kantisch. So eben wird auch von demselben ausgegeben: Rede über die Unentbehrlichkeit der Verstandesausbildung für den Bürgerstand.

Pestalozzi (lebt im untern Aergäu) Verfasser der schönen Landsmännischen Geschichte Lienhardt und Gertraud; so im Jahr 1793 neu verändert herausgegeken worden; auch hat dieser Volksschriftsteller noch mehrere Werke mit Beyfall herausgegeben, und wurde von der ökonomischen Gesellschaft von Bern mit einer Prämie beehrt.

Rengger (Doktor der Arzneywissenschaft) zu dem Hallerischen Tagebuch, oder Sammlung Hallerischer Medicinischer Rezensionen aus der Göttinger gelehrten Zeitung, hat er einen Aufsatz geliefert, der seine gute Theorie, die er mit einer glücklichen Praxis verbindet, beweiset. Auch hat er noch einige andere Aufsätze in periodischen Schriften geliefert. Eine kleine gedruckte Rede, zuerst vor der Oltner Gesellschaft 1793 gehalten: von der politischen Verketzerungssucht unsrer Tage; fand großen Beyfall, und zeigt mehr als ein glückliches Talent zum guten Schriftsteller.

Ritter (Architekt und Kaufhausverwalter in Bern) gab eine artistische Untersuchung der Antiquitäten zu Wiflisburg in Druck, und zierte sie mit architektonischen Zeichnungen der Ueberbleibsel, und einem Plan der Gegend des vormaligen Aventicum.

Salchli (Pfarrer zu Stettlen, eine Stunde von Bern) ist durch sein philosophisch-moralisches Gedicht über das Uebel (Le mal. Poëme philos. Berne 1789), jedem Denker ein interessanter Schriftsteller geworden; auch viele vaterländische Gegenden schildert er darinn mit dem Feuer der Imagination.

Schärer (Prof. der hebräischen Sprache) gab Unterredungen über die Himmelskörper, und einige Schulbücher für das Gymnasium heraus.

Schnell (von Burgdorf) ein junger feuriger Kopf; voll Talente, voll Lerneifers. Er besitzt klassische Literaturkenntniß. Seine kleine Schriften enthalten liebliche Stücke der Muse und des Dichtergenies. Sonderbar im Idyllen-Ton ist der Verfasser glücklich.

Sprünglin (ehemals Pfarrer zu Stettlen, lebt seit etwa 25 Jahren auf seinem Landgut nahe bey Bern) Ueber die Ornitologia helvet. hat er einen schätzbaren Catalog im Manuscript ausgearbeitet; auch zu Coxes Reisen durch die Schweiz Beyträge geliefert. Sein Kabinet von einheimischen Vögeln wird stets die Aufmerksamkeit der Reisenden verdienen.

Stapfer (Prediger an der Nydeckkirche in Bern) gab heraus eine deutsche Uebersetzung der Briefe des Ferdinand Kortes, an Kaiser Karl V. nebst dem Leben des Kortes (die vielen beygefügten Anmerkungen machen diese Ausgabe höchst schätzbar, und dem Gesichtsforscher nothwendig), 2 Theile. Neu ausgegeben 1793. Ferner besorgte er den Abdruck der letzten Bände der Hallerischen Bibliothek der Schweizergeschichte; verfertigte auch ein Generalregister über das ganze Werk. Vor 15 Jahren lies er einen Plan ausgehen zu einem neuen Englischen Museum; diese periodische Schrift sollte; uns mit der Englischen Literatur geschwinder bekannt machen, und zwar in guten Uebersetzungen der besten englischen Journale; dieses unterblieb aus Mangel an Subscribenten. Er war auch viele Jahre Sekretär der ökonomischen Gesellschaft.

Stapfer (Professor am politischen Institut) Rede über die Entwicklungsmethode der Fähigkeiten des Menschen; und von dem ersten Princip bey der Erziehung, nach Kantischen Grundsätzen, 1793.

Struve (Professor der Physik und Naturgeschichte zu Lausanne) schrieb über die Salzquellen im Kanton. Er gab ein Itinéraire du pays de Vaud heraus. Er hat ein wichtiges Manuscript über die Schweizer-Mineralogie zum Druck fertig: eine Nomenclatur des Steinreichs, wie Haller eine über das Pflanzenreich gab.

Tissot (Professor der Medizin in Lausanne) dieser berühmte Mann ob er gleich schon sehr alt ist, hat doch noch jugendliche Thätigkeit. Seine viele Schriften sind weltbekannt.

Tralles (Professor der Physik und Mathematik in Bern) gab ein Lehrbuch der Mathematik heraus; auch Beyträge zur Geologie der Erde. — Bestimmung der Höhen einiger Berge im Kanton Bern; mit einer neuen Karte über das Oberland.

Tribolet (Spitalverwalter und Doktor der Arzneygel.) ein Schüler des großen Hallers. Er übersetzte dessen Primæ lineæ physiologiæ, und nach dem Tode desselben bearbeitete er aus dem fast unbrauchbaren Manuscript noch einen Theil der Bibliotheca medico-pract.; wollte auch die neue Ausgabe der großen Hallerischen Physiol. beendigen helfen.

Tscharner (Alt-Landvogt von Nydau) Historie der Stadt Bern. 2 Theile. 8. 1765. Ist ein Auszug aus alten Chroniken des Vaterlandes; mit eingestreuten Bemerkungen.

von Wagner (Gymnasiarcha; Vorsteher des Gymnasiums in Bern) hatte Antheil an der vor 2 Jahren erschienenen Schweizer-Bibliothek. Für die vaterländische Literatur besitzt er wichtige Sammlungen; auch ein Herbarium viv. helvet.

Walther (Professor der Geschichte). Seine vielen geschätzten Werke zeugen von tiefer Kenntniß des Mittelalters, der alten Literatur, von Sprachgelehrsamkeit und scharfer Kritik historischer Probleme.

von Weiß (Landvogt zu Moudon) Principes philosophiques, moraux & politiques. 3 Volumes 1788. Coup-d'œil sur les rélations politiques de la Suisse avec la France. — 1793. Beyde Schriften haben großes Aufsehen gemacht, und sind allgemein gelesen worden.

Wild (Direktor der Salzwerke zu Bevieux) ein großer Kenner der Bergwerkskunde; der Hydraulik; der Maschinenlehre; über folgenden Gegenstand hat er ein Meisterwerk geliefert: Essai sur les montagnes salifères d'Aigle, mit einer genauen Charte — 1791. Supplemente dazu erschienen 1793-94.

Wyttenbach (Pfarrer an der H. Geistkirche) zur helvetischen Naturgeschichte hat er die wichtigsten Sammlungen in Händen; öffentlich sind aber nur mit Unterschrift seines Namens erschienen: Beyträge zur Naturgeschichte des Schweizerlandes, 3 Stücke; (sie enthalten auch Gruners Mineralgesch. der Schweiz) Berner-Magazin zur Naturkunde Helvetiens, 5 Stücke. Zusätze zu der deutschen Uebersetzung des Dictionnaire hist. & phys. de la Suisse; wo seine Artikel mit einem W. bezeichnet sind. Noten zu Bessons Manuel de Minéralogie pour le Voyageur en Suisse. Kürzlich hat er für die Verlagshandlung der Typographischen Gesellschaft zum Druck besorgt: A. Halleri Icones plantar. Helvet. Descript. Alpium notis editoris (Wyttenbachii.) Folio 1795. mit 54 Kupferplatten.

Zeender (Em.) lies in diesem Jahr 1795 drucken: Diss. de Scepticismo. Diese akademische Preisschrift hat dem Verfasser bey allen Gelehrten eine große Achtung erworben. Das neue Kantische System wird darinn mit vielem Scharfsinn angewandt. Dieser junge Gelehrte besitzt auch eine schöne Bibliothek von klaßischen Werken, und in der orientalischen Literatur ist er besonders stark.

Sollten hier einige Namen und verdiente Männer, die als Schriftsteller bekannt sind, aus Versehen übergangen worden seyn, so muß es der Leser für nichts mehr als für eine Schriftstellersünde ansehen, da man so leicht, wenn man bloß aus dem Gedächtniß schreibt, irren kann.

Erklärung einiger zu Bern gewöhnlichen Redensarten, die dem Fremden, selbst vielen Schweizern, unverständlich sind.

Da das (Seite 197 des 1ten Theils) erwähnte Berner Idiotikon noch lange nicht erscheinen dürfte; und man doch gewünscht hat, daß einige der gebräuchlichsten Redensarten in Bern für die Fremden erklärt werden möchten, so geben wir hier einige Proben):

Abbreche. Lichtputze. Lichtscheere.

Aeky, ein wunderlicher chikaneuser Kerl, der gern um jeden Bettel von vorn anfängt.

afe, schon; afe mengs, schon viel.

Sich abreblen. Sich abschinden; elend werden.

ig wott ihm agá, ich will ihm angeben.

aufmutzen, einem etwas vorhalten.

Anken. Butter.

Ausserer, ein fremder Einwohner.

Baby, ein Tropf; dummer weibischer Kerl.

Balgen, zanken; schmähen.

Benne, ein Karren. Stoßbenne, Stoßkarren oder Schubkarren. Schnellbenne, ein Karren der hinten ausleert.

Bitz Brod, ein Stück Brod. Bitz Fleisch.

bitzelechtig, sauersüß.

Bräglen, rösten, braten. (griller.)

Ein ganzer Brägel, ein ganzer Plunder.

beschyssen, die Leute anführen; auch beschissene Kleider, befleckte Kleider.

brittlen, etwas heimlich machen und vertuscht thun.
Chorgericht, Ehegericht.
dargen, verdargen, beschmutzen; besudeln.
Dolken, ein Dintenfleck.
dreyßen, langsam umherziehen, nichts zu Ende bringen.
Dröhler, ein Prozeßkrämer, Streitmacher. (Chicaneur.)
Dotsch, ein plumper Kerl. (nigaud.)
Eyerdetsch, ein Eyerkuchen.
Einist, kommet einist zu mir, kommt doch einmal zu mir.
Essen überthun, das Essen über das Feuer setzen.
Es ist Eyper da, es ist jemand da.
Gagy, ein rahner hoch aufgeschoßener Mensch.
gaumen, hüten, bewachen; die Kinder od. das Haus hüten.
Fägnest, ein unruhiges Weibsbild, der es nirgends recht ist. (Rodeuse.)
ful, schlimm; fuler Kerl, ein listiger Pursch.
Ein Kind fäschen, in Windeln wickeln. (emmaillotter.)
Finken, Socken. (Chausson, Socque.)
gällen, zu allem ja sagen; schmeicheln.
Gauch, Narr, einfältiger Tropf, Geuchel; Närrin.
geniß, wenn eine Frau ins Kindbett kommt; so viel als sie ist in der Geburtsarbeit.
Gexnase, ein vorwitziges Ding; ein nasenweises Mädchen.
Glorhanß, ein leichsinniger Kerl. (Faquin.)
Götty, Gotte, Gevater, Gevatterinn.
geng wie geng, stets, immerfort; allezeit gleich.
gli, sogleich; kli, klein.

goh lo, gehen lassen.

gradglych, es ist mir gleich.

grifen, anrühren; fühlen.

es gruset mer, es grauset mir.

Grynen, Weinen.

grüseli, grausam; entsetzlich.

Güldtbrief, Obligation; Zinsschrift.

Gufen, Stecknadeln.

Gyzi, eine junge Geiß.

Hamme, Schinken; Schweinskeule.

Hamperschfrauen, Handwerksfrauen.

Du bist eine Hächlen, du bist ein loses Mensch (méchante.)

das wird Hitz hahn, das wird Mühe kosten.

Hauen, hau mir Brod, hau das Fleisch; wie schneiden.

heuschen, begehren, verlangen.

heimelig, wo man gerne zu Hause ist.

Herdäpfel, Erdäpfel.

Hintersässen, Leute die bloß geduldet werden und kein Einwohnerrecht haben.

höhn machen, verdrießlich machen (fâcher.)

Honk, Honig.

jo, ja.

Ja wäger, ja wohl; es ist dem also.

Kalberen, herumflacken, wie ein Kalb sich gebärden.

Kibig syn, maulen. (bouder).

Kahry, ein Besudler.

Kang (chang) fort, geh fort.

Kabis, (chabis) Weiskraut.

Kilbi, ein greller prunkvoller Staat, da nichts dahinter ist.

Köli, (Chöli) Wersicht; Federkohl.

s'Köch, grünes Zugemüß. (Jardinage.)

Klöty, ein grober unartiger Mann.

knietig, überdrüßig; verdroßen.

kommli, bequem; kommod.

Klappern, Plaudern. (babiller.)

Kuechli, Kuchen.

Lätschmul, ein Schimpfname.

Liesmen, stricken, Strümpfe liesmen.

Losen, hören.

Luegen, sehen. Lueg do, sieh da.

Lebdig, gut oder übel leben.

Leuen, ausruhen; auch faullenzen.

Leutsch, liederliches Mensch. (Garce.)

Mira, meinetwegen.

mängist, manchmal; öfters.

Märit, Markt.

Meer-Trübli, Johannesbeere.

Muster, eine liederliche Weibsperson.

Es fuls Mul haben, ein böses Geschwäz treiben.

Müntschi gä, einen Kuß geben.

d'Meitleni, die Mägde.

Nadisch, so viel als wirklich; gewislich. Mehr auf dem Land als in der Stadt.

Naselumpen, ein Schnupftuch.

Niedle, Rohm oder Suane.

Niggeler, ein langsamer Mensch, der immer daran ist, und doch nichts zuwege bringt.

öppige, sonst; ehevor. (autrefois.)
Operator, Wundarzt.
Parisöhly, Sonnenschirm.
Pfister, Brodbeck.
Prigken, Weinen.
Pumpelruhrig syn, bösen Humor haben.
Räschy, Weibsbild das bösartig ist.
Pfnüsel, der Schnupfen. (Rhumes.)
reichen, holen; reich mirs, hol mirs.
Sage, Säge, Holzsagen, wie Holz absägen.
Sauernibel, ein sauersehender Mensch.
Schallenhaus, Zuchthaus in Bern.
Schmäderfräßig, meisterlos im Essen seyn. (gourmand.)
Schwelli, Damm.
settig, solches, dieser Art.
Serbet, er hat den Serbet; hat die Auszehrung; Dörrsucht.
b'suchigt, gesucht. b'suchiger, oft darnach gefragt.
Sigrist, Meßmer; Kirchenpfortner.
du söttist, du solltest. die settige, solche; diese.
g'sait, gesagt.
Staachel, Feuerstahel.
Ein großes Sterbet; wenn viele Leute sterben.
Auf die Stör gehen, im Taglohn arbeiten, wie die Schneiderinnen.
Surkrut, Sauerkraut.
täubelen, zornig seyn; wild werden.
Trümlig, schwindlicht.

Tschampel, ein dummes Weibsbild.

äs Bizely, ein Bisgen; klein wenig.

Verschnezlen, in Stücke schneiden.

Verweser, so viel als Verwalter.

Was fürigi? Was für einige?

Wadlich, geschickt eine Sache angreifen; unwadlich, mal-adroit.

wärli, warlich; gewiß.

Waschbütte, eine Waschstande.

Weidlig, ein kleines Schiff. [Nachen.]

Zäpperlen, tänzeln.

Ziehfäken, ein unordentliches herumschweifendes Weibsb.

Züttel, ein einfältiger Kerl. (pauvre bête.)

Züglen, seine Wohnung verändern; ausziehen.

Zuckerzeug, Zuckerbeckerwaaren.

Zwürig, zweymal. (deux fois.)

Zyt, Zeit. Zitig, frühzeitig.

Suntig, Sonntag; Mäntig, Montag; Ziestig, Dienstag; Mittwuche, Mittwoche; Donnstig, Donnerstag; Freytig Freytag; Samstig, Samstag. —

Bey einem sogenannten Deutsch, ist es gar kein Wunder, wenn die Fremden, bey einer bessern deutschen Aussprache die Antwort erhalten -- Bi Gott! Herr i versteh nit Wälsch! [Wie Hirschfeld anmerkt, und jeder Ausländer in Bern erfährt.]

Ueberhaupt muß man um bernerisch zu reden, kein e neben einem i aussprechen. Also sage man: wiblich, nicht weiblich; min, nicht mein; Fliß, nicht Fleiß; Bywort, nicht Beywort; syn, nicht seyn; synetwegen, nicht seinetwegen; rich, nicht reich; auch kein e neben einem u, also dütsch, nicht deutsch; fründlich, nicht freundlich. Wer diese einzige Regel beobachtet, und das arme e verschluckt, wird schon viel verständlicher Bernerisch reden.

Bauernsprache beym Landbau.

Zufen, Jauchart.

Meder, ein Meher.

Die Sense dängelen, die Sense schärfen.

Birlig, ein Haufen Heu.

Tenne, ein Heuschopf. [Scheuer.]

Gras abhauen, statt abschneiden.

Furren, zu Acker fahren.

Mueß, Gemüß.

Herd, Erdreich.

Reiteren, ein grobes Sieb.

Briesch milch, ist die erste Milch, von der Kuh die kalbert.

Ufa gogere, hinaufsteigen hinaufklettern.

Kley oder kleyichter Boden, [ist Lett, Leim oder an einigen Orden Eygrund.]

Krummet oder Spät-Heu. [Emd.]

Bau [Dünger.]

Raden, [zahme Erde.]

Dinkel, [Spelt.]

Grien, [Kies.]

Wasen, [Rasen.]

Stufflen, [Stoppeln.]

Matten, [Wiesen.]

Rustig, allerley durcheinander. Eine Menge Sachen.

Ein Hufen Rustig, will sagen ein Haufen allerley Zeugs.

Segessen, Sense.

Schlegel dicke Milch, dicke gestandene Milch.

nüsti, doch so; 'sischt nüsti wahr, es ist dennoch wahr!

Geschickli, eine Gelegenheit etwas zu pflanzen, oder irgendwo zu wohnen.

Burdi Stroh, ein Bund Stroh.

Baurengespräch, zur Kenntniß der Sprache und der heutigen Denkart.

[Zwischen einem Landtischmacher, einem Schulmeister, und einer reichen Bäurinn]

In unserm Berner privilegirten Kalender ward bey der Theuerung von 1773 folgendes Gespräch bekannt gemacht; und es soll wirklich vorgefallen, auch der Wahrheit ganz getreu erzählt seyn. Ich lasse diß dahingestellt seyn. Die Sprache aber wird man nach der Natur und auch in diesen theuren Tagen anwendbar finden, zur Verständigung setze ich meine deutsche Uebersetzung gerade unter die Worte:

Tischmacher. Guten Tag Mutter Kilchmeyeren! weyt ihr o ga Bern?

Guten Tag Mutter Kirchmeyerin, wollt ihr auch nach Bern.

Kilchmeyern. Dank ech Gott Durs! Ja i will o ne wenig z'märit tragen, es ist sich nadisch heur wohl der wärt.

Dank euch Gott, Durs! Ja, ich will auch ein wenig etwas zu Markt tragen; es ist sich gewiss dies Jahr wohl der Mühe werth.

Tischm. Ja heur giltet alles wohl, das erfahr ig leider mehr als genug, und wenn mans denn numme no finden könt; aber wenn wir andere, die nit Herd hey, öppis by den Bauren kaufen wey, so sy sie e so stolz und trotzig mit ihren Sachen, es ist nit z'säge, und doch müssen wir auch g'lebt ha.

Ja dies Jahr gilt alles wohl; das erfahre ich leider mehr als genug; und wenn man es denn nur noch finden könnte; aber wenn unser einer, der nicht selbst Erdreich hat, will etwas bey den Bauren kaufen, so sind sie so stolz und trozig mit ihren Sachen, das nicht genug zu sagen ist; und doch müssen wir auch gelebt haben.

Rilchm. Ja mi guter Durs, ig will ech wohl säge warum; ihr andere weyt mänigst öppis dings, und das hey mir jez nit nöthig, sy gänis z'Bern innen d'z Gelt grad i d'Hand, und bätte nis no schier der Gottswillen um d'Sache.

Ja mein guter Durs, ich will euch wohl sagen warum? Ihr andere möchtet freylich oft allerley Sachen, aber wir brauchen euch jezt nicht, sie geben uns in Bern das Geld gleich in die Hand, und bitten uns noch schier um Gotteswillen für die Sache.

Tischm. Ja me seyt mers neuen, wennig alben

in d'Stadt chummen, wie doch alles auf dem Märit so thür syg, und wie me so schindi.

Ja man sagt mirs genug, wenn ich so in die Stadt komme, wie doch alles auf dem Markt theuer sey, und wie man die Leute schinde.

Kilchm. Ha! was schinde, wenn sis nit wey so lane sis blyben, sie müsse doch gfresse ha, d'ist in der Stadt innen chrisdik von Lüten, wenns eine nit will so nimts der andere, er ist no froh wenn ers numme hat, wir wären wohl när'sch wenn mirs nit thür gäben.

Ha, was schinden? wenn sie es nicht wollen, so lassen sie es bleiben; sie müssen doch zu fressen haben; es ist in der Stadt gesteckt voll von Leuten, wenns der eine nicht will, so nimmts der andere; er ist noch froh wenn er es nur hat; wir wären wohl närrisch, wenn wir es nicht theuer gäben.

Schulmeister. E das ist wohl grob und unchristlich g'redt für ne Kilchmeyere. Heist das synen Nächsten lieben als sich selbst?

He, das ist wohl grob und unchristlich geredet für eine Kirchmeyerin; heist das seinen Nächsten lieben als sich selbst?

Kilchm. Ja! verziehet mer Vetti Schulmeister, me löst eimel o wol me cha.

Ja verziehet mir Vater *) Schulmeister, man lößt einmal auch weil man kann.

Schulm.

*) Vetti ist ein Ehrentitel für alle, denen man auf dem Land nicht Herr sagen kann.

Schulm. Ja! es het aber alles doch Zihl und Mas; und me muß doch o denke daß sie z'Gelt i der Stadt inne nit numme am Bode auflåsen.

Ja es hat aber doch alles Ziel und Maas, und man muſs doch auch denken, daſs ſie das Geld in der Stadt drinnen nicht nur vom Boden aufheben.

Kilchm. Da ist mir nadisch nit dra g'lege, wo sie z'Gelt hernåme, wenn sie mirs numme gå.

Da iſt mir warlich nichts daran gelegen, wo ſie das Geld hernehmen; wenn ſie mir es nur geben.

Schulm. Und, mi liebi Nachbåri, wenns denn einist zum sterbe chunt, weit ihr da z'Gelt o mit ech nå? — oder meinet ihr, ihr wellet öppe gar d'Seligkeit drum chauffe? Wüst ihr o daß der Geiz ein Wurzel alles Uebels, und daß der Wucher eine himmelschreyende Sünd ist?

Und meine liebe Nachbarinn, wenns denn einſt zum Sterben kommt, wollt ihr dann das Geld auch mit euch nehmen? Oder meynet ihr, ihr wollet etwa gar die Seligkeit darum kaufen? Wiſſet ihr auch daſs der Geiz eine Wurzel alles Uebels, und daſs der Wucher eine himmelſchreyende Sünde iſt?

Kilchm. Ja ihr syd e Dieriſt, und ia maches wies andri Lüt me mache, euri nåchsti Nachbauri ist no viel reicher weder ia, sie ist doch geing die lezti auf Mårit, sie hat lezt einist ein Chorb voll Eyer ga Bern treyt, es sy meh weder der halb Theil fuli drunder gsy, sie het se gradglich alle wohl verkauft.

· Ja ihr seyd ein Pietist, und ich mach es wie andere Leute mehr machen; eure nächste Nachbarinn ist noch viel reicher als ich, sie ist doch stets die Letzte auf dem Markt, sie hat letzt einmal einen Korb voll Eyer auf Bern getragen, es sind mehr als der halbe Theil faule darunter gewesen; sie hat sie dennoch alle wohl verkauft.

Tischm. Es het mer öpper g'seit es heigere e Frau es full i z'Gsicht geworfen, wyl sy sie so betrogen heig.

Es hat mir jemand gesagt, es habe ihr eine Frau ein paar faule ins Gesicht geworfen, weil sie sie so betrogen habe.

Kilchm. Ja ha o dervo ghört, aber me het mer gseit, sie heig die glichi Frau scho einist miteren Ankenballen betrogen gha, die mehr weder halb Ziger gsi syg.

Ich habe auch davon gehört, aber man hat mir gesagt, sie habe die gleiche Frau schon einmal mit einer Butterballen betrogen; die mehr als halb Ziger gewesen sey.

Schulm. O ihr elenden Lüt, was machet ihr doch um Gottswillen, denket doch o, ihr müsset einist Rechenschaft gä, und zwar einem Herrn der alles wohl weis, was hilft ech doch de so nes elends Gwinli? denket doch og, öb ihrs o gern hättet?

O ihr elenden Leute, um Gotteswillen was machet ihr doch, denket doch auch, dass ihr einmal müsset Rechenschaft geben, und zwar einem Herrn, der alles wohl weiss; was hilft euch doch denn so ein

Gewinnlein? denket doch auch, ob ihr es auch gern hättet?

Tischm. Mys Wyb het lezt z'Mühli kauft, es het g'meint wie nes schöns Gwächs heig, und wo es es in d'Mühli bringt, ist es meh weder halb Spreuer gsy. Mys Wyb het sy schier ztod briegget, es ist aber key Wunder, wir müsse by dieser Zeit gnug thu wenn wir üs mit üse siebe Chinde mit Gott und mit Ehren dardur bringe wey, wenn i nit in der Stadt inne gut Herre hät, so hätten wir den Winter verräblen müssen.

Mein Weib hat lezthin Korn zum Mahlen gekauft; sie hat gemeint wie ein schönes Gewächs sie habe, und wie sie es in die Mühle bringt, ist es mehr als halb Spreu gewesen. Mein Weib hat sich schier zu tod geweint, es ist aber kein Wunder, wir müssen bey dieser Zeit genug thun wenn wir uns mit unsern sieben Kindern mit Gott und mit Ehren durchbringen wollen; wenn ich nicht in der Stadt drinn gute Herrn hätte, so hätten wir den Winter verhungern müssen.

Schulm. Gott erbarm sich doch der Armen und wölle die viele Seufzer erhören, die zu ihm g'schikt worden syn.

Gott erbarme sich doch der Armen, und wolle die vielen Seufzer erhören, die zu ihm geschickt worden sind.

Zusätze und Berichtigungen, auch neue Abänderungen die Posten im Kanton betreffend.

(Man sehe den 1ten Band von Seite 261 und folg.)

Wegen jetzt steigender Theurung der Fütterung und allen Nothwendigkeiten beym Fuhrwerk, ließ das hochlöbl. Postamt zu Bern den 18ten April 1795 bekannt machen, daß der Preis der Diligence, laut obrigkeitlichem Tarif, von nun an auf 8 Batzen für die Stunde, also von Bern auf Basel 16 Franken, oder 1 Louisd'or; von Bern auf Brugg 16 Franken oder 1 Louisd'or — von Bern auf Lausanne 16 Franken oder 1 Louisd'or — von Bern auf Genf 24 Franken oder 1½ Louisd'or — von Bern auf Neufchatel 8 Franken oder ½ Louisd'or festgesetzt worden.

Gut und brauchbar sind die übrigen Nachrichten vom Abgang und Ankunft der Posten; wie auch der Einrichtungen in unserm Kanton. Vorzüglich empfehlen wir, was von der Landkutsche auf Zürich (1ter Band, Seite 266) gesagt wird, auch die allgemeinen Anmerkungen zum Besten der Einheimischen und Fremden. —

Briefpost. Reiserouten.

Es bleiben jährlich viele hundert Briefe auf dem Post-Bureau liegen, weil man unvorsichtiger Weise solche in das Loch wirft, ohne zu fragen ob zu frankiren sey; auch fremde Knechte und Mägde begehen diese Unachtsamkeit, viele thun es vielleicht expreß. Damit diese für das Publikum und das Post-Bureau höchste Unannehmlichkeit seltener werde, so wird es gut seyn, daß man sich nicht so leicht bey seinen Briefen dem Gesinde überlasse. Auch zeigen wir hier die Orte an, wohin die Briefe, ohne zu frankiren, richtig ablaufen. Nach Meyland, Piemont, Savoyen, nach Schwaben, Bayern, Westphalen; für die Städte Frankfurt, Nürnbern, Leipzig, Hamburg; auch nach Straßburg, Lothringen und ganz Frankreich darf nicht bezahlt werden, wenn man nicht will. Hingegen müssen jede andere Briefe frankirt werden. So muß man vorzüglich bemerken, daß für ganz Italien, Spanien, England, Portugall, Rußland, Schweden, Dänemark, sorgfältig frankirt werden muß. —

Für Spanien und Portugall, bis Genf.

Für ganz Italien, bis Milano.

Für England ——— bis Engen.

Für Oesterreich, Sachsen, Schlesien, Preußen, bis Nürnberg.

Für Rußland, bis Frankfurt.

Für die Pfalz, für Worms, Speyer, Mannheim, Heidelberg, und was am Neckar liegt, bis Canstadt.

Bey jedem Zweifel ist es ja besser am Posthause fragen zu lassen, als einen Brief für den rébut geschrieben zu haben.

Will man durch den Kanton reisen, so wird man folgende Nachrichten nutzen können.

Postpreise von Bern nach Basel.

*)	Liv.	Sous.		Liv.	Sous.
Hindelbank	1	12	Dürrenmühle	7	4
Kirchberg	3	4	Hallstall	8	—
St. Niklaus	4	—	Langen-Brugg	9	12
Seeberg	4	16	Wallenburg	11	4
Herzogenbuchsee	5	12	Liestall	12	16
Bützberg	6	8	Basel	16	—

Von Bern nach Thun.

	Liv.	Sous.		Liv.	Sous.
Murl	—	14	Wichtrach	1	8
Münsingen	1	—	Thun	2	—

Zu Thun fährt wöchentlich viermal, ein ordinäres Schiff über den See nach Unterseen, nämlich zweymal fährt das Frühschiff, und eben so oft das Postschiff. Hingegen Sonntag und Donnerstag geht keines. Ein Extraschiff, wenn man 2 Schiffleute mit nimmt, kostet von Thun bis zum Neuhaus 1 Laubthaler.

*) Der Livres zu 10 Batzen; Sous zu 2 Kreuzer.

Von Bern nach Brugg.

	Liv.	Sous.		Liv.	Sous.
Hindelbank	1	12	Arburg	9	12
Kirchberg	3	4	Olten	10	8
St. Niklaus	4	—	Arau	12	—
Seeberg	4	16	Lenzburg	13	12
Herzogenbuchsee	5	12	Schinznacht	15	4
Bützberg	6	8	Brugg	16	—
Morgenthal	8	—	Nach Zürich	26	10

Von Bern nach Genf.

	Liv.	Sous.		Liv.	Sous.
Allenlüften	2	8	Morsee	17	14
Murten	4	2	Allamand	18	6
Wiflisburg	5	14	Roll	19	6
Petterlingen	7	6	Neus	20	18
Lucens	9	14	Coppet	22	6
Milden	11	6	Versoix	23	4
Montprevayre	12	18	Genf	24	2
Lausanne	16	2			

Von Bern nach Neuenburg.

	Liv.	Sous.		Liv.	Sous.
Arberg	3	4	St. Bläsy	6	16
Jnß	5	4	Neuenburg	8	—
Zihlbrugg	6	—			

Pays-de Vaud.

		Liv.	Sous.
de Lausanne à	Morges	1	12
	Rolle	3	4
	Nyon	4	16
	Coppet	6	6
	Versoix	7	2
	Genève	8	—
	Moudon	4	16
	Payerne	8	16
	Morat	12	—
	Berne	14	—
de Neufchatel à	Berne	8	—

Der Preiß der Plätze in den Diligencen von Genf nach Neuenburg und vice versa hat nicht abgeändert, also können die schon ausgesetzten stehen bleiben.

Reiserouten in die Ferne.

Von Bern auf Wien, fährt man über Schaffhausen nach Ulm. Daselbst kann man alle 8 Tag mit den ordinairen Schiffen für ein geringes Geld nach Wien kommen. Gehet man aber zu Land über Augspurg und München, so hat man 48 Poststationen von Zürich. Man fährt über Winterthur, Frauenfeld, nach Constanz; oder man geht auch über Schaffhausen; letzterer Weg ist etwas kürzer. Der ordinaire Postwagen bleibt 3 Tage von Schaffhausen auf Ulm unterwegs.

Von Bern auf Augspurg sind 37 Meilen, wenn man über Zürich und Memmingen gehet.

Will man von Bern über Schaffhausen nach Stuttgard; so kann man mit der Post über Brugg alle Wochen zweymal dahin abgehen. Es sind 15 Meilen von Schaffhausen. Der Weg gehet über Engen, Duttlingen, Hechingen, Tübingen. —

Will man von Bern über Basel nach Stuttgard gehen, so ist der beste Weg über Kalteherberg, Mülheim, Krotzingen, Freyburg, Kenzingen, Friesenheim, Offenburg, Rastadt, Carlsruh. Es sind von Basel 27 Meilen, oder $13\frac{1}{2}$ Posten.

Verreist man von Bern nach Nürnberg, so läuft die Route über Schaffhausen. Man rechnet von Schaffhausen auf Nürnberg 35 Meilen.

Hingegen wenn man über Basel nach Nürnberg gehet, so muß man 9 Meilen mehr rechnen. Von Basel bis Nürnberg bleibt man mit der fahrenden Post 7 Tag unterwegs. Die Route gehet sodann über Stuttgard. Hingegen wenn man über Schaffhausen aus der Schweiz gehet, so kommt man über Ulm.

Nach Mannheim ist von Bern die beste Route über

Basel. Von letzterem Ort sind es $32\frac{1}{2}$ Meilen, oder 16 Posten. Der Postwagen fährt es in 4 Tagen. Hingegen über Schaffhausen sind es 33 Meilen; man bleibt 5 Tage von Schaffhausen auf dem Weg.

Von Bern auf Leipzig sind es 80 Meilen. Die Route gehet über Schaffhausen und Nürnberg. Will man aber über Basel und Frankfurt, so sind es 91 Meilen.

Von Bern auf Hamburg reißt man kürzer über Basel. Es sind von letzterem Orte, so wie von Schaffhausen 91 Meilen.

Will man von Bern über Zürich nach Schaffhausen gehen; so sind es 16 Meilen. Hingegen gehet der gerade Weg über Kayserstuhl, und ist nur überhaupt 14 Meilen. Auch über Brugg und Zurzach gehet es leichter, und man kann höchstens 15 Meilen rechnen.

Will man von Bern auf Frankfurt reisen, so ist der Weg über Basel der nächste; über Schaffhausen sind es 57 Meilen, über Basel aber nur 53 Meilen.

Von Bern nach Chur gehet der Weg über Zürich den See hinauf nach Lachen. Von Bern auf Zürich sind es 12 Meilen; von Zürich auf Chur auch 12 Meilen. Man kommt auch über den Wallenstädtersee.

Von Bern nach dem St. Gotthardt gehet man über Langnau durch das Entlibuch zu Pferd nach Luzern; von da auf dem See bis Altorf. Der große Umweg von Bern über Zofingen mit der Kutsche, macht einen wahren Triangel; ist kostbar, und macht die Reise langwürig.

Eine bequeme Reisekarte durch die Schweiz ist kürzlich erschienen, und in Bern bey der typographischen Societätsbuchhandlung neben dem Hôtel de Musique à 15 Batzen zu haben: Carte des Routes, où l'on a marqué les distances d'un endroit à l'autre. Schweizerkarte der Hauptstraßen und der Entfernungen von einem Ort zum andern. Zu der Berichtigung dieser Karte haben die erfahrensten Schweizerkenner ihre Bemerkungen geliefert.

Schaffhausen.

Herr Oberpostmeister von Meyenburg in Schaffhausen, hat die Gütigkeit gehabt, uns über die Ankunft und Abgang der dortigen Posten (den 17ten October 1794), folgendes zu berichten; welches wir zum Dienst der Reisenden von Bern sehr brauchbar finden, weil bisher bekannt war, daß es schwer halte, von Schaffhausen tiefer in die Schweiz mit ordinairen Gelegenheiten zu reisen. Er schreibt uns:

„Wir haben einen deutschen Postwagen welcher Mittwoch Morgens um 7 Uhr von dem Bureau abgehet, man muß sich Dienstags bey guter Zeit melden, und seine Sachen abgeben. Er ist zu 8 Personen eingerichtet. Der Passagier hat 50 Pfund frey. Man zahlt für eine Person nach Stuttgard, wo man Freytags ankommt, fl. 6. 4 kr. und für 100 Pfund Uebergewicht fl. 4

Ankunft in:		Fl.	Kr.	Pfund	Fl.	Kr.
Mannheim	Sonntags	11	8	100	6	24
Frankfurt	Montags	14	—	100	6	39
Ulm	Freytags	5	36	100	3	30
Augspurg	Samstags	9	6	100	5	20
München	Sonntags	11	38	100	6	24
Nürnberg	Montags	13	39	100	9	36

Nach Zürich ist seit einem Jahr eine Diligence errichtet worden; sie gehet Montags um 7 Uhr ab; wechselt in Eglisau mit jener von Zürich, und ist Abends hier und in Zürich zurück.

Die Person zahlt 1 Rthl. hat 50 Pfund frey, und zahlt von einen Pfund Uebergewicht einen Schilling Zürcher Valuta.

Nach Basel gehet von hier alle 14 Tage eine Landkutsche durch das Oesterreichische. Diese Kutsche kommt von Konstanz, geht auch von Basel wieder durch Schaffhausen nach Konstanz zurück. Sie macht ihre Reise in 2 Tagen.

Von hier nach Konstanz zahlt man auf der Landkutsche fl. 2. 45 kr. und hat 50 Pfund frey. Nach Basel zahlt man auf eben dieser Kutsche fl. 5. 30 kr. hat 50 Pfund frey. Die Kutsche von Konstanz kommt am Dienstag hier an, jene von Basel am Sonntag.

Nach Konstanz gehet auch alle Donnerstag ein Schiff den Rhein und den Untersee herauf; bey widrigem Wetter kann diese Fahrt (zu Lande 9 Stunden) 2 Tage dauren.

Will man von hier aus, hie oder dahin mit Miethkutschen reisen, so zahlt man vom Pferd des Tags fl. 3. 20 kr. Reichsgeld, und Retour *).

Man kann mit der Extrapost nach Basel, Brugg **) und nach Konstanz fahren. Nach Basel sind es 6 Posten, und nach Konstanz 2½ Posten durch das Schwäbische nemlich Singen, Zelle

Ich bemerke noch in Betreff der Extraposten, daß ihr Preis seit ein paar Jahren erhöht worden, für eine Station von 4 Stunden zahlt man jetzt auf das Pferd 15 kr. mehr, d. i. fl. 1. 15 kr.

Basel.

Von Basel auf Frankfurt gehet der ordinaire Reichs-Postwagen Mittwoch Morgens ab; und ferner am Sonntag Mittags um 2 Uhr. Man muß sich aber Tags zuvor einschreiben lassen.

Eine Kutsche auf Hüningen nimmt die Passagier

---

*) So viel der Herausgeber dieses Buchs sich erinnert, zahlte er in vorigen Zeiten 1 Neuenthaler per Pferd, also für eine Kutsche mit 2 Pferden 2 Rthaler. Der Preis hat also aufgeschlagen. Die Retour rechnete man freylich auch.

**) Man sehe die Beschreibung von Bern, 1r Band, Seite 263.

nach Colmar und Straßburg. Die vormals so regulär abgehende Straßburgerdiligence hat jetzt keine bestimmte Zeit mehr.

Nach Mühlhausen gehet von Basel alle Freytag um 12 Uhr eine Kutsche ab.

Die Pariser Diligence verreißt jeden französischen Monat von Basel 6 mal, und zwar jede Dekade 2 mal, von 5 zu 5 Tagen. Wenn aber schlechter Weg oder andere Vorfälle solche aufhalten, so kann man auf etliche Tage nicht darauf zählen.

Wer in Bern Packete durch die Post ins Ausland senden will, muß solche an einen Speditor an der Gränze addreßiren, weil man nicht weiter als wohin die Schweizer-Post gehet, dafür gutspricht; auch auf keine fremde Stadt etwas eingeschrieben wird.

Der Kanton

in

seinem Umfang.

Die Gegenden um Bern.

Die innere Vogteyen oder vier Landgerichte, die von den vier Herrn Vennern regiert werden, liegen um die Stadt her; sie heissen: Seftigen, Sternenberg, Zollikofen, Konolfingen; sie geben bis auf 5 und 6 Stunden in die Runde, und enthalten über 40 Dörfer, so in dem gesegnetesten Landesstrich liegen. Schöne Wiesen, fetter Boden, wohl unterhaltene Waldungen zieren das Feld. Alle Lebensbedürfnisse werden in Menge für die Stadt gebaut. Auch Holz bringen die Bauern in Menge — und doch ist es theuer.

Die Landgerichte waren die erste Erwerbschaft der alten Berner zu ihrer Sicherheit und zur Proviantirung der Stadt. Ihre Eintheilung ist im 1ten Theil der Beschreibung von Bern, Seite 287 angezeigt. Nur muß noch angemerkt werden, daß jedes Gericht einen Freyweibel hat, der so viel als Ammann des Distrikts ist, und auch an den kleinen Rath Berichte erstattet. Der Landbau wird gut besorgt. Man siehet Kornfelder, mit Haber, Spelz, Roggen, Flachs, Hanf abwechseln. Leinwand und Zwillich bringen die Bauern als eigene Fabrikwaaren auch noch zum Verkauf in die Stadt. Aus allen diesem erhellet, daß die Stadt Bern von ihrem Bezirk hinlängliche Früchte ziehen sollte — wenn sie nicht andern ihren entferntern Angehörigen davon mittheilen müßte, und vieles durch Unterhändler erschwert und theurer würde.

Das erste und älteste Gebiet der Stadt waren aber die Kirchspiele und Dorfschaften: Bollingen, Stettlen, Vechingen, Muri; worinn noch verschiedene kleine Dörfer und Ortschaften eingepfarrt sind. Diese stehen noch heut zu Tag unter dem Stadtgericht, und ihre Armenpflege und ganze Oekonomie des Landes besorgt der Herr Venner zu Metzgern; der tägliche Rath aber richtet alle Beschwerden, und verordnet das Weitere in allen Vorfällen.

Die Landvogtey Thorberg im Amt Zollikofen, kann mit Recht für eine gute Landesgegend gelten. Sie liegt in einem ganz abgelegenen Thale; und eben

darum

darum sind die Sitten der Bauern noch sehr gut, und die Preise der Lebensmittel ziemlich billig.

Auch die Landvogtey Buchsee wird wenig von Reisenden bemerkt, denn sie liegt ganz auf der Seite. Hier giebt es schöne und fruchtbare Felder; viel ebenes Land; die Viehzucht und der Ackerbau sind wohl unterhalten; der Charakter der Bauern ist meistens gut.

Die Landvogtey Fraubrunn ist nur klein, hat aber herrliche fruchtbare Ebenen. Wegen der Nähe von Bern sind die Bauern reich, denn alles was sie nach der Stadt zu Markt bringen, wird ihnen wohl bezahlt.

Die Landvogtey Könitz liegt vor den Thoren der Stadt; sie ist klein an Umfang, aber reich an innerm Gehalt. Diese erst in diesem Jahrhundert an Bern gekommene Landschaft, ziehet aus ihren Natur-Erzeugnissen den höchsten Preiß von der Hauptstadt, da die Leute keine grose Kosten mit dem Marktführen haben und sehr nahe sind; auch wohnen in diesem Umkreis viele reiche Partikularen auf ihren Landhäusern. Eine starke Bevölkerung unter den Bauern siehet man aber doch nicht. Einige gar zu Reiche rühmt man jedoch zu stark.

Die Landvogtey Frienisberg hat schöne vormalige Kloster-Einkünfte; sie ist aber von keinem grosen Umfang. Schüpfen und Seedorf sind die ansehnlichsten Pfarrgemeinden dieses Amtes. Der Bauer ist nicht sehr reich, aber auch nicht arm.

Die Gegenden um den Bieler- und Neuenburger-See.

Die Landvogtey Arberg, etwa 4 Stunden lang, hat einen fruchtbaren Boden; dahin gehören auch die schönen Dörfer Affoltern und Kappelen, die an wahrem Landbau und Ackerkultur wenig ihres gleichen in unserm Kanton haben. Auf der Seite liegt Büren und Gottstadt.

Die Landvogtey Büren hat auch einen angenehmen Landesstrich, doch von den nahen Wassern der Aare und der Ziel werden die Aecker mit öftern Ueberschwemmungen heimgesucht, und müssen oft lange im Sumpf liegen. Die höhern Gegenden aber sind desto reicher. Die Dörfer Lengnau, Rüty, Dießbach sind ganz vorzüglich wohlhabend durch den Ackerbau. Auch werden ziemlich viele und gute Pferde in dieser Gegend gezogen. Die große Landstraße von dem Aergäu über Solothurn und Büren nach dem Pays- de Vaud und Frankreich macht diesen Strich Landes noch belebter.

Unterhalb Nidau liegt die Landvogtey Gottstadt; war auch ein vormaliges Klosteramt; es gehören nur wenige Dörfer dazu, aber desto reicher sind die Zehenden und obrigkeitlichen Gefälle.

Die Landvogtey Niedau macht eine ganz eigene Landesart aus, sie ist nicht sonderlich gebürgig, hat wenig schweizerliches; das meiste ist ein niedres Gelände —

theils morastig, theils Wiesen; überhaupt aber ist es ein moosigter Boden, der von den öftern Ueberschwemmungen recht viel leidet. Keine Landschaft ist den Hagelschäden so unterworfen wie diese, da selten ein paar Jahre vergehen, wo nicht die ganze Erndte verwittert oder von Wolkenbrüchen zermalmet wird. In dem Weingeländ ist oft rauher steinigter und nackter Boden. Gute Weiden giebt es überhaupt wenige, daher die Viehart auch nur geringe ist. Doch enthält es noch ziemlich Ackerland, das fleißig angebaut wird. Auch Klee und Futterkräuter kommen gut fort. Wo aber Gemeindweiden gelten, da ist das Land gering und die Leute sind arm. Die Dörfer liegen nahe an einander. Das Land ist überhaupt noch volkreich, und fast alle Einwohner leben in gleichen mittelmäßigen Glücksumständen.

Die Landvogtey Erlach ist sehr schön gelegen; reich ist diese ganze Gegend nicht; auch hat sie nicht eigentliche Vorzüge für den Nahrungsstand, hingegen besitzt sie die schönste malerische Aussicht auf eine heitere und stille Landschaft. Nichts aber ist herzerfreulicher als die Lage des Dorfes Ins (Anet), wo die nahen Seen den Naturfreund entzücken. Auf dem Jolimont hat die Natur ihre grösten Schönheiten ausgelegt; wer ihn besteigt, hat die Schweiz in ihrer schönsten Lage gesehen.

Die Landvogtey St. Johannsen war sonst eine Klosterabtey. Und da es Benediktiner waren, so kann man schon wissen, daß sie kein schlechtes Land werden gewählt haben, denn sie sind bekanntlich Kenner guter und reicher Landesgegenden. — Die Landvogtey ist an Umfang klein, aber an beträchtlichen Einkünften groß.

Oben am See liegt die

Landvogtey Yverdon. Sie ist eine der grösten im Umfang, denn sie hat 5 bis 6 Stunden in die Länge. Die Stadt Yverdon ist eine der artigsten, reinlichsten, wohlhabendsten des Pays-de Vaud. Gute Manieren ohne französische Windmacherey findet man da in einem angenehmen Lande, in der Nachbarschaft der herrlichen Neuenburger Gebürge. — Weinwachs ist nicht sonderlich viel, aber die Bergweiden und Obstgärten wechseln anmuthig neben einander ab. Die Straße von hier nach Burgund macht die Handlung noch wichtig genug, obgleich keine Fabriken angelegt sind, die auch nur mehr liederliches Gesindel und wenig bessere Einwohner dem Land verschaffen würden.

Die Landvogtey Romainmotier liegt hinter Yverdon; sie ist unstreitig die reichste und auch angenehmste im Pays-de Vaud. Sie hat eine ehemalige Kloster-Herrschaft unter sich, so wie auch der Landvogt in dem Benediktinerkloster seinen Sitz hat. Herrliche Thäler, fischreiche Wasser, ein See, wohlgebaute Dörfer, ansehnliche Häuser, reiche Ackerfelder und noch schönere Wiesen zeichnen diese ganz herrliche Landschaft aus, die auch eine mehr hohe als niedrige Lage hat. Das Thal allein ist 6 Stunden lang: und was diesen Erdstrich noch schätzbarer macht, das sind die geschickten fleißigen, wohlhabenden Einwohner. Hier werden eiserne Oefen und Schießgewehre in großer Menge verfertiget. Es giebt unter den gemeinen Leuten Künstler aller Art: Vorzüglich aber Uhrmacher, Stahlschleifer, Holzschnitzler und Steinhauer. Auch noch das besondere findet man bey diesem Volk, daß es Musikalisch ist; und von Jugend auf die Kinder zum harmonischen Singen gewöhnet.

Die Straße ins Pays = de Vaud.

Wenn man sich von Bern auf den Weg nach Murten macht, so findet man ihn anfänglich etwas langweilig, aber unvermuthet enthüllen sich hie und dort Schönheiten; da ist ein Hügel, der eine schöne Aussicht gewähret; dort kommt man durch ein Dorf, das Wohlseyn und deutschen Fleiß ankündiget; aber je näher man Murten kommt, so schließt sich alles, der Weg gehet durch eine melankolisch stille Waldgegend; doch eben diese bereitet den Reisenden auf die herrlichsten Naturscenen vor, die ihn um Murten bezaubern: er genießt den überraschenden Anblick des Sees desto wonnevoller.

Murten stehet unter den Kantonen Bern und Freyburg. Die Seefarth auf Neufchatel; die benachbarte schöne Weinberge; die wohlgebaute Straße nach

Aubonne; alles ladet zur Freude ein. Man athmet schon die heitere freyere Luft des lieblichen Pays-de Vaud.

Bevor man nach Murten kommt, wandelt man durch einen Theil der Landvogtey Laupen; Gümminen, 3 Stunden von Bern, wo die Hauptstraße vorbeygehet, ist nahe bey Laupen.

Die Landvogtey Laupen gränzt an Freyburg und Murten. Der Bauerncharakter ist gut geartet, der Feldbau geehrt, der Fleiß allgemein. Diese Landschaft ist eine der ältesten, so zu der Republik Bern gehört. Auch ist hier der erste Sieg für die Freyheit von den Bernern gewonnen worden.

Herrlich angebaut, blühend und beseelt ist das Amt Wiflisburg oder Avanches. Unter den welschen Bauern sind das die fleißigsten; da ist auch schöne Viehzucht; man siehet große Heerden Schaafe und Schweine; die Bauern führen ihren Reichthum an Vieh und Gewächs nach den Neuenburgerbergen, wozu ihnen der See die natürlichste Hülfe darbietet. Wohlstand ist also da sehr sichtbar.

Der Tobacksbau hingegen ist im Amt Petterlingen ziemlich stark. Aber doch liegt hier herum viel Land unangebaut; ja die Gegend ist, wenn man einige Stunden über Petterlingen hinaus ist, wie ausgestorben. Man sieht auf der Straße weder Dörfer noch Menschen; das Land scheint verwayset und öde; bis bey Lucens sich wieder das Herz über den Anblick von Menschen erfreuen kann. Hier lasse ich auch gerne Sulzern seine Empfindungen mittheilen, die er bey seiner letzten Reise durch unsern Kanton in dieser Gegend äußerte; und die wohl jeder Kenner als wahre Natur erkennen wird: „Es ist auf diesem Wege nach Lausanne ziemlich sichtbar, daß das Land weder so gut bevölkert, noch das Volk so arbeitsam ist, als in dem deutschen Theil des Kantons Bern. Das Landvolk siehet hier etwas armselig aus, und man entdeckt ohne Mühe, daß es bey weitem nicht so fleißig und ordentlich ist, als seine deutsche Nachbarn. Die nicht sehr hohen Berge dieser Gegend sind meistens unangebaut, und folglich ganz unfruchtbar, sie scheinen überhaupt rauh, und viele sind zu steil, um angebaut zu werden; indeß ist es gewiß, daß sie, wo es nicht an fleißigen Einwohnern fehlte, gar leicht in Terrassen abgetheilt und bebauet werden könnten. Auch ist überhaupt in diesem Lande das Geblüt bey weitem nicht so schön und so gesund, als in dem deutschen Theil des Kantons, wo man unter dem Landvolk die schönsten Manns- und Weibspersonen antrift.„

Die Landvogtey Oron zwischen Moudon und Freyburg ist nur klein; liegt sehr seitwärts, die Bevölkerung ist geringe. Doch ist noch ziemliche Viehzucht da, welches die Gebürge von selbst zu fordern scheinen.

Moudon die Landvogtey liegt zum Theil im Joratgebürge. Auch hier kann man eben nicht viel rühmen.

Einige schöne Thäler findet man allerdings, die auch allmälig fleißiger angebaut werden; aber der größere Theil der Landvogtey liegt an rauhen Bergen, die Landschaft kann also nicht stark bevölkert seyn. Sie liefert ihre wenige Früchte, Gartengewächse und Getraide nach Lausanne und Vivis.

So wie man über Moudon hinaus ist, wird das Land wieder etwas trübe und verstekt; die einsame Straßen fallen dem Reisenden auf. Er findet wenig anzügliches von Naturschönheiten; kein Volk das ihn vergnügen könnte, kein Wirthshaus wo er ausruhen und sagen möchte: Hier ist gut bleiben. Man sehnt sich nach Lausanne.

Endlich wenn man bis auf eine gute Stunde noch vom Genfersee entfernet ist, thut sich das Land wieder auf. Man athmet leichter; die Höhe des Jura, auf welcher man wandelt, neigt sich allmälig, und man kommt an die offene Felder, die den Gesichtskreis einer paradisischen Welt öfnen.

Die Gegend um den Genfersee.

Sulzer hat sie auch empfunden, diese herrliche Lausannerhöhe. Er schreibt: „Wenn man sich der Stadt Lausanne nähert, so hat man im Herunterfahren eine Aussicht von unbeschreiblicher Mannigfaltigkeit und Schönheit. Man übersiehet den großen Genfersee fast ganz, und dabey einen ansehnlichen Theil seines diesseitigen reichen und mit viel Städten und Dörfern besetzten Ufers. Jenseits des Sees fällt der schönste Theil des Herzogthums Chablais, mit verschiedenen Städten, Dörfern, abwechselnden Hügeln und Ebenen; hinter denen die erstaunlich hohen, mit Schnee bedeckten Savoyischen Alpen, und weiter gegen Morgen die wilden Gebirge von Wallis, nebst den daran stoßenden Berner-Alpen, alles auf einmal ins Gesicht. Ich zweifle, ob irgend an einem Orte des Erdbodens eine reichere und mannigfaltigere Aussicht anzutreffen sey. Man siehet ein Stück Landes von etwa 40 Quadratmeilen vor sich — die höchste Fruchtbarkeit neben den wildesten Gegenden; und dies alles liegt um einen See her, der von der Höhe ganz übersehen wird, und die reizendeste, höchste Abwechselung dem menschlichen Auge gewähret." —

Er fährt an einem andern Orte fort:

"An dem diesseitigen Ufer übersiehet man die ganze sogenannte Cote mit den Städten Morges, Rolle, Nyon, Coppet bis Genf; — und hinter diesen die allmälich sich erhebenden Höhen, die mit den schönsten Weinbergen und unzähligen Landhäusern ganz wie bedeckt sind. Gegenüber liegen die Savoyischen Städte Evian, Thonon und das schöne Kloster Ripaille. Alles dieses macht eine bezaubernde Mannigfaltigkeit und Abwechslung der angenehmsten Gegenstände aus. Man hat sich also nicht zu verwundern, daß so viele vermögende Fremde, die kein anderes Interesse haben, als ihr Leben ruhig und vergnügt zuzubringen, sich in Lausanne oder der dortigen Gegend, niederlassen." —

So weit spricht Sulzer.

Die Landvogtey Lausanne ist mehr durch den Einzug von Fremden und Reisenden als durch eigenen National- und Volksreichthum berühmt. Die Fruchtfelder liegen meistens auf Felsen, und der Boden hat oft nur wenig Zolle tiefes Erdreich. Daher sind die Bauern auch größtentheils arm, und die Nachbarschaft des guten Weins vom Ryfthal und der Cote vollendet ihre Indolenz, da sie sich fast alle ohne Unterschied der Trunkenheit ergeben. Man findet viel ödes Land, niedrige schlechte Häuser, kleine Dörfer, geringe Einwohner. Meistens sind es Fuhrleute und Huttenträger für die benachbarte Städte und Herrschaftssitze; ihre Kinder ziehen fast alle in die Stadt und suchen Dienste bey den Nachbaren. Da die Speditionshandlung nach Italien und Piemont über Vivis und Ouchi noch ziemlich stark gehet, so werden dadurch sehr viele sonst müssige Leute nützlich beschäftiget.

Die reichen Fremden, die sich unaufhörlich in diesen Gegenden niederlassen, reizen doch die Indolenz Vieler zum Erwerb, und geben auch den wenig Bemittelten ein erträgliches Auskommen.

Die Lausanner Akademie ist in einer ziemlich gleichgültigen Lage. — Die fremden Studirenden die dahin kommen, benutzen mehr die angenehme Gesellschaft, den Umgang der Engländer und Reichen, als den der Gelehrten. Es ist viel Beaumonde daselbst, und dies schon ist hinlänglich den Trieb zu den ernsthaften Wissenschaften zu dämpfen und zurückzuhalten. Auch siehet man die fleißigsten der dortigen Professoren in ihre Häuser eingeschlossen; der Zulauf ihrer Kollegien ist geringe, obgleich die Lausanner Akademie jetzt seit der französischen Revolution die einzige französisch reformirte ist. Für wirklich deutsche Gelehrte ist der Aufenthalt daselbst eine Verbannung — weil sie mit allem was in der deutschen literarischen Welt vorgehet, völlig unbekannt bleiben, und keine Buchhandlung und keine Privatbibliothek der Begierde nach deutscher Literaturkenntniß nur einigermassen nachhilft.

Dieses sind Klagen, die ich oft von angesehenen deutschen Gelehrten schriftlich und mündlich hörte, und auch sonst schon wohl kannte. Hingegen was jeden Mann von gesundem Kopfe schadlos hält, das ist der gefällige Umgang der dortigen Einwohner und Fremden, die sich bald kennen und sich lieben. Auch Sulzer fühlte diesen Eindruck. Er sagte: „Die Einwohner scheinen ein freyes, vergnügtes, seinen Wohlstand fühlendes, dabey angenehmes und gefälliges Volk zu seyn. Die beträchtliche Anzahl vermögender Einwohner und die verschiedenen fremden reichen Familien, die sich hier bloß der Annehmlichkeit halber aufhalten, haben auch in den Städten den Ton der guten Gesellschaft überall eingeführt. Und die Lausanner sehen ihren Ort gleichsam als den Hof des Welschlandes an, auch halten sie tägliche Zusammenkünfte und eine hofmäßige Lebensart, ihre Abende bringen sie mit Spielen und gesellschaftlichen Unterredungen zu. Fremde sind in diesen Gesellschaften allemal willkommen, und können also das ganze Jahr täglich diesen Zeitvertreib geniessen." — So spricht Sulzer, und so ist es auch.

Auch der Bürger des Mittelstandes fühlt sich ein Herr zu seyn. Arbeitsamkeit, wie sie ein deutscher Bürger in den Städten übt, der in seiner Werkstadt sitzt, seine Gesellen selbst zu den Geschäften beseelt, das ist hier nicht der Gebrauch. Auch hier hat Sulzer gut beobachtet und er trift das Nationelle des Bürgergeistes genau, wenn er schreibt: „Selbst der gemeine Bürger hält sich zu vornehm durch irgend ein Handwerk seinen Unterhalt zu verdienen. Die Handwerksleute sind Fremde, meist Deutsche. Handlung ist wenig, und der gemeine Bürger lebt zum Theil von den Einkommen kleiner Bedienungen bey der Stadt, auch bey der Landesregierung, zum Theil von dem Ertrag seiner liegenden Gründen, die hier hoch genützt werden. Andere haben ihr Einkommen vom Vermiethen ihrer Häuser und von Pensionen der sich da aufhaltenden Fremden. Ueberhaupt wissen sie sich so zu kehren, daß sie mit einem geringen jährlichen Einkommen doch leben können." —

Auch zur Bevölkerung der Landvogtey Vivis tragen mehr die vielen Fremden als die Nationaleinwohner bey; denn die romantische Lage am Genfersee, Rousseaus

Schilderungen davon, und aller Reisebeschreiber hochklingender Jubelgesang, ziehen ganze Haufen von Ansiedlern herbey. Das freye ungenirte Leben im Pays - de Vaud, die Nachbarschaft des schönen Genfersees, die Jovialität der heitern Einwohner, die von Fremden meistens sich nähren, die ihnen also in allem so freundlich und höflich zuvorkommen; das ist, was diesen ganzen Strich Landes, von Vivis bis gegen Genf hinauf, zu einem wahren Elisium macht. Große Reichthümer sind unter dem Volk eben nicht; die reichsten sind die, so sich mit Fremden abgeben, so wie es auch die Kaufleute sind. Daß aber der Wein viele Unordnung in die Familien bringt, ist schon oben geklagt worden, und die vielen städtischen Herrndienste der Knechte und Mägde, schaden den ländlichen Sitten und dem Ackerbau noch vollends.

Fast alles was zum Leben gehört, wird von aussen her verschrieben und eingeführt; darum ist der Luxus, das Wolleben hier herum sehr groß, welches von dem leichten Erwerb des Geldes von den fremden Einwanderungen kommt! So steigt auch der Preis der Hausmiethen mit jedem Jahr. Sonst konnte man vor der Revolution ein bequemes Appartement von 3 und 4 Zimmern für 15 und 20 Louisd'or haben; jetzt muß man schon 40 bis 50 Louisd'or jährlich zahlen, und bekommt es noch schwerlich und mit großer Präcaution. Das sanfte milde Klima giebt nicht nur den vortreflichsten Wein, sondern ziehet auch Maulbeer, Feigen, Kastanien und alle feinere Obstarten. Die niedlichsten Blumen wachsen am Wege, und der Roßmarin ist in solcher Menge da, daß die Einwohner allen Fremden zum Willkomm damit Kränze flechten.

Auch der Landbau, die Produkte und der Preis des Rebgeländes haben in hiesiger Gegend viel Sonderbares und Eigenthümliches. Der feine Beobachter, der Natur- und Völkerkenner Sulzer hat auch darüber viel Neues und Gutes gesagt, und seine Worte verdienen auf immer einen Platz in einer Beschreibung dieses Landes. Er sagte:

„Während meines Aufenthalts in Lausanne machte ich mir einen Tag das Vergnügen einer Spazierfahrt nach Vevay, einem Ort, von dessen sonderbarer Annehmlichkeit ich so oft sprechen gehört. Dieser Ort liegt drey starke Stunden oberhalb Lausanne, an dem obern Theil des Genfersees. Der Weg dahin ist sehr angenehm an dem Fuß des Berges, der sich dicht an dem See von Lausanne bis Vevay erstreckt. Dieser ganze Berg ist an der Mittagsseite, die eigentlich die Küste des Sees ausmacht, mit Weinreben besetzt, einige wenige schmale Striche ausgenommen, wo die herunterlaufenden Bäche tiefe Tobel ausgehöhlt haben. Weil aber der Berg durchaus sehr steil ist, so ist er durch eine unzählbare Menge kleiner Mauern in Terrassen *) abgetheilt, welche verhindern, daß das Regenwasser die

*) Eine vorzüglich große Menge von dergleichen Terrassen sieht man an den steilen Halden des Berges zwischen Cülli und

Erde nicht herunterspült. Man muß die erstaunliche Arbeit bewundern, die diesen Berg durch so viele tausend Mauern zum Anbau des Weines tüchtig gemacht hat. Es fiel mir bey dieser Gelegenheit wieder ein, was ich gar oft bey ähnlichen Veranlassungen gedacht habe, nämlich: daß wenig kultivirte Grundstücke sind, deren jetziger Werth, wenn sie vertauscht werden, die Arbeit bezahlt, die daran hat müssen gewendet werden, um sie urbar zu machen und in urbarem Stand zu erhalten. Hier hat es nicht nur ungemeine Arbeit gekostet, die Mauern aufzuführen und jede Terrasse abzuebnen, sondern es kostet, seit so viel Jahrhunderten, fast jedes Jahr neue Arbeit sie im Stande zu erhalten. Denn oft drückt die durch langen Regen weich gewordene Erde nach, und macht hie und da die Mauern bersten. Auch stürzen an verschiedenen Orten große Felsenstücke, die sich auf der Höhe des Berges losgerissen, über diese Terrassen herunter, und schlagen die Mauern ein, so daß man mit der Arbeit daran nie fertig wird. Durch diese Weinberge geht der Weg nach Vevay meistens in einer kleinen Erhöhung über den See; nur hie und da läuft die Strasse herunter, und eine Zeitlang an dem Ufer desselben.

Etwan eine Stunde oberhalb Lausanne fängt der

St. Saphorin, wo ein kleiner Distrikt, Dezaley genannt, den besten und stärksten Rofwein giebt, und größtentheils der Stadt Lausanne zugehört.

kleine Distrikt an, der eigentlich la Vaud, im Deutschen das Ryffthal, genannt wird, wiewohl man einen an einem Berg fortlaufenden Strich Landes nicht schicklich ein Thal nennen kann. Diese Gegend ist wegen ihres Weines berühmt, der unstreitig alle andere in der Schweiz wachsenden Weine weit übertrift *). Von den Weintrauben aber behaupten erfahrne Kenner, daß sie allen andern Weintrauben den Vorzug streitig machen, und ich habe nichts dagegen einzuwenden, da sie mir vor allen Spannischen, Französischen und Italienischen Trauben, die ich gekostet, den Vorzug zu haben schienen. Sie haben nicht einen so zähen Honigsaft, wie viele spannische Trauben, aber, bey einer sehr dünnen Haut und einem ganz flüssigen Saft, eine ausnehmende Lieblichkeit.

Dieses Weines halber sind die Weinberge hier in sehr hohem Werth, und vielleicht das theuerste Land von der Welt, wenn man die seltenen Ländereyen dicht an großen Städten ausnimmt, die zu Gärten gebraucht werden, und darum ausser allem Verhältniß mit großen Ländereyen stehen. Ein Arpent oder Pose wie es hier genannt wird (ungefähr 40000 Rheinl. Quadratfuß) ist bisweilen mit 8, auch 10000 Pfund, das ist mit 13 bis 16000 Französischen Livres bezahlt worden. Eine sehr große

*) Viele Personen lieben diesen Wein nicht; er fällt stark auf die Nerven. Der Wein de la Cote wird mehr gesucht.

grosse Summe, in Vergleichung dessen, was in den besten und fruchtbarsten Gegenden Deutschlands für so viel Land bezahlt wird.„

„Unterwegs zeigte man mir einen Ort, wo sich vor wenig Jahren eine seltsame Naturbegebenheit zugetragen hat. Man fand nämlich an einem Morgen, daß ein kleines an dem steilen Berg liegendes Stück Land mit dem darauf stehenden Haus, den Obstbäumen und Weinreben, eine ziemliche Strecke heruntergerückt war, ohne daß weder in dem Haus, noch an den Bäumen die geringste Veränderung wahrzunehmen gewesen „

„Nach einer sehr angenehmen Fahrt von etwa viertbalb Stunden kam ich in Vevay an. Diese kleine Stadt hat eine ganz besondere Lage, wodurch sie zum Wohnsitz stiller, von der Welt abgesonderter und an romantischen Schönheiten der Natur sich ergötzender Menschen bestimmt zu seyn scheinet.„

Die Landvogtey Aubonne liegt ganz im Rebgelände. Sie gehet jährlich mit dem besten la Cote-Wein schwanger.

– An die vorstehende nur kleine Landvogtey schließt sich die größere und reichere an: — die Landvogtey Morsee, (Morges) die über 70 große und kleine Dörfer zählt, deren ganze Gegend voll Weinbergen, Schlössern und Herrschaften ist, also sehr belebt und reich und der Triumph der schönen Natur ist. —

Neus (Nyon) diese Landvögtey; ist auch weitläufig; sie hat schöne Dörfer und Schlößer; sehr guten Obstwachs und ziemliche Viehzucht, aber fast keinen Ackerbau. Kastanien ziehet man in Menge. Der Holzhandel vorzüglich des Städtchens Nyon, ist sehr groß. Der *Wein* gedeihet vortrefflich.

Hier an diesem offenen heitern Orte Nyon, an der Gränze vom Bernerkanton, an der Hauptstraße nach Frankreich und am Ufer des schönen Sees gelegen — hat vor 5 Jahren Hr. Snell eine Kostschule errichtet, da er mehrere Jahre vorher zu Zofingen ein dergleichen Etablißement gemacht hatte, das sehr gut gefunden worden. Bey dieser Ortsveränderung sah er aber vorzüglich darauf, wie er seinen künftigen Kostgängern und Schülern die feinere Lebensart besser beybringen möchte als es im deutschen Kanton und in einer Municipalstadt nicht wohl möglich war, wo ein bürgerlich eingezogenes Leben die Leute zum gesellschaftlichen Umgang etwas weniger stimmt, als in dem heitern und gesellschaftlichen Pays-de Vaud, wo Fremde aller Art sich wie zu Hause finden. Hr. Snell vereiniget also mit seiner deutschen Lehrart zugleich die Civilität der ungezwungenen gesellschaftlichen Welt, und man findet schon Lehrlinge aus allen Ständen in seinem guten Hause.

Nyon hat auch eine Porzellanfabrik, die vortrefliche Arbeit liefert.

Die Landvogtey Bonmont hat das Eigenthümliche, daß sie die reichsten Viehheerden hat, und die besten

Berg-Weiden. Das Amt ist nicht groß, aber angenehm. Es liegt an der äussersten Gränze des Kantons; hat Frankreich und Genf zur Nachbarschaft.

Die Rechnungsart ist im Pays-de Vaud sehr üblich, daß man Florin sagt: ein solcher Florin ist 4 Batzen; und ist keine reale sondern nur ideale Münze. —

Die Hugenotten, oder französischen Protestanten, die sich am Ende des vorigen Jahrhunderts nach der Schweiz flüchteten, haben das Pays-de Vaud mit den reichsten Leuten bevölkert. — Allein in dem kleinen Städtchen Vivis am See, sind von dem Jahr 1694 bis 1764 also in einem Zeitraum von 70 Jahren, 1385 Kinder solcher französischer Eltern getauft worden. Man kann eben so viel für die Städte Morsee, Roll, Neus annehmen, wohin eine ziemliche Menge dieser Verfolgten sich geflüchtet haben; 4 bis 5 hundert darf man für die übrigen 42 Kirchspiele des Welschlandes ansetzen, da sich an jedem Orte mehrere niedergelassen haben *), worunter geschickte Kaufleute, arbeitsame Künstler, fähige Köpfe auch Modefabrikanten aller Art waren. Der Landesgenius hat sich also dadurch seit hundert Jahren in dem Ton der Gesellschaft sehr geändert; (outre que la Société du bonton a fort travaillé ce pays là).

Nichts ist lieblicher und schmelzt so das Herz als die Rundetänze im Pays-de Vaud an den Sommer-

*) Man sehe Herrn Pfarrer Müret Preisschrift über die Bevölkerung der Waadt, 1764.

abenden auf öffentlichen Plätzen und Spaziergängen. Wenn da der helle Mond dazu scheint, die Luft stille ist, der glänzende Genfersee sich spiegelt — und das frohe Getöse der Jugend in solchen Reihetänzen erschallet — o — dann glaubt man sich in Elysium, im Vorhof des Allerheiligsten zu seyn! Ich gebe hier meine Empfindungen wieder, wie ich sie zu hundertmalen und jedesmal mit ungeschwächter Freude empfunden habe. —

In der französischen Schweiz herrscht ein apartes Volksgenie: — diese Nation hat beynahe mit den übrigen Schweizern und also den deutschen Bernern nichts gemein; sie weichen so sehr von einander ab, daß man sie kaum für Mitbrüder ansehen kann. Schon andere haben daher gesagt, daß der helvetische Gemeingeist, wie er zum Beyspiel in Olten und Arau bey der helvetischen Gesellschaft sich äussert, von den Einwohnern des Pays-de Vaud fast gar nicht gekannt ist, ja sie scheinen mit der übrigen Schweiz beynahe in gar keiner Verbindung zu stehen.

Das Emmenthal.

Dieser vortrefliche Theil des Bernerkantons fängt an wenige Stunden von der Stadt, und erstreckt sich auf 9 bis 10 Stunden in die Länge, und 4 bis 5 Stunden in die Breite. Unsre Landwirthschaft ist in keiner Gegend, vielleicht in der ganzen Schweiz nicht blühender, als eben hier. Die Viehzucht wird mit Kenntniß und Fleiß betrieben; Gewerbschaften, Fabrikationen aller Art beschäftigen die fleißigen Einwohner; Wohlstand ist überall sichtbar; Ehre und Reichthum gebühret jedem fleißigen Berner; und so theilen wir diesen Ruhm vorzüglich den Emmenthalern zu.

Die Landvogtey Brandis ist gleichsam der Eingang oder Vorhof des Emmenthals; so wie auf der andern Seite die schöne Landvogtey Signau; sie sind beyde voller zerstreuten schönen Bauernhäuser, Viehweiden und Landsitze; die nahe Nachbarschaft von der Hauptstadt giebt den Bauern einen guten Ausweg ihre Erzeugnisse gut abzusetzen; so wie die Nachbarschaft des betriebsamen Thun, Burgdorfs, Langenthals, die besten Ablagen für den Handel ihrer Fabrikwaaren sind.

Man findet in diesem reichen Emmenthal Landleute, die die Handelschaft mit Sachkenntniß treiben; die Kaufmannschaft ordentlich erlernen; ihre Söhne gehen auf Reisen, und sie schreiben und rechnen wie die städtische Komptoristen; sie beschäftigen viele Dörfer mit schönen Webereyen, mit Band- und Leinwand-Fabrikationen, sie helfen den Flachsbau stärker betreiben; geben Nahrung den Dürftigen. — Auf der Zurzacher Messe sind die Artikel dieser Kaufleute sehr gesucht.

Auch die Ackerfelder werden herrlich angebaut. Der Roßhandel ist sehr beträchtlich, und die Bauern dieser Gegend wissen nicht nur ihre Pferde groß und stark zu ziehen; sondern ihnen auch die Eigenschaften zu geben, daß sie zu jedem Gebrauch abgerichtet und dauerhaft sind.

Die besten Schweizerpferde findet man daher auf dem Markt zu Langnau.

Der beste Emmenthaler Käs wird um Tschangnau gemacht; er kommt in Menge auf die Märkte nach Langnau, Bern, Burgdorf, Thun.

Die Landvogtey Trachselwald liegt im Herzen des Emmenthals, sie ist eine der gesegnetesten des Landes; hat einen ungemein reichen Viehstand, und bey der Naturalienzählung vor einigen Jahren hatte sie nahe an 10 tausend Stück, theils Kühe, Stiere und Kälber; bey 6 tausend Schaafe und Geißen; 3482 Schweine; 1377 Pferde. Nach Proportion der Größe dieses Amts, das reichste im Lande.

Die Landvogtey Sumiswald, auch im Emmenthal gelegen, verbindet eben die Fruchtbarkeit, auch die gleiche fleißige Viehzucht. Im Jahr 1787 zählte man nur allein über tausend Stiere und Kühe, 5 hundert Kälber. — Die Geißen und Böcke; Schaafe und Schweine, Pferde und Füllen sind in gleicher reicher Anzahl da zu Hause. Ueberhaupt sind aber wenig eigentliche Dörfer in diesem Lande — sondern es ist voll zerstreuter Wohnungen und Ställen.

Die Gegenden der hohen Alpen.

Das sogenannte Oberland fängt bey Thun an; dort gehet man in das Allerheiligste der hohen Alpen ein. — Wo sich das Auge hinwendet, da trift es auf ungeheure Gebürge und entsetzlich steile Felswände; ein Bollwerk ruhet über dem andern, die sich bis in die Wolken thürmen; das Vieh weidet in der Nachbarschaft der höhern Elemente, der menschliche Geist wundert sich, wie so schweres Vieh diese Höhen ersteigen kann; da scheinen die grösten Stiere, wenn man aus der Tiefe hinaufblickt, wie Tupfen auf einem ausgespannten Teppich. Wenn man nicht zuweilen das Schellen der grosen Stierglocken hörte, so würde man gar keine lebendige Kreaturen da vermuthen. — Und was noch das Merkwürdigste ist, diese schwere Thiere fühlen sich dann erst wohlauf und muthig, wenn sie aus der Ebene in diese höhere Regionen steigen; sie schreyen in ihren Ställen trübselig bis wieder die Zeit der Alpenweide kommt.

Wenn man über Thun hinauf das Land bereiset, so findet man zwar fruchtbare, angebaute Erdstriche, aber das Ganze entspricht doch nicht der Erwartung. Je tiefer hinein man in die Alpen kommt, je unfruchtbarer und steiniger wird der Boden, er giebt bloß noch Fütterung dem Vieh, das aber oft einen Umkreis von vielen Stunden bedarf, um seine Weide aufzusuchen.

Vortheilhaft aber ist es dem Landmann, daß er seine Geißen, Schaafe, Böcke auf die Felsenspitzen zum Abgrasen der Kräuter treiben kann, wo diese Thiere die schmackhaftesten Gesträuche auszusuchen wissen; und wo es dem menschlichen Fuß unzugänglich wird, die zahmen Hausthiere für den Menschen angewiesen sind, die verlohrnen Reichthümer der Natur zu sammlen! Wie wunderbar ist doch die Oekonomie Gottes!

Das Amt oder die Landvogtey Thun ist groß, hat einige schöne Dörfer, worunter vorzüglich Stäfisburg wegen seiner Schönheit bemerkt zu werden verdient; nicht leicht wird man in unserm Kanton einen wohlhabendern Ort finden. Die Herrschaft Spiez ziert auch diese Landvogtey. Die Viehzucht und der Handel ist sehr ansehnlich, wozu die Aare auf welcher die Frachten so sehr gering sind, und die Nachbarschaft von Bern vieles beytragen. Alles aus dem Oberland kann in hohem Preis abgesetzt werden. Die Oberländer wenn sie fleißig sind, können sich also noch Reichthümer genug verschaffen.

Thun soll sonst ins Oberland einen starken Handel getrieben haben; nun aber finden sich eine Menge Krämer und ansehnliche reiche Bauern in den Thälern, die selbst die deutschen Messen besuchen und mit allen möglichen Artikeln handeln; sie führen auch Nationalprodukte aus, und nehmen dagegen andere Waaren in ihre Berge zurück. Leider kommen auch damit viele Waaren des Luxus, der Mode und der Weichlichkeit in diese Hütten. Auch verkauft man vielfältig Zucker,

Kaffee, Gewürze wohlfeiler in den entferntern Thälern als in den Städten.

Die Landvogtey Oberhofen am Thunersee ist auch nur sehr klein, hat etwas geringen Weinbau; die ganze Gegend ist mager und wenig bewohnt.

Die Landvogtey Unterseen, deren Landvogt den Titel Schultheiß hat, ist nur klein; und unfruchtbare Berge sind in übergroser Menge da, darum kann auch nur ein geringer Verkehr mit den Nachbarn statt haben. Einige Mühlwerke und Holzmanufakturen beleben jedoch das Städtchen Unterseen; sonst aber liegen in dieser Vogtey die Häuser so zerstreut, daß man kein eigentliches Dorf nennen kann. —

Die Landvogtey Interlacken hat merkwürdige Naturgegenden zum Unterscheidungszeichen; man ist hier mehr unter den Bergen als unter den Menschen, mehr unter Steinen, Schnee, Eis und Wassern, als unter lebenden Wesen; — auch die Thierzucht kann darum nicht sehr ansehnlich seyn, und der Ackerbau fehlt beynahe ganz. Wer lange daselbst leben sollte, würde ein Heiliger oder ein Melankolikus. Mit Recht siedelten sich vormals Mönche in diese verlassene Gegend, denn Interlacken war ein Kloster. Die Reisende finden hier was sie suchen; ein sonderbares ungewöhnliches Bergland: zum Beschauen interessant, zum Bleiben aber höchst ennuyant. —

Zu der Landvogtey Interlacken zählt man auch das Lauterbrunnenthal, welches 5 Stunden lang ist; die größte Breite aber beträgt kaum eine Viertelstunde. Auch ungesund ist dieses Thal wegen den vielen abwechselnden kalten Winden, die oft in der größten Sommerhitze durchstreichen. Fast kein Obst kommt dort fort. Die Ahorn- und Eschenbäume aber wachsen desto ungestörter und prächtiger empor.

Das Grindelwaldthal, ist ein anderes zur Landvogtey Interlacken gehöriges Alpengebürge. — Tannenwälder sind der größte Reichthum neben den hie und da fetten und wohl benutzten Alpen. Ungeheure Schneeberge stehen im Umkreis. Das Thal liegt voll von Kalksteinen, Schiefern und Granitblöcken. Hie und da siehet man doch lachend liebliche Gegenden, blühend und fruchtbar. So gar die Viehzucht ist noch ansehnlich genug. Es leben höchstens dreytausend Menschen in diesem langen weiten Thale. Eine starke Menschenzahl würde in solchen Gegenden gefährlich seyn, denn sie riskirten auch bey dem sorgfältigsten Landbau — in Mißjahren alle zu verhungern.

Die Landschaft Hasli liegt ganz versteckt hinter 2 Seen; hat 10 Stunden in die Länge, aber eine kleine Breite, ja selten ist das Thal eine halbe Stunde breit. Den Namen hat es von den Haselstauden, die daherum in Menge wachsen. Der Landvogt von Interlacken hat die Aufsicht über das Land, und die Hasler geben ihren eigenen Landammann, der sowohl dem Rath zu Bern als der Gemeinde schwört, und alle 6 Jahr neu erwählt wird. Die Südwinde bestreichen fleißig diese Landschaft, wodurch die empfindliche Kälte gemäßiget wird, welche von den nahen Eisbergen kommt, und wodurch auch die Alpen noch fruchtbar werden. Das untere Hasle ist eigentlich das bessere Gelände; es ist 3 Stunden lang und wird von herrlichen Wassern durchflossen. — Meyringen ist der Hauptort; schön gebaut und reich; weiter hinaus wird das Land immer wilder, sogar verlieren sich alle Waldungen, und man siehet zuletzt blos einzelnes wildes Gesträuch, Schnee und Steinmassen. Daher kann man auf dieses weite Gebürgsthal nicht über 6 tausend Menschen zählen. Die Haslithaler wandern auch stärker als alle Oberländer aus; selbst Mädchen und Kinder ziehen häufig in Dienste in und ausser dem Kanton.

Diese Lust zur Wanderschaft kann auch von dem guten Humor und der lebhaften Denkungsart dieses Volkes kommen, das zum Ausharren und dürftigen Leben nicht gemacht ist. Der Feldbau kann fast gar nicht getrieben werden, denn der gröste Acker ist kaum über eine halbe Jauchart groß. Hanf und Flachs wird noch an den Bergen gebaut. Kartoffeln machen den Hauptartikel der Nahrung aus, dazu kommt die Schaaf- und Schweinszucht. Schaafe können die Hasler jährlich noch über 3 tausend Stück verkaufen, und etwa 3 hundert Schweine. Auch die Käse bringen ihnen so viel ein, daß sie zur Handelschaft noch Mittel genug haben, und Reichthümer sammlen können. Auch von den Fremden, die unaufhörlich in diesen Gegenden wallfahrten, ziehen sie manche gute Prise; welches aber den Sitten des Volks schon sehr geschadet hat; auch haben sie gar zu starke Bedürfnisse an Wein, Zucker und Kaffee. Die Armen des Landes werden zwar von reichen Armengütern unterhalten, sie fallen aber dem Lande beschwerlich, denn es sind keine Arbeitsschulen und keine Arbeitshäuser da, wo sie etwas verdienen könnten; und der Landbau beschäftiget ohnehin nur wenige Hände.

Die Kastellaney Frutigen fängt beym Thunersee an, und läuft bis an die hohe Gemmi ins Wallisertbal. Das Hauptgewerb der Einwohner ist die Viehzucht und Käsemachen; auch die Schaafzucht gedeihet wohl. Hier herum liegen die schönsten Gletscher. Das Kanderthal ist 3 Stunden lang und etwa drey Viertelstunden breit. Das Pfarrdorf Adelboden ist das reichste und fruchtbarste dieser Landschaft. Auch Frutigen ist ein offener schöner Ort mit einigen ansehnlichen Gebäuden; überall herrscht ein glücklicher Wohlstand; aber der Einwohner sind wenige. —

Die Landvogtey **Unter-Simmenthal** oder Kastellaney **Wimmis** ist 7 Stunden lang, läuft durch ein enges Thal von Thun hinweg bis an den Landbach; das Thal ist selten über eine Viertelstunde breit. — In diesem Amt liegen die Gewaltsberge **Stockhorn** und **Niesen**, und der Weissenburger Gesundbrunnen. Die Gegend ist wenig belebt, aber noch reich genug an Vieh, vorzüglich an Schaafen und Geißen. Der Flachsbau wird noch ziemlich stark getrieben, sonst aber ist der Ackerbau fast unbekannt in diesen Gegenden, selbst Obst und Gartengewächse kauft man in Thun. Einige reiche Kaufleute wohnen in diesen Bergen, die mit Spezereyen aller Art handeln, und in Zucker und Kaffee einen starken Absatz finden. Das obere und niedere Simmenthal beträgt 13 Stunden in die Länge.

Die Landvogtey Ober-Simmenthal, oder Kastellaney Zweysimmen, ist ziemlich volkreich und gut angebaut; hat herrliche Viehweiden und reiche Waldungen. Da diese Gegend worinn das schöne Pfarrdorf Lenk liegt, fast ganz mit den hohen Walliserbergen eingeschlossen ist, so ist der Sommer und die Temperatur so gemäßigt, daß man mehr eine anhaltende Frühlingsluft als Hitze empfindet. — Die Sitten dieses Bergvolkes sind ziemlich gut: der Wohlstand gemäßigt, der Zulauf von fremden Reisenden Gottlob noch nicht so gemein.

Die Landvogtey Sanen (Gessenay), hat 13 Thäler und 8 Kirchspiele von etwa 9 tausend Menschen; gränzt an Wallis und hat also auch gleiches Klima, Hitze und Frost in ungewöhnlichem Grade. Die Berge sind fast die höchsten des Bernergebiets; die Thäler die engsten. Die Südwinde befreyen das Land von dem ewigen Schnee, der sonst auch wohl durchs ganze Jahr in diesen Thälern liegen bleiben würde, denn die Sonne kann in viele Gegenden nicht zukommen, oder nur auf 2 und 3 Stunden; das Land liegt heute voll Schnee, und Morgen oder in wenigen Tagen sind die Berge wieder offen und die ganze Natur erscheint in frischem Schmuck. Zum Glück wehen die Nordwinde nicht oft; und der Ostwind ist noch seltener. So ist das Klima dieser Gegend, das also wegen seiner Unbeständigkeit keinen rechten Landbau zuläßt. Nur die Höhen sind fruchtbar, die Ebenen und Thäler aber morastig, oft voller Sand und Steinen. Je näher man aber den Alpen kommt, je fruchtbarer und fester wird das Erdreich; da ist die Viehzucht noch sehr groß, und selbst der Landbau könnte auf diesen Höhen getrieben werden, aber die Leute lieben das freye ungezwungene Hirtenleben. Sie sind schlank und groß von Wuchs, und da sie nicht von der Ackerarbeit hart ermüdet werden, so sind sie auch empfindlicher, delikater. Die Gegenwart der großen Natur hat ihr Gefühl veredelt, und wirklich liest und denkt dieser Landmann mehr, als die Bauern im platten Lande.

Das Amt Aelen, war in den ältern Zeiten ein Theil des Pays-de Vaud, kam aber schon früher an Bern als der übrige Theil; und besitzt darum seine eigene Verfassung und mehr deutsche Einrichtung. Das Gouvernement Aelen, (so wird es genannt) liegt auch unsern hohen Alpen am nächsten, und schließt sich oben an das Saanenland an. Der ganze Landstrich ist auch mit den steilsten Bergen durchflochten, bringt aber viele Früchte und Weine hervor. Die herrlichsten Viehweiden machen die Einwohner wohlhabend. Auch hat die Gegend reiche Salzquellen, und berühmt ist der herrliche Yvornewein. Durch die ausserordentliche Hitze aber, die hier im Sommer herrscht, wird diese Gegend, vorzüglich an den Sumpfmatten, sehr ungesund. Marmorarten werden um Roche gebrochen, die man weit verführt. Die Einwohner sind thätige Leute, haben mehr von deutschem Charakter als vom welschen, auch giebt es fleißige Bergbauern und Sennhirten; das benachbarte Saanenland wirkt auf sie, und familisirt sie mit dem deutschen Bauernstand; es giebt auch ihrem Charakter etwas Eigenthümliches von Solidität und Ordnungsliebe.

Das obere Aergäu.

Es fängt 3 Stunden von Bern an, läuft 7 Stunden fort, und schließt eine blühende gesegnete Landschaft in sich. Der Ackerbau ist darinn vorzüglich gut. Dahin gehören 8 Aemter oder Landvogteyen, welche wir kürzlich durchgehen wollen.

Die Landvogtey oder Schultheisenamt Burgdorf, liegt am Emmenthal an; hat also einen reichen Zufluß von wohlhabenden Nachbaren; die Landstraße nach dem Unter-Aergäu läuft durch einen Theil dieser Landvogtey, worunter das schöne und reiche Dorf Kilchberg vorzüglich jedem Fremden gefällt. Ueberhaupt ist dieser Landesstrich mit Inbegriff des Emmenthals, einer der bevölkertesten des Kantons.

Die Landvogtey Landshut hat auch schöne Ackerfelder; und gehört mit dem benachbarten Emmenthal in die Reihe von unsern guten Nährländern. Dabey liegen auch die 2 Landvogteyen Wangen und Arwangen. Sie sind ebenfalls wegen ihrer Bauernökonomie berühmt; obgleich noch zu viel Land zum Wieswachs gelassen wird, und diese Gegend unser bestes Getraideland seyn könnte. Zu Herzogenbuchsee und Langenthal giebt es nicht nur reiche Bauern weil sie ihre Früchte gut verkaufen können, sondern es haben sich auch Söhne von solchen Landleuten der Handelschaft gewiedmet, und die Gegend mit fleißigen Leuten angefüllt, die unter guter Aufsicht nicht bloß als Fabrikler, sondern auch als Landbauern dem Weberhandwerk obliegen, auch findet man viel Flachsbau; man hält eine gute Schaafzucht, und treibt den Leinwandhandel bis nach Italien und Spanien. Die Langenthaler Elle ist die größere unserer Gegend, und das ist keine geringe Empfehlung; auch sind zur Verhütung alles Betrugs recht gute Ortsgesetze für die gewissenhafte Ausmessungen der Leinwand gemacht.

Die Landvogtey Bipp ist fast ganz im Kanton Solothurn eingeschlossen; sie hat viele Berge, die nichts tragen; auch der Umfang des Amts ist nicht groß, der Nahrungsstand geringe: Das Städtchen Wiedlisbach, so auf der großen Straße liegt, hat noch das Meiste zu bedeuten; und da herum trift man auch schöne Getraidefelder

felder an; die mit der nahen schönen Landvogtey Waugen harmonisch sich vereinigen.

Die Landvogtey Arburg ist eine der kleinsten; sie hat aber noch eine gute Nachbarschaft und blühenden Feldbau; auch sind die Dörfer mit Fabrikanten bevölkert. Das sogenannte Rübelizeug lassen die Bauern hier in Menge verarbeiten. Die Anhöhen sind meist mit Eichenwäldern besetzt; dahingegen man in dem obern Theil des Kantons weit mehr Tannenwälder siehet.

Die Stadt und Schaffnerey Zofingen liegt im Angesicht Arburgs. — Große und schöne Felder zeichnen diesen Landstrich aus. Vorzüglich ist das Müllithal berühmt wegen seiner Fruchtbarkeit und dem guten fleißigen Feldbau. Die Obstzucht und der Gartenbau haben um Zofingen viele Freunde. Die Zofinger verarbeiten herrliches leinen Strichelzeug. — Auch der Speditionshandel nach den kleinen Kantonen, und der stets lebhafte Durchpaß nach dem Luzernergebiet, schaft den Wirthen vielen Vertrieb. Die Zofinger Töpferwaaren sind gesucht und von recht guter Art. Zofingen ist eine der ältesten Städte; sie ist in vorigen Zeiten eine Hofstadt gewesen, und hatte stets Grafen und Fürsten in ihren Mauern. — Man siehet noch Ueberbleibsel solcher Gebäude.

Das untere Aergäu.

Die Munizipalstädte im untern Aergäu zeichnen sich durch Wohlstand und Reinlichkeit aus. Sie haben ein schönes Bezirk; obgleich die Bevölkerung selbst gering ist, so macht doch noch die Handelschaft und der Durchpaß diese Orte ziemlich lebhaft. Die in hiesigen Gegenden verfertigte Hanfleinwand ist gesucht, besonders da die Aergäuer Elle etwas größer als die zu Bern ist. —

Arau hat ein artiges Geländ, hüpsche Häuser, gute Straßen, fleißige Einwohner. Es mögen zwischen 3 und 4 hundert Bürger im Städtchen und in der Vorstadt wohnen. Einige Reiche zeichnen sich durch ein ansehnliches Gewerb und Handelschaft aus. Die Stückgießerey, die Messerschmidtarbeiten, die Baumwollen- und Seidenfabriken sind berühmt. Vormals waren es auch die Gerbereyen, die aber nicht mehr den Absatz nach Italien und Spanien haben wie in vorigen Zeiten. Es ist gewiß, daß Arau in den vorigen Jahrhunderten mehr wohlhabende Bürger zählte als heut zu Tag; der größere Theil der Einwohner klagt über Mangel an Verdienst; obgleich wirklich noch in Messer- und Stahlarbeiten viel gethan wird, so sollen doch vor 150 Jahren über 200 Messerschmidte in Arau gewohnt haben, die alle ihr reichliches Brod hatten; jetzt sind kaum 50 in Thätigkeit, und ihre Arbeiten bleiben meistens in der Schweiz, da sie für das Ausland nicht so wohlfeil arbeiten können, wie es jetzt die überall etablirten Fabriken thun mögen.

Lenzburg ist ein kleiner offener Ort, städtisch gebaut, und man siehet auch, daß da eine gute Polizey herrscht. Die Handelschaft ist nicht sehr groß, doch ist in dem nahen Wildegg ein desto lebhafteres Gewerb. Zitzdruckereyen, Modelstecher, Bleicher giebt es in vorzüglicher Menge. Die Landvogtey Lenzburg hat 20 Pfarrdörfer und 6 Herrschaften, und sie alle könnten nicht blühender seyn. —

Die Landvogtey Lenzburg ist das weitläufigste Amt im deutschen Gebiet. Wiesen und Ackerfelder wechseln zum Vergnügen mit einander ab. Der Bauer in dieser Gegend liebt den Feldbau, daher er auch noch in andere Theile des Kantons sein Korn verkaufen kann, denn er arbeitet nicht bloß für seinen Hausgebrauch das Feld; er bedenkt auch seine Mitbürger mit seinen Früchten.

Brugg hat gegen 2 hundert Häuser, und ist nicht stark bevölkert. Man kann auf jedes Haus 6 Menschen rechnen. Doch ist der Ort berühmt durch mehrere gute talentvolle Köpfe, die da gebohren worden und ihre erste Studien daselbst gemacht, auch unter dem Einfluß der Hauptstadt Bern ihre weitere Ausbildung erhalten haben. — So viele verdiente Prediger im Kanton stammen von Brugg.

Das Hofmeisteramt, oder die Landvogtey Königsfelden ist nicht groß, hat aber ziemlich Klostereinkünfte.

Sehr fruchtbar ist der dasige Boden nicht, meist kiesigt und sandigt und schwer fruchtbar zu machen. Diese niedern vordern Orte liegen am Eintritt des Kantons von der deutschen Seite, und zeigen nicht sonderlich den blühenden Wohlstand, den man weiterhin im innern des Landes bemerkt.

Die Landvogteyen Bieberstein und Schenkenberg gränzen an das Baselgebiet an; mittelmäßiger Wein ist der ganze Reichthum dieser Gegend; kein Boden ist so rauh, so steinigt, so eisenschüßig wie dieser hier. — Mangel ist überall; auch das Vieh ist dürr, hager, und die Fütterung schlecht.

Die Landvogtey Kastelen liegt fast mitten in der Landvogtey Schenkenberg. Beyde aber können sich keiner großen Kultur rühmen, weil auch das Erdreich den Fleiß nur schlecht belohnt. Der Boden ist hart und von Waldungen beschattet. Die Berghöhen bringen Wein, der noch gut genug ist, aber kaum weiter als zum eigenen Gebrauch hinlangt. Die Leute sind recht gut geartet. Sie sind mit Wenigem zufrieden und begehren keine Reichthümer, die aber auch schwer in dieser Gegend zu erhalten wären.

Geographisch-politische Eintheilung des ganzen Kantons.

Stadtgericht. Ammann für: 1) Bolligen, 2) Stettlen, 3) Muri, 4) Vechingen.

Landgericht. Freyweibel für: 1) Seftigen, 2) Conolfingen, 3) Zollikofen, 4) Sternenberg. Schaffner für: 5) Stiftamt zu Bern. Vögte zu: 6) Köniz, 7) Laupen, 8) Buchsee, 9) Frienisberg, 10) Fraubrunnen, 11) Signau, 12) Arberg; (wegen verschiedener Gerichte), 13) Büren (Schultheiß; wegen Wengi), 14) Thorberg; (wegen der einten Gerichte) 15) Thun (Schultheiß; wegen der einten Gerichte) 16) Wimmis (Castlan; wegen Reutigen).

Oberland. Thun, (wegen der andern Gerichte), 1) Oberhofen, 2) Unterseen, 3) Interlaken, 4) Oberhaßle, 5) Frutigen, 6) Zweysimmen, Wimmis, 7) Saanen.

Emmenthal. 1) Trachselwald, 2) Brandis, 3) Sumiswald.

Ober-Aergäu. 1) Burgdorf, 2) Landshut, — Thorberg, 3) Bipp, 4) Wangen, 5) Arwangen, 6) Arburg, 7) 8) Zofingen (Stadt und Schaffner).

Unter-Aergäu. 1) Lenzburg, 2) Königsfelden, 3) Wildenstein, 4) Castelen, 5) Biberstein — Städte, 6) Arau, 7) Lenzburg, 8) Brugg.

Seeland. 1) Arberg, 2) Erlach, 3) St. Johansen, 4) Nidau, 5) Büren, 6) Gottstatt.

Welschland. 1) Wiflisburg, 2) 3) Petterlingen (Stadt und Gubernator), 4) Milden, 5) Oron, 6) Vivis, 7) Lausanne, 8) Morsee, 9) Aubonne, 10) Neus, 11) Bonmont, 12) Romainmotier, 13) Iferten, 14) Aelen.

Zweyherrschaftlich mit Freyburg. 1) Tscherliz, 2) Murten, 3) Schwarzenburg, 4) Grandson.

Allgemeines Gemälde vom Kanton;

zur leichtern Uebersicht.

Ein allgemeines Bild ungekünstelt aber wahr, gebe ich hier. Wer aus unserm Lande ist, wird darinn sich zu Hause erkennen.

Klima und Boden.

Das Klima im ganzen Kanton ist sehr gesund, und nur von einzelnen Sumpf-Gegenden muß man eine Ausnahme machen; die kraftvolle Natur, die selbst oft den harten Anfällen einer ausschweifenden Lebensart widersteht, und das hohe Alter, welches fast durchgehends unsre Bauern erlangen: beweisen auch schon viel für diese gesunde Landesgegend. Nur selten herrschen epidemische Krankheiten.

Fast alle unsre Wasser ergießen sich in die Aare; dieser Fluß macht wunderliche Krümmungen bis er alle unsere Berge durchloffen und sich zuletzt in Rhein verliert. — Alle Gletscherwasser kommen an den Mauern der Stadt Bern vorbey; zuerst fallen sie in den Brienzer- und Thunersee; von diesen in die Aare. Wir haben 6 Seen, die mit allen Arten von schmackhaften Fischen reichlich bevölkert sind.

Fast jedes Bauernhaus hat seinen Brunnen.

Dieser Reichthum an Wasser ist einer der grösten Vortheile unserer Landwirthschaft und Viehzucht. Die Natur kommt hier dem Landmann zu Hülfe, das Wasser macht seine Dunghaufen kräftiger, und die Gesundheit von Menschen und Vieh wird durch die nahen lebendigen Wasserbrunnen gestärkt und erfrischet.

Auch Gesundbrunnen und Bäder haben wir aller Orten. Die berühmtesten sind: Das Schinznachterbad; der Weissenburger Gesundheitsbrunnen; das Blumensteinbad; das Gundischwilerbad; der Gurnigel; das Schwarzbrünnli; das Langnauerbad; das Bad zu Yverdon; das Schwefelbad in Frutigen; das Bad zum Neuhaus bey Bern selbst; das Sommerhausbad bey Burgdorf; der Schwefelbrunnen bey Divis u. s. w. Alle diese Wasser sind zum Baden und gröstentheils auch zugleich trinkbar.

Unter allen Schweizerkantonen hat Bern die besten Wiesen, die herrlichsten Grasarten; die schönsten Ebenen; die fruchtbarsten Ackerfelder. Am unfruchtbarsten ist die linke Seite des Kantons am Juraberg hinab; selbst das eigentliche Hochgebürge und die Gegenden um die Schneeberge sind reicher und in grösserem Wohlstand. Auch alle gute Gewässer entspringen auf der rechten Seite, in unsern hohen Alpen; der dürre trockene Jura hat keinen einzigen beträchtlichen Fluß, der von ihm ausläuft. Stehende Seen, Waldungen, steinigtes Rebgelände und etwas Weide — das ist sein ganzer Reichthum. —

Doch muß das Jurtengebürge, so aus dem Saanenland almälig gegen Neuenburg sich hinüberziehet, nicht mit dem Jura verwechselt werden; wie es häufig geschiehet.

Wälder haben wir vortreffliche. Im obern Aergäu sind recht schöne Eichenwälder; in den Forsten von Nidau desgleichen; Buchen, weisse und rothe Tannen trift man überall an; weniger aber Espen, Lerchen, Erlen, Linden, Ulmen, Ahorn rc.; diese findet man nur einzeln. Am häufigsten sind die Tannen- Nuß- Maulbeer- und Kastanienbäume. (Zum Einzäunen der Gärten und Felder, der Wiesen und Weiden, wird zu viel Holz verschwendet. Die ganze Bauart der Bauern gehet auf recht vielen Gebrauch des Holzes. Der hohe Preiß ist also auch aus dieser Ursache empfindlich für die Stadtleute.)

Die bey uns einheimischen Thiere sind wie in Deutschland neben allen bekannten zahmen Hausthieren auch die Gemse; das hoch und kleine Gewild. Die Hirsche, die Reben, die Hasen; das wilde Geflügel; die Forellen; vorzüglich findet man im Brienzersee einen sehr guten Fisch von ganz eigener Art und von sehr zartem Geschmack, die man Brienzlinge nennt. Sie sind eine Art von Heringe; man fängt oft in einem Netzzug 12 bis 15 tausend. Man räuchert sie und bringt sie zu Markte. Forellen giebt es im Oberland, gegen Interlacken zu, von 5. 6 bis 20 Pfunden schwer. — Doch sind die kleinern Sorten zärter und schmackhafter. Uebrigens giebt es auch Hechte, Barsche, Aalen, Karpfen.

Kalk, Marmor, Sandsteine, Gyps giebt es fast in allen Gegenden unsers Kantons. Schiefer, Tonerde, Kristalle findet man auch reichlich. Torf und Steinkohlen sammelt man mehr, als die Unternehmer zu gebrauchen wissen. Kupfer und Bleyerze finden sich hingegen selten; überhaupt sind die Metalle bey uns nicht einheimisch. Steine, Wasser und Wälder das sind die Schweizer-Produkte im Großen.

Unser Emmenthal ist immer noch die Krone an Fruchtbarkeit in unserm Kanton. Ihm kommt am nächsten das obere und untere Aergäu, auch die Gegend um Bern; — hingegen ist das linke Ufer der Aare weit unfruchtbarer, ein dürrer, steinigter, überhaupt harter und zäher Boden zeichnet ihn aus.

Auch wären einige Gegenden der Waadt unter die fruchtbarsten Ackerfelder zu zählen, wenn der Anbau wissenschaftlich und ernstlich betrieben, und die Zehenden-Frucht nicht von den gar zu bequemen Bauern lieber gegen eine weniger abträgliche aber freye Pflanzung vertauscht würde.

Unsere reizendsten Landschaften liegen im Welschland; am Bielersee — in den Höhen von Hasli — aber alle diese sind eben nicht die reichsten und ergiebigsten. Unter allen doch übertrift keine an majestätischer heiterer Schönheit die Höhen von Lausanne, die Hinsicht nach Savoyen und über den Genfersee. —

Menschenschlag.

[illegible]upt hat der Kanton Bern einen kräftigen [illegible] Menschen. Robust, beleibt, gesund, und [illegible]alsche Erziehung und keine fatale Familien-[illegible] den Humor verstimmte, so würde auch der [illegible] noch ziemlich aufgeräumt, munter und gesel-[illegible]en.

Fast durchaus ist das Volk an Bildung schön; besonders der mittlere Theil, zwischen dem Pays-de Vaud und dem untern Aergäu. Die Gesichtszüge der Oberländer oder Bewohner des südlichen Theils des Kantons, sind viel edler, feiner und charakteristischer als die der Aergäuer und des langen Strichs am Leberberg hinab. — Die Oberländer stellen ihre Füße wie wohlexercirte Soldaten; ihr Blick ist offen und frey; sie sind schlank, laufen mit Nettigkeit und Anstand, ja sie fühlen sich in jeder Mußkel, in jeder Bewegung ist Seele.

Auch das weibliche Geschlecht, wenn es sich nicht durch Kaffeetrinken und frühe Wollust verderbt, ist so lebhaft und reizend, daß es die Bewunderung aller Fremden ist.

Das Kiltgehen und die frühe Buhlschaften im platten Lande verderben manche edle blühende Schönheit; machen sie zum Opfer der Wollust in den Städten; sie werden gegen das eheliche Leben gleichgültiger, also zur gesunden Kinderzeugung unbrauchbar. Die Bevölkerung leidet bey der weiblichen Galanterie.

Auch die Eifersucht der Bürger und Bauern auf ihre Vorrechte, machen es unmöglich, daß eine starke Bevölkerung in unserm Kanton entstehen kann. Jedoch an der Menge der Menschen wäre so gar viel nicht gelegen, wenn nur die Menschenart von vorzüglicher Güte und Werth bliebe, denn eine starke Bevölkerung von Gesindel kann keinem Lande nützlich seyn, und es ist recht gut, daß man mit der Ertheilung des Heimatrechts vorsichtig umgehet; aber egoistisch und lieblos muß es die Leute nicht machen, sonst verliert sich wieder aller Nutzen. Denn mit Freuden sollte man brafe Leute gegen die Ausgewanderte und zu Grundgegangenen freywillig aufnehmen, sie gleichsam mit Vorrechten an sich fesseln, damit das Land blühend bleibe, und Industrie und Wetteifer stets zunehme und wachse. Diese goldene Maxime kluger Regenten scheint man an vielen Orten nicht kennen zu wollen. — Denn wo ist der beste Obstgarten, wo man nicht zu Zeiten neue Arten nachpflanzt, wenn alte Stämme ausgehen; ja wie pflegt man sie so sorgfältig diese fremden Arten, daß sie sich desto besser an den neuen Boden gewöhnen und fremdes Klima ertragen mögen!

Der Verstand der Berner zu Stadt und Land ist geradsinnig, nicht schwärmerisch, nicht enthusiatisch, nicht leicht von der Frivolität einzunehmen. Was der jungen Blüthe geschadet hat, sind in den Städten die Leselädenlektüren, der Journalgeist, der alles zu umfassen glaubt und nichts umfasset. Daher sind unsere ältern Köpfe weit brauchbarer zu dem thätigen Leben, sie haben ein natürliches Talent sich stark und net auszudrücken; sie besitzen eine gesunde bestimmte Urtheilskraft; Gewandtheit und Entschlossenheit zur Betreibung ernsthafter Angelegenheiten; an richtigem Beobachtungsgeist fehlt es ihnen gar nicht. Man ist unter Leuten von Charakter und Würde, wenn man es mit einem rechten Berner von gutem Schlag und ächter alter Kraft zuthun hat. — Auch haben wir Landleute, die zu den tiefsinnigsten Wissenschaften, der Mechanik, Mathematik und Physik angebohrne entschiedene Talente zeigen, und zu kunstreichen mühsamen Entdeckungen und Erfindungen eine ausgezeichnete Ruhe und Gewandtheit des Geistes mitbringen.

Die Einbildungskraft des Bauern ist nicht sehr lebhaft, aber seine Denkkräfte stark und derb. Bedachtsamkeit, Sorgfalt, Ueberlegung bemerkt man überall. Seine Arbeiten sind daher solid, und weniger in die Augen fallend als nützlich und dauerhaft. Er liebt die Verstellung nicht, aber auch die Offenherzigkeit ist nicht in seinem Wesen. Eigensinnig beharret er auf seiner vorgefaßten Meynung; billige Nachgiebigkeit siehet man selten, er hält sie für Schwäche; daher die unselige Prozeßsucht, die täglichen Brennstoff findet, wodurch Familien zertrümmert und mit Feindseligkeiten ganze Dörfer angesteckt werden. Diesen harten Karakter zu erweichen und milder zu machen, das sollte die Hauptsorge der Landgeistlichen und der Schulanstalten seyn.

Herr Meusel beschuldiget die Schweizer Bergbauern der Rachsucht, der Trägheit, der Melankolie. (Man sehe Meusels Lehrbuch der Statistik, Seite 315). Eher könnte man sie im platten Lande dessen beschuldigen, wenn man ihr Wirthshaussitzen, ihre Proceßsucht, ihre Wiesenkultur statt der Ackerkultur für etwas charakteristisches wollte gelten lassen. Viel friedlicher und heiterer auch gutmüthiger scheinen mir die Bergbauern zu seyn. Rachsucht ist eine besonders harte Beschuldigung für eine Nation die der christlichen Religion in ihrem Glaubensbekenntniß huldiget, daß ich meyne Herr Hofrath Meusel werde billiger handeln, wenn er diese Stelle einschränkt und mit Auszeichnung der Orte wo dieses Laster vorzüglich herrschen soll, genauer angiebt; eine ganze Nation fühlt sich dabey beleidiget. Melankolie ist selten bey Rachsucht; ein melankolischer Mensch ist mehr furchtsam als rasch und thätig. Duckmäusler und Mückenfänger giebt es unter allen Nationen, warum nicht auch in unsern Bergen? Aber daß es hier eine charakteristische Eigenthümlichkeit seyn soll — dieß glaube ich sey viel zu gewagt und kühn abgesprochen.

Wahr ist es, daß der Bauer im ebenen Lande kalt ist, oft niedergeschlagen und finster. Mißvergnügen sitzt ihm auf der Stirne. Er liebt zwar die Ordnung, ist aber langsam, zeigt zu viel Ernst und Bedenklichkeit.

Er ist also selten ein guter Geschäftsmann. Vielfältig kommt Geiz dazu, der aus zu groser Sparsamkeit im Hauswesen entstehet. — Andere aber haben gerade das Gegentheil von diesem Charakter; sie sind nicht geizig, aber auch nicht ordentlich; und sie lassen es mit dem gemeinen Sprüchwort zu reden — gehen so lang es gehen mag.

Reiche Bauern haben wir ziemlich, aber dann sind sie herrschsüchtig und eigennützig. Mittelmäßiger Wohlstand ist den Leuten besser. — Reichthümer machen immer stolz, ja oft widerspenstig und trotzig; der ärmere Nachbar wird unterdrückt, ausgekauft und darbet; der Reiche wird sein Vorgesetzter und so kommt die Vaterlandsliebe in Verfall; viele starkmüthige edle Männer wandern lieber aus, als daß sie Unterthänigkeit gegen ihres gleichen ertragen wollten. —

Eigennutz und Geiz sind zwey jetzt allgemein gewordene Bauernübel. Sie plagen sich selbst und andere damit. Zum Beweis dessen führen wir nur an, wie so viele Gemeinden gegen die Obrigkeitlichen Verordnungen widerspenstig sind, wodurch man sie zur Schonung der Wälder auffordert. Sie halten diese landesväterliche gute Sorgfalt für eine Schmälerung ihrer Rechte; und denken nicht an ihre Kinder und Nachkommen. Also fahren viele fort, keinen frischen Nachwachs zu schonen. Wo wären aber die schönen Waldungen wenn ihre Großväter auch so gedacht hätten? Gewiß wäre der grose Reichthum von schönen alten Eichen die man überall an den Straßen antrift, nicht da, wenn sie bloß bey der Pflanzung an sich selbst gedacht hätten. Sie thaten aber vieles für die Nachwelt. Eine solche Denkungsart machte sie auch sonst edel und braf. Jetzt aber macht die entgegengesetzte egoistische Selbstliebe ein fatales Leben sowohl zu Hause als im Umgang. Man ist unzuverläßig, treulos seinen Worten, in der ehelichen und kindlichen Liebe kalt und frostig. O Eigennutz — du bist die Quelle alles Uebels, die Mörderinn aller schönen Empfindungen!

Der Landmann im französischen Bernergebiet ist durchgehends viel umgänglicher, frölicher und von biegsamerm, lebhafterm Charakter. Seine Manieren sind höflich und dienstgefällig. Durch diese schätzbare Eigenschaften hat er auch ganz die Liebe seiner Obrigkeit erhalten; und bey den letzten Aufruhren im Pays-de Vaud, war der Bauer stets mit Herz und Mund für die Berner Regierung gestimmt. Wenn nicht das Land viele besondere Herrschaften hätte, die noch nach den alten Verkommnissen regierten, so wäre die Industrie und der Wohlstand unter diesen Leuten auch allgemeiner. Aber die Regierung von Bern kann hier nicht so wohlthätig wirken wie in vielen Theilen des deutschen Gebiets, weil ihr bester Willen durch Munizipalitäten, Feodalsatzungen und Coutumes — beschränkt ist. —

Unsere National-Industrie.

Der Nahrungsstand in der Hauptstadt sollte blühend seyn, weil die Gegenwart von so vielen reichen Familien und der Regierung des Landes, den Absatz wichtig und lucratif machen. Bern, die Hauptstadt eines in Wohlstand stehenden ansehnlichen Kantons, wo jährlich von den Aemtern so viele Personen zurückkommen und nun mit ihren Familien in der Stadt leben; wo auch so viele Gerichtsstellen, Aemter und Bedienungen sind; so reiche Güterbesitzer leben, die mit ihren Angehörigen so viele Bedürfnisse haben; eine solche Stadt kann Handwerker, Künstler und Geschäftsleute wohl nähren.

Die lebhafte Circulation des Geldes im Kanton haben wir auch unsrer Freyheit zu danken, da wir in einer Gegend wohnen, die von keinen stehenden Truppen, von keinen Kriegsplagen seit vielen Jahrhunderten ausgesogen worden; daß auch noch ersparter Reichthum von häuslichen Altvordern übrig ist; daß ihre Kapitale noch steigende Interesse tragen, und man mit baarem Gelde im Ausland besser kaufen kann, als mit Tauschwaaren. — Auch darum ist die Circulation des Geldes in unserm Kanton noch ziemlich beträchtlich, weil unser Viehhandel wohl mehr bedeutet, als man ihn gemeiniglich anschlägt. — Die Reisen der Fremden, ihre Niederlagen die sie im Lande machen, wegen der Sicherheit und der bequemen Lage, und da wir an die grösten

Staaten,

Staaten, an Frankreich, Italien, Deutschland angränzen, das alles hilft zur Vermehrung des Geldumlaufs, und der National-Industrie.

Auch haben die reichen Kapitalisten viel bauen lassen; andere haben ihre Fonds in die Handlung gegeben, und den Geldumlauf dadurch sehr merklich befördert — sich aber selbst wenig dabey genützt, weil viele große Verluste sie erwarteten, die bey solchen Speculationen selten ausbleiben. Jezt bleibt das Geld mehr im Lande weil man nicht mehr aus Frankreich, England und Holland so starke und sichere Interessen erhalten kann. Reicher wären viele Familien, wenn sie niemals in die auswärtigen Fonds gesezt hätten.

Man hat sich gewundert, daß man behauptet hat, die Einfuhr ausländischer Waaren sey nach der Schweiz ungemein groß, und viel größer als die Ausfuhre; — und man erstaunte, daß doch der Geldmangel dabey im Lande nicht sichtbarer werde; denn obgleich viele Familien und Städte verlieren, — so ist doch in andern, die sich mit dem Handel en gros abgeben, desto mehr ungewohnter vormals nicht gesehener Reichthum. Und man brachte bey der Berechnung der Einfuhr nicht in Anschlag, daß ein großer Theil dieser eingeführten Artikel nicht für Schweizer — sondern für die hier im Lande sich aufhaltenden Fremden angeschaft werden müssen, die mit ihren Reichthümern einen ungemeinen Aufwand in unsern Städten machen, zum Theil auch an der herrschenden Theurung schuld sind, obgleich sie auch einem grossen Theil der Einwohner Nahrung und Beschäftigung geben. Gewiß leben in der Schweiz über 2 mal hunderttausend Fremde, theils reiche Familien; Engländer, Dänen, Russen, Franzosen, Deutsche, Holländer. Sollte man diese nicht in der Handelsbilanz spüren? Sollte man nicht die vielen Reisenden spüren, die alle Jahre Schaarenweise daher geflogen kommen? — Wie viel haben nicht unsre Geldwechsler mit allen diesen Fremden zu thun? Welche ungeheure Summen laufen nicht in einem Jahr durch ihre Hände; und diese Summen ziehen sie aus den vorgedachten Ländern; ein ansehnlicher Theil dieser Gelder bleibt bey uns, und ein anderer ansehnlicher Theil wird wieder durch den Kaufmann für Waaren verwandt, die eben diese Fremde brauchen. Man mache nur die Probe und sehe, wohin die meisten Güterfuhren gehen, wohin auch am meisten Vieh getrieben wird; es ist nach dem Pays-de Vaud und Genf; dahin bedarf es viel, denn der Zusammenfluß der Fremden ist dort auffallend groß zu allen Zeiten. — Eben daher sind auch Wohnungen, Häuser, Meubels so theuer, obgleich die Nationalpopulation nicht wächst; und alles stehet im Verhältniß wie sich die Anzahl solcher Fremden bey uns vermehrt. Und man siehet auch, daß an den Orten wo wenig oder fast gar keine Reisende und Fremde hinkommen, alles viel wohlfeiler ist; aber auch alles viel nahrungsloser und geldarmer.

Man setze auf den Kanton Bern nur jährlich 6 tausend Reisende und Fremde, wovon jeder nur 10 Louisd'or in unserm Lande verbraucht, so kommt schon die Summe von 60 tausend Louisd'ors heraus; und wir haben noch ziemlich von dergleichen Personen, die Jahr aus Jahr ein bey uns bleiben und richtig jährlich ihre 300 Louisd'ors gebrauchen. Daher aber auch erwächst die enorme Theurung in allen Dingen. —

Kein Statistiker hat noch in seiner Calkulation über den Kanton dieses in Anschlag gebracht. Kein Reisebeschreiber spricht davon; kein Geographe thut dessen Meldung. — Man bemerke wie sie so oft die Hauptsache übersehen, oder zur unbedeutenden Nebensache machen, und lieber im hohen Traum von Ideal-Spekulationen schwärmen, als sich an den einfachen simplen Augenschein halten; wodurch sie so oft sich an der Wahrheit schwer versündigen.

Bey allen diesem Reichthum — ist doch der Gewerbsstand nirgends in der Blüthe, nirgends ergiebig, nirgends sehr ansehnlich. Die Handelschaft verschlingt alle Industrie.

Es werden so viele Eisenwaaren von Eisenhändlern in unserm Kanton aus dem Ausland gezogen, die doch wohl von unsern Mitbürgern bearbeitet werden könnten? Haben wir doch so geschickte Kupferschmide, Messer- und Büchsenschmide in Arau, warum sollen diese ehrlichen Leute nicht in ihrem Beruf unterstüzt, und ihre Arbeiten allen fremden Arbeiten vorgezogen werden? Ja, wenn mehr Patriotismus wäre, so würden auch die

Kaufleute vorzüglich darauf denken, wie sie arbeitsame bürgerliche Familien in Städten mit Arbeiten unterstützten, und fremde Krämer und Arbeiter möglichst zu entfernen suchten; so hätten die vielen Unterhändler und Unterhändlerinnen weniger zu thun, und die Thätigkeit im Handwerksstand würde wachsen. Aber NB. NB. der Handwerksmann muß aber auch ganz bey seiner Werkstatt bleiben; selbst mit Hand anlegen, und nicht bloß fremden Gesellen seine Werkstatt überlassen; dann werden die Meister auch wohlfeilere Arbeiten liefern können; und ein fleißiger und billiger Arbeiter erhält allemal Zutrauen und Arbeit. In Absicht der Kunstgewerke ist unser Kanton noch gar nicht überflüßig besetzt, also können hier noch immer viele gute Wünsche geschehen. Ja es ist oft wirklicher Mangel an Arbeitern, daß man zu den Fremden seine Zuflucht nehmen, und ausser dem Kanton arbeiten lassen muß. In Genf, Neuenburg, Basel, Zürich wird vieles für Bern gearbeitet.

Mit Recht sagen alle Statistiker: — „Bern ist in Ansehung seiner Lage, seines Gebiets, und seines eigentlichen Staats-Interesse vornemlich als ein Ackerbautreibender Staat anzusehen; der in der höchst möglichen Kultur seines Bodens, und also in der Vervollkommung der Landwirthschaft, seinen einzigen Reichthum, seine einzige Bevölkerung, seine festeste Sicherheit und Unabhängigkeit suchen muß.„ Handel und Manufakturen sind uns bey weitem nicht so nothwendig; sie helfen zwar, daß viel Geld circulirt und fremde Waaren eingetauscht werden, aber sie machen das Land nicht reicher. Der Boden, der durch fleißige Hände fruchtbar gemacht wird, dieser allein kann bey der Schätzung des Reichthums einer Nation in Anschlag kommen! Alles andere ist zufällig, den Umständen und den Abänderungen unterworfen; die Bevölkerung von Fabrikarbeitern und Manufakturisten hilft zur Stärke und Sicherheit eines Landes nichts; denn sie wandern ein und aus wie die Zeiten kommen. Nur Ackerbau und ein brafer Gewerbsstand, der alles Fremde entbehrlich macht, ist uns nothwendig; besonders als Republikaner, die auch daran denken müssen, wie sie ihre Sitten rein und brauchbar für das Leben erhalten wollen, daß nicht Luxus und Geldgeiz und Ambition die Nerfen des Staats schwächen und zittern machen.

Die Landwirthschaft wird nicht überall im Kanton gleich eifrig und wissenschaftlich getrieben; wer unser Land durchreist, bemerkt es bald, daß in vielen Distrikten man mit der wahren nutzbaren Pflanzung der Futterkräuter wenig in Uebung ist; — woran nicht Mangel an Kenntniß und Einsicht, sondern Eigensinn und alter Schlendrian, bey einer natürlichen phlegmatischen Trägheit die gemeinsten Ursachen sind. Auch liest überhaupt der Bauer keine Bücher über den Feldbau; er glaubt das alles schon besser zu wissen. Unter tausend und zehntausenden denken nur einige wenige wie der Bauer Kleinjogg: es ist doch noch eines Versuches werth.

Die Obrigkeit sucht zwar die Vertheilung der Gemeinweiden immer allgemeiner zu machen; sie kann aber nicht überall frey genug wirken, weil sie nicht Zwangmittel sondern die ruhige Sprache der Ueberredung gebrauchen will. Daher findet man noch viele schöne grose Landstrecken, die angebaut werden könnten und sollten — zu Stoppelweiden und Braachfeldern bestimmt: Auch wollen die Landleute ihr Zelgenrecht behaupten; wodurch sie ihren Nachbar zwingen können, seinen Acker oder Wiese das 3te Jahr braach liegen zu lassen für die Gemeinweide. — Das legt dem Feldbau beschwerlichere Fesseln an, als aller Fürsten-Despotismus; auch hemmt ein solches Zwangrecht die Viehzucht, weil man weniger Futterkräuter zur Stallfütterung einthun kann.

Die Wässerung der Wiesen ist vorzüglich um Zofingen, Lenzburg, Arau fast allgemein. — Ihre Schleusenwerke und Einrichtung der Laufgräben verdient Bewunderung, und zeigt Fleiß und Erfindungskraft. Die Berner Bauern haben hierinn etwas vor allen ihren Nachbarn zum voraus, denn selbst die Zürcher, die sich doch rühmen es in der Wässerung zur Vollkommenheit gebracht zu haben, kommen ihnen lange nicht bey.

Oft wird ein so wohl gewässertes Feld von 36 tausend Quadratschuhen, die ein Jauchart betragen, für 15 hundert Kronen verkauft; ja diese Wiesen gelten das doppelte mehr als Ackerfeld. Kein Wunder, wenn der Kornbau sinkt; ein solches Feld braucht nur wenige Hände und fast keine Kosten zur Unterhaltung; die

Erndte geschiehet ohne Gefahr; der Hagel kann nicht ganze Erndten zerschlagen. Diese Vortheile kennen die Länderbesitzer zu gut, als daß man sie bereden könnte, freywillig davon abzugehen. Auch nehmen die vielen Bleichen die grösten und schönsten Felder weg. — Und wo giebt es weitläufigere Bleichen als in unserm natürlichen Ackerland um Langenthal, und im Aergäu.

Auch der Weinbau erstreckt sich sehr zum allgemeinen Landesschaden durch alle Gegenden unsers Kantons. Am Thunersee und im Aergäu wo doch der Wein nicht sonderlich gut ist, wird er lieber gepflanzt, als die nothwendigern Lebensbedürfnisse, die das Brod wohlfeiler machen könnten. — Zudem kann der Wein ausser Landes nicht vortheilhaft abgesetzt werden, weil wir mit Weinländern umgeben sind: Burgund, Elsaß, Marggrafthum. Man sucht also den Wein im Kanton selbst stärker abzusetzen, vermehrt noch die Wirthshäuser und Pintenschenken, und eben die Wohlfeilheit und Gelegenheit verdirbt so manchen Hausvater, und macht ihn zum Tagdieb, Schuldenmacher, Dröhler und schlechten Mann!

Dieser Weinbau wird selbst mit großem Nachtheil in Gegenden getrieben, wo der Fruchtbau viel besser und ergiebiger wäre; man verliert damit den Dung — und viele Taglöhnerarbeit. Würde der Erdboden besser ausgewählt, so könnte man alle Getraidearten und Feldfrüchte im Kanton hinlänglich erziehen; wenn man die Stellen besser aussuchte und auch nach der Natur des

Bodens gehörig bearbeitete, so würde sich der Weinbau nicht so stark vermehrt haben, daß man manche schöne ebene Landschaften abgetragen, dem Kornbau entzogen und mit Reben besetzt hätte. Darüber sollte man unsere junge Bauern in der Schule unterrichten. Auch würde Hagel und Mißwachs nicht gleich einen so großen Mangel im Land verursachen, wenn noch andere Gegenden wären, wo die Früchte gedeihen könnten; eben auch darum sind die Fehljahre für uns desto empfindlicher, weil so viele einzelne Orte und Gegenden keine andere Früchte ziehen wollen als die, so sie von hundert Jahren her gewohnt sind zu pflanzen.

Das Pays - de Vaud ist darum auch am schlechtesten bestellt, und bedarf vom deutschen Kanton stets großer Unterstützung an Vieh, Korn und Obstarten. Wogegen es uns seinen Wein giebt, der aber gewiß nicht hinlänglich entschädiget. Wie arm der dortige Landbau sey, kann man auch daraus abnehmen, daß nur allein von der Seite von Burgund vor der französischen Revolution gegen das Pays - de Vaud jährlich über 7 hundert tausend Franken Geld aus dem Lande gieng, bloß für Schweine und Korn. Jetzt müssen die Zufuhren desto stärker vom deutschen Kanton her geschehen. Man denke was die Fracht koste!

Ausser dem ansehnlichen Viehhandel und Käshandel bringt auch der Handel mit Kirschengeist jährlich wohl gegen 2 hundert tausend Franken ins Oberland; damit es besser ausgiebt, und die Menge vermehret werde, vermischt man es öfters mit Branntewein aus Pflaumen, wie auch mit andern Gewächsen - Spiritus. —

Milchzucker kommt auch noch in auswärtigen Handel, denn nirgends wird er so gut und in so schöner Menge verfertiget, als im Berngebiet. Ein Apotheker in Bern ist vorzüglich stark damit beschäftiget. Unsre Alpenbauern wollen aber auch nicht mehr recht an diese Fabrikation, weil sie ihnen zu viel Mühe macht, und der Preiß ihnen zu niedrig ist. — Man bereitet ihn zu der Zeit, da die Milch nicht zum Käs benutzt wird, auf frischer Milch durch Abseigen, Einkochen und Anschiessen im Kühlen. Er dient zum Arzneygebrauch. Im Emmenthal und Hasliland haben sie eine gute Manier ihn auch von rückständigem süssen Schotten oder Molken zu verfertigen. Das Pfund gilt 3 und 4 Btz.

In den Alpengegenden ist die Alp - oder Sennwirthschaft überall eingeführt. Viehzucht ist da mehr werth als Landbau. Der gröste Theil dieser Alpen ist Gemeindgut; oder Allmende. Die reichern Bauern und Viehhändler ziehen den grösten Nutzen davon; dahingegen viele Arme unter ihnen bloß von den Steuern der Reichen leben.

Wir haben fast überall herrliche Vieharten, doch kommen unsre besten Stiere (Ochsen), Kühe, von den Bergen herab. — Im platten Lande findet man oft ganz ordinäres deutsches Rindvieh; auch selbst in Gegenden, wo der Wieswachs nicht schlecht ist, findet man viel kleines und schwaches Vieh, es scheint aus einer ganz andern Weltgegend zu kommen. Die Alpen und die Alpenhirten, die Ruhe die diese Thiere auf den Bergen geniessen, das trägt zum bessern Gedeihen bey. Hingegen der Bauer im ebenen Felde braucht diese Stallthiere zum Feldbau und zum Zug, das zehrt die Thiere ab, die Arbeiten machen es träg, wohingegen das Bergvieh Ruhe und unausgesetzte Pflege und gute Nahrung hat, also munter, frisch und kraftvoll wird.

Schaafzucht findet man im Haslithal am häufigsten. Honig und Wachs verkauft man nicht ausserhalb Landes, denn noch ist die Bienenzucht nur das Vergnügen reicher Partikularen, und weniger Landleute. Schaaf- und Ziegenkäse, auch unsere andere Sorten Käse werden in alle Gegenden der Welt versandt.

Zug-Reit- und Cavalleriepferde ziehet man in Menge. Nach der Franche-Comté gehen die meisten. Ueberhaupt ist das Schwer-Vieh bey uns zu Hause, und wird in Europa wenig seines gleichen finden. Die besten Pferde kommen aus dem Emmenthal, aus Frutigen, Hasli und Simmenthal. Die Haupt-Pferdmärkte sind zu Bern, Langenthal und Langnau. Mit Haber werden die wenigsten Pferde gefüttert; die fetten guten Weiden und Kräuter auf den Alpen; die Wanderung auf den Bergen, die gesunde kräftige Quell-Wasser — dieses macht sie stark und dauerhaft.

Hingegen ist der ganze linke Strich von der Aare auf der Seite des Jura mit geringen Pferden versehen;

sie haben weder das gute Ansehen noch die Frischheit wie die Alpen-Pferde.

Regierung und Sitten.

In der Stadt Bern weiß man nichts von Vermögens-Steuern, nichts von Kopfgeldern und Gewerbsabgaben, nichts von Accisen, Mauthen und Pachten, nichts von Stempelpapier- und Diätengeldern. — Die Zehenden sind so vertheilt, daß sie zur Unterhaltung der Polizeyaufsicht dienen müssen. Darum haben die Landvögte, die Pfarrer und Schullehrer Theil daran. Die Grundzinse dienen desgleichen. Im welschen Gebiet muß man zwar beym Verkauf der Güter eine Abgabe zahlen, die ziemlich ansehnlich ist, doch zahlen die adelichen Güter mehr als die gemeinen. Im deutschen Gebiet kennt man an einigen Orten eine Abgabe unter dem Titel: Ehrschatz. Im Aergäu kommt sie am öftesten vor. Die Zölle bringen etwas ansehnliches ein; weil Handel und Durchpaß besonders in Kriegszeiten in der Schweiz stark ist; — aber billig ist der Tax und ohne alle Inquisitions-Formalitäten, wie man sie in despotischen Ländern gewöhnt ist. Auch der obrigkeitliche Salzhandel ist mehr eine Wohlthat für das Land als eine Abgabe; denn die Regierung giebt es wohlfeiler als es die Pächter in andern Ländern geben; und weil die baare Zahlung und öftere Vorschüße, so sie an die fremde Salzwerke thut, ihr einen leidentlichern Preis verschaffen. — Seit 2 hundert Jahren ist keine neue Abgabe im Lande aufgekommen, obgleich der Staat oft sehr schwere Zeiten gehabt hat, und die Ausgaben der Regierung täglich steigen. Die gute Oekonomie macht aber alles möglich, und vorzüglich die einfache Rechnungsführung über die Staatsgelder, da man mit keinen Pächtern, mit keinen Monopolisten, mit keiner Schaar hungeriger Schreiber zu rechnen hat; da kein Heer von Ober- und Unter-Einnehmer die Fonds embrouilliren und das Fett oben abschöpfen; sondern wo alles so simpel als möglich in die Haupt-Staatskassen fließt.

So lange diese gute excellente Rechnungsführung die Hauptmaxime der Berner Regierung bleibt, so lange wird der Staat ohne Schulden seyn, er wird Ansehen, Macht und Kraft behalten.

Gewiß ist es, daß in keinem Staat in der Welt die Staatsgelder gewissenhafter verwaltet werden, wie in Bern. Da ist niemals Mangel gewesen; nie hat der Credit gefehlt; nie hat der Staat Schulden gemacht; stets aber andern Staaten noch helfen können. — Die Besoldungen von den Aemtern, besonders der in der Stadt, wären kaum hinlänglich, daß ein Mann mit einer Familie davon leben könnte, wenn nicht der eigene häusliche Wohlstand und der Güterbesitz der Regierungsglieder dazu käme. Was der Regierung von Bern am meisten zur Ehre gereicht, ist die Denkungsart der vornehmsten Glieder, daß sie den Schmeicheleyen nicht fröhnen; daß sie keine Lobschriften weder hören noch lesen mögen; daß ihnen die bescheidene Schilderung ihrer Verfassung weit besser gefällt, als das gesuchte meist aus niedrigen Absichten gefrevelte Weihrauchstreuen und Fuchsschwänzerenentreiben. Das ist auch der Charakter jeder guten Regierung, daß sie lieber im Stillen Gutes wirkt. Denn es ist mit der Staatshaushaltung wie mit der Privathaushaltung, die glücklichste Familie ist diejenige von der man am wenigsten spricht.

In diesem Jahrhundert wurden die meisten Pfarrhäuser auf dem Lande neu gebaut, wozu die Regierung das Geld hergegeben hat. Wie viel thut sie für das Kriegswesen jährlich, wie ist sie so sorgfältig und wacht für die gute Unterhaltung der Rüstungen und Waffen, und der Kriegsmaterialien aller Art. Die Besoldungen der Exerciermeister und Inspektoren und ihre Anzahl wird täglich vermehrt. Und diese der ganzen Schweiz zur Sicherheit gereichende Wachsamkeit des Bernerkantons wird kein brafer Eidgenoße mißkennen oder leugnen; und das alles geschiehet, ohne daß dem Volk ein Theil dieser drückenden Ausgaben aufgebürdet würde. — Bloß eine gute Oekonomie und die rechtschaffene Verwaltung macht dies alles ohne Auflagen möglich. — Hier können noch viele aufgeklärte Staaten vom Kanton Bern lernen!!! — —

Es ist falsch und ganz boshaft geurtheilt, wenn man die Regierung beschuldiget, sie haße die Freyheit im Denken, und sie sehe eine egyptische Finsterniß unter dem Volk lieber, als eine vernünftige Aufklärung. Warlich, wenn es in ihrer Macht stünde, alle Vorurtheile aus dem Lande zu verbannen, so würde es gewiß noch heute geschehen. Aber so sehr sie den gemeinnützigen Wissenschaften fortbilft und durch ihr Beyspiel vermehrt, eben so sehr hasset sie die trotzigen anmassenden Schriftsteller, die nur Neuerungen erregen wollen, nur schimmern und glänzen und in Worten paradieren, ohne selbst praktisch weise zu seyn — also zur Menschenbeglückung gar nichts beytragen. Man weiß allgemein, wie oft die Berner Regierung verdienstvolle Männer mit Vorzug, Ehre, und Belohnung überhäufte; wie sie einen Haller noch im Tode durch ein öffentliches Schreiben ehrte; wie sie die Mitglieder der ökonomischen Gesellschaft in Schutz nahm, ihnen Geldpreiße zutheilte, und wo sie durch Mitwirkung Gutes befördern konnte, nie lau und kalt blieb; nie wartete bis Schmeichler sie baten, sondern mit der Belohnung jedem Verdienste entgegen kam. Wie gesagt, in einem Staat, wo man aber vorzüglich auf das Nutzbare, Wahre, Gemeinnützige siehet, und wenig auf das Glänzende, da gelten freylich Enthusiasten, Projektmacher und Komödianten wie Journalisten und Reisebeschreiber de métier für das was sie sind, sie werden als Windbeutel, oder als der Tugend und allgemeinen Sicherheit gefährliche Leute verachtet, und mit den Pasquillanten wenn sie anonym schreiben, in eine Klasse gesetzt.

Falsch ist es was Herr Normann in seinem neuen Buche sagt: „daß die Verachtung der Wissenschaften sonst eine Staatsmaxime der alten Berner gewesen sey, und erst jetzt nach und nach aufhöre, seitdem mehrere aufgeklärte Männer in den regierenden Rath kamen.„ — Kein Mensch, der die Berner Geschichte kennt, wird sagen können, daß die Regierung weniger für die vernünftige Aufklärung that, als irgend ein Staat in Europa. Man sehe nur unsere alte Polizey- und Schulordnungen; und wie eifrig die Obrigkeit dem Aberglauben gesteuert hat, da der Kanton sonst mit katholischen Mißbräuchen angehäuft war, und noch mit katholischen Landen umgeben ist. Wo fand man früher eine so gute Polizey, wie sie im Kanton Bern seit mehr als 2 hundert Jahren ausgeübt worden? Wo war eine so allgemeine Emulation das Land zu verschönern und zu verbessern? Wo lebten freyere Bürger und Bauern? Man sehe auf Sachsen, Brandenburg, wo man gemeiniglich die gröste Aufklärung zu sehen glaubt; und man stelle unsere alten Männer dagegen, und vergleiche wo mehr Bonsens und praktischer Verstand, mehr Freyheitsgefühl und Thätigkeit herrsche, welche Menschen in der politischen und moralischen Waagschale ein stärkeres Gewicht haben?

Auch die Verbesserung der Schulen ist nicht erst ein Gedanke aus dem letzten Viertel unsers Jahrhunderts, sondern wir haben oben (Seite 202) den Beweiß gegeben, daß es der stets lebhafte Wunsch der Regierung seit einigen Jahrhunderten war, aber so oft zu Mann eingeführt worden, arbeiteten schon wieder die Nachkommen ihn umzustoßen und mit Neuerungen zu beladen, die selten gut sind. Schon vor 100 Jahren war Cornel. Nepos in Bern für die hiesigen Schulen gebraucht, und die alten Schulbücher waren auch fast durchaus gut — sie sind vergessen und abgeschaft, ohne daß man etwas besseres hätte. Auch die Censur in Bern ist für zuverläßige Schriftsteller, die sich *nennen*, nicht strenge. — Und eben darum wird in Bern die Preßfreyheit höchst selten mißbraucht, weil die Erfahrung lehrt, daß unsere Buchhändler und Buchdrucker und Verleger, die für jedes gedruckte Buch verantwortlich sind, nichts drucken, was den Staat beunruhigen, die Sitten beleidigen und die Religion erniedrigen könnte; hingegen in Ländern, wo die Censur scharf ist, man Schleichwege gebraucht, und man ein Verdienst darinn sucht, die Regierung irre zu machen; denn so wie in Frankreich die Censur schärfer geworden, brauchten die Autoren und Buchführer desto gefährlichere Mittel; sie bestachen die Aufseher und die Regierung; und das Reich war zu einer Revolution desto geschwinder reif. Man wird nicht sagen können, daß jemals in Bern paßquillantische und odiöse Schriften gedruckt worden; vielmehr ist man sehr geneigt alle gute Bücher recht in Umlauf zu bringen.

Obgleich der Herausgeber dieses zweyten Theils der Beschreibung von Bern, die Mängel, die im Nationalkarakter liegen und sonst dem gutmüthigen Freunde der Wahrheit im Kanton auffallen, mit aller Freymüthigkeit

keit angeführt hat, so fürchtet er doch nicht, daß er damit der grossen Anzahl edler aufgeklärter Patrioten dadurch mißfallen werde. Er hält es vielmehr für einen wirklichen Beweiß für die oben behauptete Liebe der Regierung zur Rechtschaffenheit, daß sie seinen Bemühungen, auch wenn er in der Darstellung oft geirret hätte — doch seinen guten Absichten den Beyfall nicht versagen werde.

Daß die Schulen noch immer in einer Art von Lethargie liegen, ist gewiß nicht die Schuld der Regierung; sie verlangt schon lange einen festen Erziehungsplan, und wenn nur diese Plane nicht zu oft abgeändert würden, so wäre auch schon viel gebessert, auch das Zutrauen des Publikums würde grösser seyn.

Hier füge ich einen Wunsch bey:

(Neben jeder Schulanstalt sollte allemal eine wohlgewählte kleine Schulbibliothek seyn; diese Bücher würden an die fleißigen ordentlichen Schüler umsonst zum Lesen ausgegeben; reinlich müßen sie gehalten werden, auch zuweilen sollten die jungen Leute Auszüge daraus machen und den Lehrern vorlegen, um zu sehen, ob sie mit Nutzen lesen, und damit man darüber sprechen und weiter unterrichten könnte. Warlich — warlich — ich wüßte nichts, was die Neigung zum Schulgehen mehr befördern könnte, als ein solches Lese-Institut. NB. es müßten aber ja nicht speculative abstrakte Lehrbücher, sondern Werke der schönen Künste, der Naturwissenschaft und der praktischen Erfahrungen gewählt werden, sonst artet abermals das ganze Unternehmen in eine Chimäre aus. So etwas sollte man auch in unsern Landstädten und Landschulen einführen, das würde auch die Eltern aufmerksam machen, denn viele lesen gerne, haben aber keine gute Bücher. — Wenn so der Geist von Jungen und Alten zur edlen Empfindung gestimmt würde, so wären die Regierungen überall viel ruhiger).

Was den Geist der jungen Leute in der Hauptstadt frühe abstumpft und zur Lernbegierde gleichgültig macht, das ist der frühe Umgang mit Frauenzimmern, die viele Ferien, Lustbarkeiten und das Visitengehen. Was in vorigen Zeiten den Geist der guten Alten solid, stark und kraftvoll gemacht hat, das war die schamhafte, aber ehrbare, die thätige aber daben eingezogene stille Auferziehung; sie sahen das Beyspiel der Eltern wie sie im häuslichen Vergnügen sich glücklich fühlten; es bestimmte den Charakter von jung und alt zum Fleiß und zur Ordnungsliebe. — Das beste Genie, der fähigste Kopf wird im Taumel der Vergnügungen fade, eitel, zerstreut, und inclinirt zum Stolz ohne wahre Ehrbegierde. — O, wie wohlthätig ist in Republiken das stille häusliche Vergnügen ohne Prunk und ohne den Firlefanz der Modewelt! Und wo am meisten noch die gute alte ehrliche Hausordnung gilt, da stehet es auch in den Familien warlich noch im Aeussern und Innern an Ehre und Wohlstand am besten!

Die Trunkenheit und Prozeßsucht hat die Vaterlandsliebe auf dem Land ziemlich geschwächt; denn wo diese Laster einheimisch sind, da lebt es sich nicht ruhig. Doch wenn man das Ganze betrachtet, so findet man immer noch bey uns von der ehemaligen ländlichen altherzlichen Lebensart einen guten Ueberrest; wir bemerken noch überall mehrere fleißige, arbeitsame, bidere, gottesfürchtige, ehrliche Bauern; und so lange dieser gute Saamen nicht ganz ausgehet, so wollen wir noch an die helvetische Großmuth glauben.

Die Nationaltugenden der Schweizer waren vor 3 und 4 hundert Jahren — eine ausserordentliche Neigung zum Kriegsdienst. Diese haben sie nach und nach verlohren, so wie der Nationalwohlstand unter ihnen zugenommen hat. Jetzt trägt man einen fast allgemeinen Widerwillen gegen den auswärtigen Dienst; vorzüglich ist dieses bey den reformirten Kantonen merkbar, die auch an Nationalwohlstand etwas vor den Katholischen voraus haben. Schon lange hat man im Bernerschen weit weniger Rekruten machen können, als in andern kleinen Kantonen; obgleich der Holländische Kriegsdienst sonst allgemein in Ehren gehalten worden, und stärkern Zulauf hatte als der Französische und Piemontesische ꝛc. Alle Schweizer brauchten bisher zur Entschuldigung dieser Menschenwerbung: — man bekomme dadurch wohlexercirte Truppen, die im Fall der Noth dem Vaterland zur Hand sind, ohne daß die Obrigkeiten nöthig haben, Geld dafür zu zahlen. Aber wenn im Bernerkanton ein wohlhabender Bauernsohn in auswärtige Dienste gieng, so forderte er von seinen Verwandten ein starkes Jahrgeld; — die Geldsendungen in die Länder wo Berner Regimenter waren, hörten nie auf; und die Aermern selbst wußten mit ihren reichen Landsleuten sich gute Tage zu machen. Solche Soldaten reicher Väter brachten auch alle galante Krankheiten mit in ihre Familien zurück; sie waren nun des Müssiggangs und des Wollebens gewohnt worden, und selten gab es aus solchen Leuten noch tüchtige Landbauern und gute Hausväter. Viele haben sich mit fremden Weibsleuten verheyrathet, die unsrer Landesgebräuche ungewohnt waren; den Eltern zum Verdruß, den Kindern zum Unglück; auch die ärmern Soldaten brachten oft viele Kinder mit in ihre Gemeinden aus der Fremde. Viele haben sich auch in andern Ländern niedergelassen und ihre Heymath nie wieder gesehen; sie haben ihr Vermögen aus dem Land gezogen, andern hat man es zurückbehalten, und ihre Gelder lagen oft viele Jahre in todten Händen unvertheilt, und eben das gab schon zu so vielen Prozessen und Streithändeln Gelegenheit. Andere, wenn sie ihr Glück versucht, kamen sie oder ihre Kinder alt und arm in ihre Gemeinden zurück. — Man mag also die Sache betrachten wie man will, so nützt dieser fremde Dienst dem Lande nichts. Ueberdiß waren so viele Ausländer in die Schweizer-Regimenter angeworben, die doch niemals ins Land kamen; und es ist nur scheinbar, wenn man glaubt, daß die Zurückgekommenen die Nationalmacht vermehren könnten; sie sind so zertheilt und untergesteckt in den Cohorten, daß sie unter der Militz wohl weder ihre militärische Talente zeigen können, noch ihre vorige Evolutionen machen werden.

Freylich muß man auch das zur Ehre der fremden Kriegsdienste sagen, was man zur Ehre der Bürger in Städten sagen kann, wenn sie gereiset sind: — „Sie sind umgänglicher, genießbarer im Leben; weniger rauh, trotzig und stolz auf den Erdfleck den sie bewohnen, weil sie auch andere Nationen und Länder kennen, wo man eben so lebt, und eben so gut leben kann.„

In den wohlhabenden Gegenden des Kantons zeigt sich noch überall Ordnungsliebe, Fleiß, Nachdenken. Da hat alles seine rechte Stelle, seine gewisse feste Einrichtung, seine gute Pflege und Wartung. Reinlichkeit ist fast allgemeine Landessitte. Mensch und Vieh befinden sich wohl; Haus und Hof sind im besten Zustand, Aecker und Gärten liegen da wie die Pflanzschulen — Froh und heiter macht es den Reisenden; die Landschaft wird doppelt verschönert durch den sichtbaren Wohlstand, der allemal aus Ordnungsliebe entspringt.

Der Landmann, der fleißig das Land bauet, ist von der Regierung hochgeachtet, und wird sehr gut behandelt. — Weniger geschätzt sind die Landleute, die sich bloß mit dem Handwerk und der Krämerey abgeben, denn der Ackerbauer ist allein die wahre Stütze des Staats. Auf ihn blickt also das Auge der Obrigkeit und des Bürgers in Städten mit Wohlgefallen, weil er bauet die Erde, die uns nährt; weil er macht, daß sie fruchtbar wird; und er schaft uns Brod. — Alle diese Achtung verliert der Bauer, wenn er den Landbau versäumt, und mit andern Geschäften sich abgiebt. Er ist dann nur der Konkurrent von dem Städter, dem er auf eine gedoppelte Art schadet, einmal durch seine unberufene Einmischung in bürgerliche städtische Gewerbe, zweytens durch den versäumten Ackerbau und theuern Preiß aller Lebensmittel, der von solchen gewerbtreibenden Bauern zu erwarten stehet.

Viele neu gestiftete Ehen kommen nicht auf, oder gerathen ins Elend, weil es viele neidische hartherzige Mütter und recht grobe Väter giebt, die dem jungen Paar gar keine Unterstützung zum Fortkommen angedeihen lassen; und da aller Anfang schwer ist, sie noch durch eine solche falsche Behandlung den Muth verlieren. Wo keine brafe Schwiegereltern sind, da ist auch das Leben wenig angenehm. In vielen Gegenden darf das junge Ehepaar auf gar keine Ausstattung (Droßel) zählen. Die Ehen der Kinder werden also durch die Eltern erschwert, und oft gar vereitelt, da sie ihnen die so natürliche und gerechte Hülfe bey der ersten Einrichtung des Hauswesens verweigern oder recht schwer machen!! — Diesen Schandfleck kann ich nicht mit Stillschweigen übergehen, denn es ist auf unserm Chorgericht bewiesen und trift vorzüglich das Bauernvolk und die untern Stände.

Wie hartherzig diese Leute zum Theil seyn müssen, schliesse man auch aus einer nahe bey Bern am letzten Tage des Jahrs gehaltenen und gedruckten Predigt, worinn der Redner über den Tod der vielen durch die Ruhr in seiner Gemeinde verstorbenen Kinder sich äussert: — „Jedesmal empörte sich meine Empfindung, „wenn mir ein unnatürlicher Vater oder Sohn „das Absterben seiner Eltern oder das Erblassen „eines Kindes mit eben der Gleichgültigkeit an„zeigte — als wenn da ein Aas vor seinen Füßen „läge." — Gottlob — Er fügte hinzu: — „Aber dem „öfnete sich mein Herz, — dem eine Thräne im Auge „stand." —

Hauptheile der Berner Geschichte
zur geschwinden Uebersicht.

Jahr:

1191 Anfang der Erbauung der Stadt, da Bern vorher nur ein Schloß und Mühlenwerk hatte.

1218 Stadtgesetze vom Kayser gegeben.

1224 Der erste Bund geschah mit Freyburg.

1228 Bern rufte einen Fürsten von Savoyen zum Schutzherrn an.

1228 Dieser baute die Neue Stadt, vom Zeitglockenthurm bis zum Kefichthurm.

1238 Belagerung der Stadt durch den Kayser.

1289 Schlacht in der Schooshalden.

1291 Bund mit Solothurn.

1298 Sieg am Donnerbühl gegen die Grafen und Freyburger.

1339 Schlacht bey Laupen, gegen die verbündeten Grafen und Freyherrn im jetzigen Kanton Bern. Dieser Sieg war die Grundlage aller folgenden Erweiterung des Kantons und der eingeerndteten Vortheile und Eroberungen.

1346 Bau der Spitalgaße und Nebengaßen vom Kefichthurm bis zum obern Thor.

Jahr:

1353 Aufnahme der Berner in den allgemeinen Eydgenößischen Bund.

1375 Treffen gegen die sogenannten Engländer, bey Fraubrunn und Arberg.

1405 Verbrannte die Stadt Bern, bis auf wenige Häuser. Auch damals sind alle Urkunden und Schriften mit in Flammen aufgegangen. —

1415 Besetzung des untern Aergäu.

1418 Abtrettung des Herzogs von Oesterreich seiner ärgäuischen Länder an Bern.

1421 Grundlegung des Münsterbaues. (Zu dessen Vollendung aber 100 Jahre nöthig waren).

1474 Anfang der Burgundischen Kriege.

1476 Höchster Sieg! — die Schlacht bey Murten.

1499 Der Schwabenkrieg, alle Eydgenoßen gegen Oesterreich und den Kayser.

(In einem Jahr folgten 7 blutige Schlachten, und über 200 Gefechte; wobey die Schweizer fast immer Sieger waren. Kein Krieg ward mit solcher Erbitterung geführt, keiner war der Schweiz gefährlicher, keiner gab aber auch beym Friedemachen mehr Ehre als — dieser. Er war der letzte Nationalwehrkrieg der Schweizer gegen die aussern Anmassungen, und setzte also damit der Schweizer Unabhängigkeit die glorreichste Krone auf.)

1516 Ewiger Bund mit Frankreich.

1520 Anfang der Kirchen-Reformation.

Jahr:

1525 Ward die erste Bibel bekannt gemacht und zum Druck erlaubt.

1528 Räumte man in der Stadt Bern alle Bilder und katholische Altäre aus; setzte eine neue Kirchenordnung fest; zog die Klostergüter ein, und versandte die Mönche ausser den Kanton.

1536 Eroberung der Waadt. Nägeli ziehet mit seinem Heer aus der Stadt Bern; nimmt die aufgebotene Völker auf dem Wege in seine Armee auf; und in 14 Tagen sind die Berner Meister vom ganzen Welschlande und von einem Theil Savoyens.

1537 Einführung der Reformation in den eroberten Landen durch die Berner.

1564 Endlicher Friedensschluß und Beylegung der Händel mit Savoyen; Rückgabe einiger Orte und bestätigtes Recht auf die eroberte Waadt. —

1617 Ein zweyter Friede mit Savoyen wird gemacht, und das Welschland aufs neue an Bern abgetreten und zugesichert.

1653 Bauernkrieg; ihre Niederlage bey Herzogenbuchsee und im Aergäu. — Man war in Bern ohne Furcht: denn nie wurden die Stadtthore geschlossen.

1655 Der erste Villmergenkrieg, mit den Katholischen bricht aus. Die Berner verlieren.

1712 Toggenburgerkrieg: auch wegen der Religion; der herrliche Sieg bey Vilmergen, durch den

Seckelmeister Frisching gewonnen, machte diesem traurigen Gezänk ein Ende.

1768 Die Berner besetzen Neuenburg, und stiften Frieden.

1781 Zug nach Freyburg, zur Hemmung der ausgebrochenen Unruhen.

1782 General Lentulus besetzt Genf, in Verbindung mit Französischen und Savoyischen Truppen.

1791 Truppenmarsch nach dem Pays-de Vaud, bey den Unruhen an der französischen Gränze, und als die Stadt Genf von Franzosen bedrohet worden.

Anhang
Von den öffentlichen Gebäuden.

Da beym Abdruck des Artikels von den Gebäuden (oben Seite 16 bis 34) ein Theil der Handschrift verlegt worden; so wird hier noch nachgeholt, was daselbst — als an seinem schicklichern Orte, hätte stehen sollen.

Das Stift.

(Zu Seite 16.)

Im Jahr 1745 ward das alte Stiftgebäude abgerissen, und das neue 1748 von Herrn Stiftschaffner Joh. Bernh. Effinger, Herrn von Wildegg bezogen. Die Obrigkeit bestimmte zu diesem Bau 180 tausend Bern-Pfund. Die Angebäude, das Chorhaus und die Decaney machen diese Reihe von Gebäuden zu einem der sehenswürdigsten und edelsten Quartiere der Stadt. auch haben sie alle im Rücken die herrlichste Aussicht auf das Land, über die Aare nach den Schneegebürgen.

Der Stiftsschaffner ist ein Glied der Regierung, und verwaltet als eine Landvogtey die sehr reichen Güter dieser alten Probstey. So gehören dahin unter andern ein großes Landgut und Weinberge zu Neuenstadt am Bielersee, und ein anderes Gut zu Oberhofen am Thunersee; auch viele Zehenden von Dörfern. Zu Rüggisberg hat der Stiftschafner von Bern die Gerichtsbarkeit und eigene Wohnung; auch hält er sich des Jahrs zu verschiedenen Zeiten daselbst auf.

In diesem Stiftsgebäude hält man alle Woche 2 mal Ehegericht: Montag und Donnerstag. Alle Ehestreitigkeiten, alle Hurenhändel, zu Stadt und Land, und von letztern allein solche welche vor den untern Chorgerichten nicht können beendiget werden, kommen vor dieses Ehegericht; auch ist ihm die Aufsicht über die Sitten und die Kirchenzucht aufgetragen. Es bestehet aus dem Präsidenten, der ein Glied des kleinen Raths ist, und welcher alle Jahre, auf den ersten Donnerstag, im Maymonat, neu erwählt wird; ferner aus 2 Predigern am Münster, die unter sich alle 6 Monate abwechseln, und 6 Assessoren aus dem großen Rath.

Das Kommerzienhaus neben der französischen Kirche.

Dieses uralte Gebäude der Stadt ist in neuern Zeiten sehr verändert worden. Bis 1528 war es ein Dominikanerkloster. Nachher ward es zu einem Erziehungshaus für Waysen bestimmt, die in allerley Handarbeiten Unterricht erhielten, damit sie in reifern Jahren ihr Brod zu gewinnen wüßten.

1686 nahm man aber in dieses Haus die Französische und Piemontesische Refugiés auf, welche um der reformirten Religion harte Verfolgung erlitten und bey ihren Glaubensbrüdern Schutz suchten. Da ward dieses Haus ein Kommerzhaus für Strümpf- und Seidenfabrikanten.

Das Siechenhaus und Tollhaus ausser der Stadt.

Beyde Häuser liegen eine halbe Stunde von der Stadt entfernt, etwas auf der Seite vom Wege nach dem Badhaus oder Papiermühle, hart am Walde. Furchtbar ist die Stille, die daherum herrscht; noch furchtbarer der Eintritt in diese Häuser. In das Siechenhaus kommen nur Venerischkranke, oder mit Krätz und Aussatz angesteckte Personen, die man in der Insel (im Spital) nicht aufnehmen kann und darf. Unter den Weibspersonen siehet man manche freche schamlose Dirne; auch viele von der Wollust aufgezehrte Physiognomien und sonderbare Karrikaturen zeichnen sich daselbst aus. Das Tollhaus aber ist für Wahnsinnige, Verrückte und Desperate; es ist mit einer Hofmauer umgeben; liegt auf der Höhe, und siehet wie eine kleine Festung aus. Die Unglücklichen können bey gutem Wetter und in guten Momenten so wie bey anscheinender Besserung frey im Hof herumgehen oder sich Bewegung machen; doch immer in Gesellschaft anderer. — Man findet hier eine Reihe kleiner Zimmer, die man den Fremden und Neugierigen durch einen Schieber öfnet, wo die Kranken in ihrem Paroxismus hingestreckt liegen, oder auch in wüthender Gebärde an den Banden rasseln. O, herzzerschneidend ist solch ein Anblick! Man findet hier Leute aus allen Ständen und Gegenden des Kantons, vorzüglich viele aus dem Pays-de Vaud und der oberen Schweiz; denn in dieses Unglückshaus werden auch Fremde aufgenommen, wenn ihre Verwandte eine nicht kostbare aber doch mäßige Unterhaltung bezahlen können.

Alle öffentliche Gebäude, Strassen und Stiftungshäuser werden nach und nach erneuert und verschönert; und man siehet nicht wie in andern Staaten die besten Anlagen nach und nach in Verfall gerathen, vielmehr gewinnt jede Anstalt, jedes Werk unter den Händen einer weisen Regierung nach und nach seine Ausbildung und weitere Vervollkommnung. Gerade im umgekehrten Fall ist es mit dem Regentenpomp groser Herrn und Fürsten; sie prahlen mit neuen kolosalischen Gebäuden, und lassen sie nach wenigen Jahren wieder in Schutt verfallen; bewohnen sie oft nicht einmal, oder geben sie in Pacht. Gerade alles so, wie es ihnen durch Phantasie in Kopf schießt. So werden Gelder und Mühen und Bau-Materialien elend verschwendet, so werden Schweiß und Blut des besteuerten Unterthanen vergeudet; und so wird die Achtung, die man gegen solche Fürsten haben soll — in Verachtung verwandelt, und zwar ist eine solche bittere Empfindung gegen jeden Verschwender höchst lobenswürdig.

Die Regierung von Bern baut hingegen keine andere Häuser, als die sie zum allgemeinen Besten zu nutzen weiß; und sie richtet auch alles so ein, daß sie mit der innern Solidität zugleich Würde im Aeussern zeigen. Man glaubt nicht wie viel es auch auf den Charakter der Einwohner würkt, wenn sie in einer, in einem edlen Styl gebauten Stadt wohnen. Die Empfindungen werden von Jugend auf an Zierlichkeit, Symetrie und Nettigkeit gewöhnt; das Auge blickt freyer und zuversichtsvoller empor, als wo elende Hütten, verfallene Winkel den Geist trübe machen; oder wo geschmacklose Malereyen und Zierrathen nur Kindheit und Roheit in den Gefühlen ankündigen.

Berichtigungen und Zusätze zum ersten Theil der Beschreibung von Bern.

Seite 12 unten; die grosse Glocke zu Bern wiegt 267 Centner.

S. 14 die Höhe von der Kirchhof Terrasse bey dem Münster gegen die Aare, beträgt nicht 300 und mehr Schuhe, sondern ihre wahre Höhe ist 108 Schuhe. Sie hat auch einen Baugrund von 32 Schuhen in die Breite.

Seite 14. Die Geschichte des Weinzäpfli, der

den 25sten Julius 1654 mit einem Pferd von der Kirchhofmauer oder Platteform an die Matte gestürzt ist, und wovon die Denkschrift auf einem Stein, und an der Stelle, wo es geschehen, noch zu lesen ist; scheint vielen unglaublich. Und doch ist es so wahr! Es war eigentlich ein Säumerroß, das da weidete, und welches der junge Student aus Muthwillen bestiegen hatte; eine Schaar muthwilliger Jünglinge trieb das Pferd herum, der ungeschickte Reiter fiel über den Kamm des Pferdes herab und schleuderte ihn über das schmale damals nur niedrige Gelände. Also ist weder der Mantel des Reiters noch das Pferd schuld, daß der arme Weinzäpfli noch so glücklich fiel: denn das Pferd blieb oben. Der Reiter flog hinunter in einen Krautgarten: daß er aber ganz unbeschädigt blieb, ist gegen die Wahrheit. Er brach Arm und Bein; konnte aber noch curirt werden, man brachte ihn in das öffentliche Krankenhaus, die Insul, und die Rechnung für seine Kur wird noch in der deutschen Seckelschreiberey aufbewahrt. — Er war Student, kam als ein armer Knabe von katholischen Eltern auf Bern, und trat zur reformirten Kirche über; 1658 ward er deutscher Schulmeister in Bern, und 1665 Pfarrer zu Kerzerz; daselbst ist er 1694 gestorben, und liegt auch dort begraben. —

S. 19 (Zeile 2). Der Gottesacker bey der Bibliothek ist jetzt eingegangen. Nicht dort, sondern auf dem Kirchhof bey der französischen Kirche liegt Haller begraben.

Note zu Seite 22, oben: Man kann nicht sagen, daß die Salzquellen bey Aelen am Fuße des Gebürgs entspringen: denn einige derselben befinden sich 1738 und 2084 Fuß ob Bex.

Zu Seite 20. Der Katalog über die Münzsammlung ist gedruckt, wird aber nicht verkauft, sondern gleich wie der Bibliothekkatalog unentgeldlich an die Glieder der Regierung ausgetheilt; die Liebhaber können ihn bey dem Herrn Ober-Bibliothekar bekommen.

Zu Seite 22. In dem Hôtel de Musique sind zwey Gesellschaften, die man hier allgemein unter dem Namen der großen und kleinen Societät kennt. Beyde haben ungefähr die gleichen Gesetze und Anordnungen; nur mit der Ausnahme, daß zu der Aufnahme in die kleine Societät ein Alter von wenigstens 20 Jahren erforderlich ist; hingegen in der großen Societät kein Gesellschaftsglied unter 25 Jahren angenommen wird. Die Assembleen bey den höhern Ständen fangen gewöhnlich um 6 Uhr an, und dauern bis 9 Uhr. Auch darf man, ohne besondere Erlaubniß, wenn Ball ist, nicht über 9 Uhr daselbst tanzen.

Zu Seite 25. Die Operation des Getraidekaufs und Verkaufs, wie sie dort erzählt wird, ist nicht wirklich so, sondern nur ein unausgeführter guter Vorschlag.

Zu Seite 36, Zeile 4. Statt 50 Schellenwerker, die die Stadt säubern, sind es nur 20 bis 30 Personen.

Seite 38, oben, Zeile 5. Nicht nur bey der Entlassung, sondern monatlich und sonst, erhalten die

Züchtlinge, so sich wohl aufführen und fleißig arbeiten, eine besondere Belohnung. Auch können sie damit ihre Strafzeit abkürzen. —

S. 50. Der Aussere Stand hat seinen Ursprung einer Waffenbrüderschaft zu danken, die in Bern unter dem Namen des freyen Harsts unter den jungen Bürgern in ältern Zeiten existirte, und nach Aufhörung der äussern Fehden allmälig eine politische Form annahm. —

Zu Seite 55. Daß wir kein gutes Wasser in Bern haben, weiß man so ziemlich allgemein. Auch die besten Brunnen geben ein raubes, schweres und oft recht unreines Wasser; im Kochkessel setzt es eine scharfe Ton- und Letterde an. Wenige Leute trinken daher das Wasser gerne; und wer seiner Gesundheit wegen keinen Wein trinken darf, läßt es vorher abkochen, und erkalten. — Der Brunnen beym Schützenhaus vor dem Arbergerthor soll ein gutes Trinkwasser haben; freylich; aber wer von der untern Stadt mag sich alle seine Bedürfnisse da holen! Man lobt auch in der Stadt den Klosterbrunnen und den Städtbrunnen hinter dem Schlachthaus. Das Lob das man dem Wasser bey der Krone gegeben hat, hält aber doch auch nicht recht Stich.

Zu Seite 62, Zeile 26. Die Markttage in Bern sind Dienstag, Donnerstags und Samstags. Doch ist der Dienstag der eigentliche wahre Wochen-Markttag, an welchem viele Bauern zur Stadt kommen.

Großer Viehmarkt ist alle 4 Wochen in Bern, an jedem Dienstag zu Anfang des Monats.

Zu Seite 68. Spaziergänge: einer der angenehmsten Spaziergänge ist auch der Weg nach dem Badhause, durch den Wald, hart am äussern Krankenhaus vorbey. Man kommt hier wahrhaft in das freye, ländliche und Schweizerische. Nimmt man den Weg über die neue Straße auf Thun — so hat man die beste Uebersicht der Stadt und Gegend. — Der Weg gegen das aussere Krankenhaus durch den Wald über Bolligen nach der Stadt zurück, ist für eine mäßige Promenade gerade eben genug. Viele Fremde, die der Beschreiber dieses geführt hat, waren äusserst dabey vergnügt, — und wir nahmen Gelegenheit im Vorübergehen Herrn Pfarrer Sprüngli in seinem Landhaus unsre Aufwartung zu machen, der noch immer fortfährt, jedem Fremden mit Freundschaft und Güte seine Natursammlung zu zeigen. Hat man Zeit, so besteigt man auf diesem Wege auch den Panthigerhubel, wozu aber ein Führer aus dem nahen Dorfe nöthig ist.

Zu Seite 70. Man soll nicht Narziehle-Thor, Narziehle-Bad u. s. w. schreiben, wie seit wenigen Jahren gethan wird. Die Vorstadt wo die Bäder liegen, und die vordem viel ansehnlicher war, heißt von Alters her Marzili.

Zu Seite 71, Zeile 6. Iter factum atque munitum. Diese Inschrift am neuen Weg auf der Aergäuerstraße finden viele Leser dunkel. Die Zweydeutigkeit verschwindet, wenn man iter durch eine gebahnte Strasse übersetzt, wie Julius Cäsar dieses Wort auch oft verstanden wissen wollte.

Zu Seite 71. Der neue Weg gegen die Papiermühle, vom untern Thor an, hat 284 tausend Kronen gekostet.

Zu Seite 76, Zeile 20. Das Klafter Holz kostet in Bern zwar im Durchschnitt, es mag so gering seyn als es will, nahe an 4 Thaler das Klafter. Nun aber kann man sagen, daß das Buchenholz, wie natürlich zu vermuthen, auch theurer seyn werde, als Tannenholz. Der Verkäufer und die Jahrszeit setzen diese Preiße fest.

Zu Seite 78, unten. Statt drey Klafter Holz, so die Bürgerlichen beziehen; sind es sechs Klafter oder mehr, die sie aus den Stadtwaldungen erhalten.

Zu Seite 82. Den größten Wohlstand der Bauern findet man im obern Aergäu; um Langenthal, Wangen; im Emmenthal, und auch vorzüglich in der Nachbarschaft von der Stadt Bern herum. —

Zu Seite 86. Die Erlaubniß zum Tanzen wird selten bis über 8 Uhr gegeben.

Der Artikel Staatsverfassung von Bern, von Seite 92 bis 119, ist von Herrn Alt-Landvogt A. L. von Wattenwyl, Verfasser der bekannten vortrefflichen Histoire de la confédération helvètique. Herr Rathsherr Füßlin in Zürich hat die Urschrift zuerst deutsch im Schweizer-Museum 1783 bekannt gemacht. Gedachter Herr Landvogt hatte den Aufsatz in französischer

Sprache geschrieben, und Herr Rathsherr Füßlin hatte die deutsche Uebersetzung besorgt.

Zu Seite 95. Bis zum Jahr 1705 wurden die erledigten Stellen im kleinen Rath jedesmal erst am darauf folgenden Oster-Dienstag wieder besetzt. Den 3ten September 1705 aber ward vor Räth und Bürger erkannt, daß diese Besatzung nicht mehr aufgeschoben, sondern sogleich den ersten Tag nach der Beerdigung eines verstorbenen Rathsgliedes vor sich gehen soll.

Zu Seite 96. Die ausser Landes angelegten Gelder, stehen nicht unter der Vennerkammer; sondern unter dem geheimen Rath.

Zu Seite 98. Die Competenz der deutschen Appellationskammer ist nicht 100 Pfund sondern 1000 Pfund.

Zu Seite 100, Zeile 1. Bey den Chorgerichten auf dem Land verwaltet der jedesmalige Landvogt die Präsidentenstelle.

Zu Seite 101. Gegenwärtig sind nicht mehr als 256 bürgerliche Familien; sobald 3 aussterben, werden 3 andere gewählt.

Zu Seite 102, unten. Jedes Glied des kleinen und großen Raths nimmt am Tag der Promotion, wenn ballotirt wird, aus einem Sack eine Kugel; hinter einem Vorhang stehen 2 Trichter, in einen derselben legt er die gezogene Kugel ab.

Zu Seite 103, Zeile 17. Zu der Erwählung der CC. ist noch hinzuzufügen: „Wenn aber niemand sitzen geblieben, der ist einstimmig erwählt; dessen Stimmen werden auch nicht gezählt, sondern ist wirklich befördert." —

Zu Seite 110. Von den Vennern ist am ersten Meldung geschehen im Jahr 1339.

Zu Seite 108. Das Schultheißenamt bleibt Lebenslänglich, und wird sogleich Tags nach der Begräbniß des verstorbenen Schultheißen wieder von Räth und Burger besetzt. Den 29ten November 1746 ist durch einen Schluß des großen Raths diese Verordnung in das Rothe Buch eingetragen worden; da sonst dieses hohe Ehrenamt bis am darauf folgenden Ostermontag ledig blieb.

Zu Seite 111. Die Kanzley bestehet aus einem Staatsschreiber, 1 Rathsschreiber, 1 Unterschreiber, 3 Rathsexspectanten, 1 Registrator, 4 Commißionsschreibern und 3 Kanzleysubstituten; nebst einer unbestimmten Anzahl von Freywilligen.

Zu Seite 112 Zeile 3. Der Großweibel ist nicht nur der Stadt-Civil- und Criminal-Lieutenant, sondern auch aller 4 Landgerichte.

Zu Seite 112, Zeile 8. Diese Stellen dauern vier Jahre und werden sehr gesucht.

Zu Seite 112. Das Amt des Großweibels, Gerichtsschreibers, Ammanns dauert 4 Jahre.

Zu Seite 112. Die Standesglieder tragen, wenn sie in die Rathsversammlung gehen, Barete, das ist: runde Hüte, der alte Kopfzierrath der freyen Schweizer. Dieses Ehrenzeichen kommt von der ersten Einsetzung des Regiments her. Die Herrn des täglichen Raths tragen Perrussen, die von den Bareten durch eine höhere und zugespitzte Wölbung verschieden sind. Der große Rath versammelt sich gemeiniglich Montags, Mittwochs und Freytags; nach den Zeitumständen aber, besonders während den Unruhen in Frankreich, noch öfter. Aus diesem großen Rath werden alle Rathsherrn des kleinen Raths, und die Landvögte, auch viele andere Civilbedienungen besetzt.

Zu Seite 116, unten. Gleich nach der Kirchenreformation hat die Regierung von Bern das erste merkwürdige Sitten-Mandat ergehen lassen; es ist datirt: vom 21 April 1529; dessen Titel heißt: „Ordnung und Satzung beträffend Schweren, Zutrinken, Spielen, und die zerhawenen Kleyder.„ —

Zu Seite 118. Die Loos-Ordnung von 1710 bey Besetzung der Landvogteyen und Rathsstellen, ist im Jahr 1776 verändert, und auf eine andere Weise eingerichtet worden. —

Zu Seite 118, oben. Ein unverheyrathetes Standsglied kann auch Sechszehner werden, wenn auf seiner Zunft kein alter Landvogt ist.

Zu Seite 120. Bey Aufzählung der verschiedenen Quellen von Staatseinkünften sind zwey der wichtigsten nicht angezeigt: Die Handlung mit dem Salz, und die Interessen von den ausser Landes angelegten Geldern, vorzüglich in der englischen Bank. (Man sehe jedoch die Beschreibung von Bern 1ter Band, Seite 100.)

Die Staatseinkünfte lassen sich nicht bestimmen; aber 20 tausend Thaler sind zu wenig für den Ueberschuß. Freylich sind Einnahme und Ausgabe stets im Steigen und Fallen, und lassen sich nie genau voraus berechnen. Wie es in jeder Privathaushaltung ist, so ist es auch in der Staatshaushaltung: die ausserordentlichen Zeiten, erfordern ausserordentliche Anstrengung — aber doch immer müssen auch diese dem Haupt-Kapitalvermögen und den Hülfsmitteln angemessen seyn. Setze also Seite 120, unten, statt 20 etwa 100,000 Thaler.

Zu Seite 123. Mit Roche ist kein anderes Amt verbessert worden. Ausserdem ist in diesem Jahrhundert ein wichtiger Posten, den man als eine Landvogtey anrechnete, eingegangen: das Commissariat in England, welches bloß für die in der dortigen Bank angelegten Gelder Rechnung zu führen hatte; woraus also zu schliessen ist, daß der Kapitalfond daselbst ansehnlich seyn müsse.

Zu Seite 123. Mit Inbegriff der 5 Aemter in der Stadt, die für Landvogteyposten gelten, sind es überhaupt 59 Landvogteyen. —

Zu Seite 126. Zu mehrerer Unpartheylichkeit wird bey der Wahl eines Landvogts noch vor den Balloten, die Numeros von der Rangordnung gezogen. Unten beyzufügen: Sie nehmen auch öfters gern geringe Vogteyen, damit sie das Wahlrecht für Sechszehner erhalten können.

Zu Seite 128, Zeile 5. Die Frau Schultheißin hat den Titel gnädige Frau, zum Unterschied der Frauen Schultheißinnen von Burgdorf, Büren, Thun und Untersee. —

Zu Seite 131. Auch von den Angehörigen müssen jetzt von Zeit zu Zeit, wenn bürgerliche Familien abgeben oder aussterben, zu regimentsfähigen Bürgern angenommen werden. —

Zu Seite 131, Zeile 25. Die Juden sind schon im Jahr 1288 aus Bern bannisirt worden. Bloß tolerirt waren sie in spätern Zeiten, auf Durchreisen für Stunden und Tage, die sie theuer bezahlen musten. Vor 5 Jahren aber haben sie auch dieses Vorrecht im Kanton verlohren, weil sie öfters auf schelmischen Händeln sind ertappt worden, und einige Berner Landleute um Kapitalsummen betrogen wurden, die ihre Associrten nicht gut machen wollten.

Zu Seite 147. Die Jährlichen Synodalversammlungen der Prediger sind nicht alle auf Mittwochen nach Pfingsten festgesetzt; die Synode von Nydau hält ihre auf Dienstags nach Pfingsten, und deren sind mehrere.

Zu Seite 147. Im Münsterthal sind nicht 7 sondern nur 5 Pfarreyen; die andern 2 sind auf dem Tessenberg, der aber nicht im Münsterthal liegt.

Zu Seite 148. Die Kardinalpfründen darf man keck von 15 hundert Gulden, auf 2, 3, ja bis auf 4 tausend Gulden wenigstens anschlagen: — Die Naturalien so sie beziehen und verkaufen können, gelten ja jezt dreymal soviel als vor 100 Jahren.

Zu Seite 152, Zeile 26. (Prediger-Wittwenkasse). Der Mann muß aber mit dem jährlichen Beytrag fortfahren, und nur so kann die neue Frau eintreten. Seit ohngefehr 30 Jahren sind auch solche Stiftungen in Thun und Brugg errichtet worden. In Thun ist eine allgemeine, und eine für die Dürftigern. In Brugg ist eine für die Prediger-Burgerwittwen und ihre Waysen, die zu ihrem ehrlichen Unterhalt und Auferziehung nicht genug Vermögen, oder nicht anderwärtige hinlängliche Beyhülfe haben.

Zu Seite 155-156. Herrn Pfarrer Wyttenbachs Arbeitsschule hat ein Ende genommen — weil fast unüberwindliche Hindernisse die Fortsetzung für ihn unmöglich machten. — Jezt aber wird ein weitläuftigeres Armeninstitut projectirt.

Zu Seite 163, Zeile 22. Bey dem Getraidekauf der Regierung, verdient die von jeher bewiesene landesväterliche Sorgfalt unserer gütiggesinnten Obrigkeit auch noch einen Zusatz. Man sehe die im Buch Seite 162 und 163 gemachte Erinnerung, was sie für das Land im Jahr 1789 bis 1790 für den Ankauf der Früchte aufgeopfert hat; wie die Summe bis auf eine Million steigt; das alles ist schon detaillirt angezeigt. Hier wollen wir also noch beyfügen: — daß bey der schweren Theurung im Jahr 1770 der hohe Stand Bern, für etliche Millionen Franken, Früchte aus Sizilien hat kommen lassen, mit schweren Frachten und hoher Gefahr die ganze Summe zu verlieren, weil die Fruchtsperre überall angelegt war. Damals, obgleich die Frucht glücklich ins Land gekommen, hat der Stand 350 tausend Thaler aufgeopfert, weil er das Getraide viel wohlfeiler erlassen, als der Ankauf war.

Zu Seite 162, oben. Die Zahl der Geschlechter so an der Regierung Theil nehmen, dürfen nie weniger als 76 seyn. Nicht 72, sondern 76 Familien sind festgesetzt worden.

Zu Seite 175. Was da von dem reinsten Quarze gesprochen wird, darinn das Bleyerz in Lauterbrunnen brechen soll, ist falsch. Man kann aber sagen, daß an den Ufern des Thunersees, an sehr vielen Stellen Quarzsand genug gefunden werde, welcher zum Glasmachen vortrefflich wäre.

Zu Seite 168, Zeile 18. Den Bernern ist verboten in der Stadt mit mehr als 2 Pferden zu fahren.

Zu Seite 178, unten. Dermalen hat das Salzwerk im Gouvernement Aelen, Englisch- und Bittersalz, zu fabriciren angefangen.

Zu Seite 181, oben. Auch zu Oron wird Torf gestochen; hingegen zu Tschangnau im Emmenthal trift man keine Steinkohlengruben an; man hat nur dann und wann einzelne Stücke gefunden.

Zu Seite 198. Der Obrist Polier ist in Avignon

ermordet worden, und seine schöne Sammlungen waren lange vorher emigrirt.

Zu Seite 230. Jetzt versammelt sich die Helvetische sonst Schinznacher Gesellschaft zu Arau. Diese Verlegung ist wegen dem starken Zusammenfluß aller Arten von Gastfreunden — nöthig gewesen; denn Arau hat mehr bewohnbare Wirthshäuser als Olten.

Zu Seite 231. Als Mitstifter der Helvetischen Gesellschaft muß der sel. verstorbene Herr Seckelmeister von Tscharner aus Bern vorzüglich genannt werden.

Zu Seite 270. Die Aare wird stark zur Schiffarth nach Bern gebraucht. Ordinär gehen Montags, Mittwochs und Samstags unbedeckte Schiffe von Thun ab, die man die sogenannte Kalberflotte nennt, weil das Vieh aus dem Oberland und Simmenthal darauf spedirt wird.

Obgleich die Aare ein sehr unbequemer Fluß zum Handel und Spediren ist, weil er grosse Krümmungen macht; und man zum Beyspiel um nach Arau zu kommen erst von Bern über Arberg fahren muß, welches 3 Stunden von Bern zurück liegt, so ist doch der Strom starklaufend, und man macht die Fahrt doch noch geschwinder als zu Land, in sofern man nicht selbst Aufenthalt macht. Die Wasserzölle sind aber doch auch höher als die Wegzölle.

Zu Seite 273. Saum ist ein flüßiges Maas, und hält in Bern 100 Maas, zu Zürich aber nur 90.

Zu Seite 275, Zeile 11. Quadratschuhe nicht Kubikschuhe. Eine Stunde Wegs rechnet man zwar zu

6 tausend Schritten, aber es sind nicht geometrische von 5 oder 6 Schuhen, sondern bloß gemeine Schritte von $2\frac{1}{2}$ Schuh. — Falsch werden also von den ausländischen Geographen 18 tausend Schuhe auf eine Schweizerstunde gerechnet, höchstens sind es 15 tausend Schuhe. — Fünf Schweizerstunden Wegs, darf man aber immer zu 6 deutschen Stunden Wegs anschlagen.

Zu Seite 282, von unten. Zu einem Begleiter auf den Bergreisen kann man den Fremden ausser dem genannten Herrn Werre, noch empfehlen: Jakob Michel zu Unterseen, der auch noch 2 Brüder hat. Sie sprechen sämtlich deutsch und französisch; sind im Preiß noch gelinder als jeder andere.

NB. Der ganze Abschnitt von Seite 285 an, wird bey einer künftigen neuen Ausgabe viele Veränderungen erhalten. Das Ganze sollte nur eine kurze Uebersicht des Kantons vorstellen; und dieses wird es zum Theil auch thun. Da man aber zu wenig Unterstützung im Lande selbst, zu solchen Beschreibungen erhält, so kann man kaum hoffen, jemals etwas fehlerfreyes liefern zu können.

Zu Seite 287. Ist zum Landgericht Seftigen hinzuzufügen: Obergurzeln, Zimmerwald, Reutigen.

Bey den Landgerichten ist auch überhaupt anzumerken, daß wo die Pfarreyen unter Landvögten oder

Freyherrschaften stehen, nur das Militär und Kriminale zum Landgericht gehört; und auch letzteres nicht allemal; wie z. B. bey der Freyherrschaft Belp, Riggisberg.

Zu Seite 295. Mühlinen ist kein Städtchen mehr; jetzt nur ein kleines Dorf.

Nicht weit von Frutigen sind große Lagen von Steinkohlen, wo schon oft gearbeitet, und ehemals viel auf Bern geführt worden.

Ueber Reichenbach hinein geht das Kienthal, wo ausserordentlich fruchtbare Berge sind. Dieses Thal läuft an die höchsten Eisberge hin, und bildet daselbst einen der schönsten, auch von Bern aus sichtbaren Gletscher, der Gamchigletscher genannt.

Zu Seite 301. Zu Lauterbrunnen. Zuhinterst in diesem Thale sind Bleybergwerke, in welchen seit einigen Jahren mit vielem Fleiß gearbeitet wird. Schon in den ältern Zeiten trieb man daselbst an verschiedenen Stellen mehrere Stollen auf Eisenerz, welches, insonderheit in der Höhe, octaëdrische sehr kleine Kristalle bildet und von sehr guter Natur ist. — Die Alp Sefinen ist durch die sogenannten Sefinerkäse, welche vorzüglich sind, bekannt.

Zu Seite 303. Das Dorf Brunek gehört nicht nach Königsfelden, sondern ins Amt Lenzburg; ist aber in das Dorf Birr, Königsfelder Amts, Pfarrgenößig.

Zu Seite 307. Bellmont gehört nicht in die Pfarre

Bürglen, sondern in die Pfarre Nidau. — Dieser Irrthum kommt schon im Dictionnaire de la Suisse vor, und scheint aus demselben hier aufgenommen zu seyn.

Zu Seite 307. St. Peters-Insel gehört zu Twann und nicht zur Pfarre Ligerz.

Zu Seite 307. Tessenberg, Montagne de Diesse, wie es gewöhnlich geschrieben wird; ist Mediatland zwischen Bern und Bruntrut. Bern hat nicht die Criminalgerichtsbarkeit, sondern nur das Consistoriale allein. Bern setzt die beyden Pfarrer nach Diesse und Nodz. — Auch hat es die Criminalgerichtsbarkeit über die Diebstähle. Es ist merkwürdig, daß die Acte sagt: „Ein Dieb und ein Bär sollen in das Schloß Nidau geführt werden ꝛc.

Zu Seite 308. Bey der Landvogtey Saanen verdient noch bemerkt zu werden das Thal von Lauinen; das eine so sonderbare wilde aber doch fruchtbare Lage hat, theils auch des prächtigen Dungelgletschers, des berühmten Dungelgeißkäses, der schönen Dungel- und Gelten-Kaskaden wegen.

Zu Seite 311. Zu dem Amt Trachselwald gehört auch Tschangnau, Gericht- und Kirchgemeinde.

Zu Seite 312. Schwarzeneck ein sehr hochgelegenes Kirchspiel, welches seiner Torfgründe und des daselbst in Menge ausgegrabenen Torfes wegen, für die Landschaft sowohl, als auch für die Hauptstadt stets wichtiger wird.

Ibidem. Spiez ist kein Städtchen, nur ein Dorf, welches

welches so wie die Gegend daherum seines Obstwachses wegen berühmt ist.

Zu Seite 300. Interlacken liegt in einem schmalen Thale. — Die Lütschinen, die Aare, der Thuner- und Brienzersee schliessen es ein. —

Zu Seite 301. Die 2 Gletscher zu Grindelwald, so dem Pfarrhaus gegen über liegen, und welche alle Fremde am meisten besuchen, heissen der obere und der untere Gletscher; die Lütschinen entspringen aus ihnen und fliessen in den Brienzersee.

Das Lauterbrunnenthal ist 2 bis 3 Stunden lang. In diesem Thal wird seit wenigen Jahren ein Bergwerk bearbeitet, das etwas Bley, und nur gar wenig Silber zur Ausbeute giebt.

G'steig bey Interlacken liegt ½ Stunde von Interlacken; die Kirche hatte vor der Reformation grossen Zulauf aus dem Oberland als Mutterkirche.

Zu Seite 312. Unterseen, etwa 12 Stunden von Bern. Das kleine Thal bringt doch sehr viele und feine Baumfrüchte hervor. Das Amt begreift:

Das Städtchen Unterseen, welches schöne Rechte und Freyheiten hat, als das Recht des Zolls, des freyen Handels für jeden dasigen Bürger; gewisse Frevel entweder allein oder zum halben Theil mit dem Amtmann zu strafen; einen Wochen- und 7 Jahrmärkte zu halten; seinen Pfarrer selbst zu wählen, u. a. m. welche von der Obrigkeit, wegen erzeigter Treue in dem Aufstand von 1529 sind bestätiget worden.

Das Dorf Interlacken hat mit denen von Unterseen das Recht ihren Pfarrer selbst zu wählen.

Habkern, eine Pfarre in einem Bergthal, auf den Grenzen gegen das Amt Trachselwald und den Kanton Luzern.

St. Beatenberg. Eine Pfarrey auf der Höhe oben am Thunersee. Am Abhang des Berges etwa ¾ Stunde vom Seeufer ist die bekannte Höle des heiligen Beat, des seynsollenden ersten christlichen Missionars bey den Helvetiern.

Sundlauenen oder Sundglauenen, ein kleines Dörfchen am Fuß des Beatenbergs, und am Ufer des Thunersees.

Diese letztere 4 Dörfer gehören erst seit 1762 in das Amt Unterseen, vorher zählte man sie zur Landvogtey Interlacken, und wurden gegen die Herrschaft Unspunnen ausgetauschet.

Beym Ausfluß der Aare in den Thunersee liegen Ruinen von einem alten Schloß Weisenau, davon man aber keine Umstände weiß. Nahe beym Neuhaus ist ein Heilbad für offene Wunden, das aber nur aus der Nachbarschaft besucht wird.

Zu Seite 316. St. Steffen ist die erste Kirche im Obern- und Därstetten die erste im Untern-Simmenthal; diese 2 Thäler haben nie zusammen gehört. Der Bach, welcher sich mit der Simmen vereinigt, heißt die kleine Simme.

Zu Seite 316. Das alte Schloß Blankenburg ist jetzt neu erbauet.

Zu Seite 317. Wird Arau eine kleine Stadt genannt, wie sie es auch wirklich ist; doch hat sie in ihrem kleinen Umfang 450 Häuser. Worunter einige recht wohl gebaut sind.

Zu Seite 318 Zeile 10. Das Arauer geistliche Kapitel bestehet nicht aus 20, sondern aus 24 Pfarreyen. Es sind in dieser Claß noch 10 Collatur-Pfründe, ausser Arau. Brugg und Lenzburg erwählen wie Arau gleichfalls ihre Prediger selbst.

Zu Seite 320. Zofingen liegt nicht an der Wigger, welche kein Fluß sondern bloß ein großer Bach ist. — Von dieser Stadt gehen nicht nur von Verbürgerten sondern auch von andern, keine Appellationen nach Bern; wie von den 3 übrigen Aergäuer Municipalstädten.

Zu Seite 327. Zu Nyon ist seit einigen Jahren eine Porzellanfabrike, die wir nicht vergessen wollen, da sie dem Land die Einfuhr des fremden Porzellans erspart; und an Güte und Schönheit wenige ausländische Arbeiten dieser gleich kommen.

Zu Seite 331. Iferten am Auslauf des Neuenburger Sees: sollte heißen: am Auslauf der Orbe, welche sich daselbst mit der Thielle vereinigt und in den Neuenburger See ergießt. Der Auslauf des Neuenburger Sees ist bey dem Rothhaus, 2 Stunden untenher Neuenburg; dahingegen Iferten zu oberst am See liegt.

Zu Seite 322. Man soll von Avenche nicht sagen,

daß keine Alterthümer mehr daselbst zu sehen seyen. Hrn. Ritters Buch über dieselben und die Zeichnungen darinnen beweisen das Gegentheil; freylich ist es gegen das was man nach der vormaligen Wichtigkeit des Orts zu sehen glaubt, fast wenig und unbedeutend; wie es Herr Ritter auch selbst gestehet.

(Ueber den Aufsatz Seite 347 bis 354) Die Betrachtungen über den Kanton Bern, welche dem Schluß des 1ten Bandes beygefügt worden, haben vielen Personen wohl gefallen, die das Herzliche, Warme, absichtlich Gute, zu schätzen wußten; ohne die im Eifer der Gefühle begangene Allgemeinmachung zu stark zu rügen. Andere, nicht weniger gute Patrioten, fanden darinn Uebertreibung, und was dem Verfasser doch wohl nicht zu Schulden kommen kann — Unkunde des Landes; da er nur zu gut von vielem unterrichtet ist, vieles mit Leuten jeder Art zu thun hat; nicht aus Büchern, sondern aus der lebenden Natur seine Empfindungen hernimmt. Wollte Gott er hätte unwahr geschrieben! Aber wenn auch nur der zwanzigste Theil des Bildes so er aufgestellt, trift, und ähnelt — so wäre es schon lobenswürdig genug, daß er auf diese Fehler des Landes aufmerksam gemacht hat, denn man kann leicht zu jovialisch denken, und was dem einen hypochondrisch gemahlt scheint, kann es in der Wahrheit doch weit mehr seyn, als was so viele im täuschenden Sonnenglanze aus alter Vorliebe für ihre Landsleute für besser und treffender halten. Ich wünsche nicht, aber ich befürchte, daß in 10 Jahren, wenn sich die Folgen der heutigen Lebensart noch stärker entwickelt haben werden, das Bild sich noch mehr bewahrheite, und allgemeiner treffe, als es jetzt scheint! —

Zu Seite 346. Die Zählungstabelle ist von 1764 nicht 1784. (Siehe die Berichtigung im 2ten Theil, Seite 40)

Zusätze zum zweyten Theil.

Werth des Geldes.

Zu Seite 6. Im Jahr 1360 verkaufte Schultheiß Johann von Bubenberg an die Stadt Bern, die Schwelle, mit Säg- Schleif- und andern Mühlen, mit Fischrecht und mit dem Bach, der die Matte hin- und durchlauft, welches alles die Edlen von Bubenberg als Reichsleben besaßen, um 1300 Rheinische Gulden.

Umfang der Stadt.

Zu S. 7. 1346 wurde der Spitalthurm, mit den andern Thürmen und die Stadtmauern, von einem Ende bis nach der jetzigen Schützenmatte, in Zeit von 18 Monaten erbauet.

Polizey.

Zu S. 8. 1393 wurden Stockbrunnen in die Stadt geleitet, und die Gassen mit Steinen gepflastert. Vor nicht viel mehr als 100 Jahren, waren in der Hauptgasse Schweinställe, und nach vorhandenen Polizeyverordnungen mußten diese Ställe zu gewissen Stunden zu, und die Schweine eingeschlossen werden.

Bevölkerung.

Zu Seite 40. Die Zahl der jährlich Sterbenden aus den bürgerlichen Familien in Bern, da auch die Auswärtsbegrabenen dabey gerechnet werden; ist laut hiesigem Wochenblatt seit mehr als 30 Jahren immer zwischen 125 als die Mittelzahl. — Ein paarmal stieg es über 140, 6 mal aber auch fiel es unter die Zahl 100. — Rechnet man nun für unser gutes Clima den 35ten Menschen auf den Tod — so ist, wenn man die Zahl von 125 Todten mit 35 multiplicirt, die Anzahl der Köpfe von lebenden bürgerlichen Personen aus allen Ständen und Altern 4375. Welches auch so ziemlich der Generalzählung im Jahr 1787 nahe kommt, da man 4555 Personen (oder Köpfe) heraus brachte.

In einem Zeitraum von 26 Jahren, nämlich von 1764 bis 1789, inclus. sind bürgerliche Personen verstorben 3038. —

Und in der Münsterkiche sind in dem gleichen Zeitraum bürgerliche Kinder getauft worden 2279.

Dieser Zuwachs und Abgang wurde bis zum Jahr 1782, allemal am Ende des Jahrs im Wochenblatt angezeigt. Da aber so viele bürgerliche Personen in Aemtern in dem Kanton und ausserhalb angestellt sind, deren Tod wohl im hiesigen Wochenblatt allemal bemerkt wird, aber deren Kinder, wenn sie nicht in der

Münsterkirche zu Bern getauft waren, nicht zu dem Zuwachs gezählt wurden, so ist es gut, daß man diese irreführende Berechnung abgeschaft hat.

Auch wird es überhaupt schwer seyn, den Stand der Bürgerschaft und aus wie viel Köpfen sie bestehe, eben so genau zu wissen; wie man die Familiennamen wohl weiß, die man in Register und Wappentafeln — gebracht hat.

Ein Kalkul darüber wird nie viel bedeuten, wenn man nicht jeder Familie eine eigene Rechnung von Soll und Haben hält; allemal — Anwachs und Abgang genau einträgt, und die auch auswärts Lebenden und früher oder später in die Stadt zurückkommenden Bürger mit in Anschlag bringt; die auch den Stand ihrer Familie von Jahr zu Jahr einzuberichten verpflichtet seyn sollten. Ueberhaupt aber kann man bemerken, daß in Bern die Leute sehr alt werden. Personen über 70 Jahre sind gar nicht selten; im Jahr 1787 waren unter 130 Todten, aus bürgerlichen Familien, 40 Personen die zwischen 70. 80 bis 90 Jahr alt geworden; so auch 1788 unter 96 Todten, fanden sich 23 von diesem hohen Alter. (1789, unter 171 waren es 36); (1790, unter 120 waren es 23); (1791, unter 119 sogar 38); (1792, unter 116 waren es 26); (1793, unter 137 waren es 25); (1794, unter 159 waren es 38); (und 1795, unter 141 fanden sich 35). —

Auch in Lausanne trift man diese glückliche Leibes-Konstitution an; im Jahr 1787 fanden sich unter 222

Todten, 40 Greiße; im Jahr 1788, waren unter 216 Todten 44 Greiße; im Jahr 1789, unter 202, 39 Greiße; im Jahr 1790, waren von 216 Todten, 35 Greiße; im Jahr 1791, unter 210 Todten waren 31; und 1792, unter 257 waren 38. — Hingegen ist auch die unverhältnißmäßige große Zahl der Todgebohrnen Kinder in dem Lausanner Wochenblatt merkwürdig; da findet man zum Exempel vom Jahr 1787, 29; vom Jahr 1788, 28; vom Jahr 1789, 30; vom Jahr 1790, 38; von 1791, 27; vom Jahr 1792, 32 todgebohrne oder vor der Taufe verstorbene Kinder; und so fährt es fort. Dies verdiente doch einige Aufmerksamkeit der Regierung. Vielleicht ist es in andern Gegenden des Kantons wegen der schlechten Hebammenpflege auch so, das wäre also der $\frac{1}{7}$ Theil fast aller Gezeugten, die nicht das Tageslicht erblicken oder im Gebohrenwerden schon sterben!! Man denke erst noch an die Blattern und Kinderkrankheiten, und wer wird sich ferner wundern dürfen, daß die Population im Kanton von Eingebohrnen im Sinken ist. —

Druckfehler und Auslassungen welche im 1ten Theil zu verbessern sind.

Seite 13, Linie 18 statt MCXI. soll stehen MCXCI.

Seite 67, Zeile 5 von unten: zwey Laubthaler, statt 1½.

Seite 92, Kammer angestellt. Setze hinzu: als Sekretär.

S. 94, Zeile 9, statt regierender lies: nicht regierenden.

S. 98, Zeile 8, von unten Obern, lies Oberherrn.

S. 174, Zeile 3, statt keine einzige, lies eine einzige Glashütte (nämlich zu Pauder bey Lausanne).

S. 200, unten Zeile 3, nivalis statt niralis.

S. 216, unten, lies Lory statt Loui.

S. 217, Zeile 3, auszustreichen: zweyer junger Mahler anschließen, dafür setze von Aberli und Rieter anschließen. —

S. 217, Zeile 14, lies aufwärts: statt auswärts.

S. 225, Zeile 8, lies zu Bern statt Basel.

S. 220, Zeile 11 und 12, lies Janinet sculpsit statt Descourtis sculpsit.

S. 234, unten, lies Meyringen statt Meynigen; statt Tennenalp, lies Tannenalp.

S. 250, und anderswo, lies Schinznach, nicht Schinznacht.

S. 274, von unten, ausgeschossenen, statt ausgeschloßenen.

S. 279, Zeile 8, nicht 10 sondern 15 Batzen; und besser unten statt 1 Rthaler; muß 1½ Rthaler gesetzt werden.

S. 283, unten, drey französische Thaler statt zwey.

S. 183, unten, lies 3 große Thaler statt 2.

S. 284, lies 30 Batzen statt 25.

S. 293, lies Erlach 7 Stunden von Bern.

S. 293, Zeile 7, lies nieder Oesch, nicht äsch.

S. 294, Frienisberg 3 Stunden von Bern.

S. 300, unten Zeile 5, lies Räsen statt Besen.

S. 304, Zeile 8, Krägligen, nnd S. 313, Zeile 9 Koppigen.

S. 315, Zofingen 12 Stunden von Bern, nicht 14.

S. 324, Corsier ist nicht $\frac{1}{4}$ sondern $\frac{1}{2}$ Stunde von Vivis.

Die Kunsthändler in Bern, besonders Herr Bürky, und Schimper, besitzen von den angezeigten Kunstmalereyen nicht Nachstiche und schlechte Originale. Vorzügliche Arbeiten trift man bey ihnen an; so wie sich mehrere Künstler selbst öffentlich erklärt haben, sie als ihre Kommißionaire angestellt zu haben. Die Anmerkung im Buch Theil 1 Seite 214 muß also nicht zum Nachtheil aller Kunsthändler verstanden werden. Die Urquelle dieser Anzeige ist unrein — wovon man mir Proben gezeigt hat.

Nach-

Nachricht

von der Entstehung dieses Buches, und einige Anmerkungen über die Reisebeschreiber.

Billig gebe ich dem Publikum auch Rechenschaft von der Entstehung dieses Buches, da seine jetzt zu zwey Bänden angewachsene Größe durchaus nicht in dem ersten Plane lag. Schon seit 5 Jahren habe ich den Gedanken gehabt, zum Dienst der hieherkommenden vielen Reisenden und Fremden ein Werkchen zu veranstalten, das gleichsam ein Cicerone für sie sey, und worinn alles was zu Stadt und Land sie intereßiren und ihre Aufmerksamkeit fixiren könnte; kurz, genau und positif beschrieben wäre; das Ganze aber sollte mehr eine bloß Nomenklatur oder ein Fingerzeig für sie seyn, als daß über die Sachen raisonnirt oder im Urtheil den individuellen Beschauern vorgegriffen würde. Ein jeder möge mit eigenen Augen sehen, und mit seinen eigenen unbefangenen Empfindungen die Resultate ziehen. Da man der weitläufigen raisonnirenden Werke über die Schweiz schon so viele hat, so wäre ein solches planes Sachregister um so wünschenswürdiger; und ein eigentlicher Guide du Voyageur dans le Canton de Berne wird bey aller Menge von Schriften doch noch vermißt, wie ich so oft als Buchhändler diesen Mangel fühlte, wenn man mir dergleichen Nachrichten abforderte. Ich sprach daher oft hierüber mit mehrern hiesigen Gelehrten und Vaterlandskennern; legte ihnen meine Ideen kurz und klar vor, und wünschte, daß sie unter sich, jeder in dem Fache wo er am meisten Kenntnisse hatte, mir ein solches Büchlein zu Stande bringen helfen wollten; das nicht reich an Bogenzahl, aber desto reicher an Sachen und Innhalt seyn möchte. Ich nahm zum Muster die dem kleinen Mannheimer Hofkalender beygelegte Anzeige der Merkwürdigkeiten in Mannheim, Heidelberg und der Pfalz. Welches kleine artige Werkchen mir immer sehr wohl gefallen hat, und auf 4 eng gedruckten Bogen in Taschenformat einen Reichthum von Sachen und so ordentlich verzeichnet, enthält, daß ich noch kein besseres Modell für jedes große und kleine Land vorzuschlagen wüßte.

Leider konnte ein sehr fähiger und wissenschaftlicher junger Mann damit nicht zu Stande kommen, der mir bereits das Versprechen gethan, mit Hülfe seiner Freunde meine Wünsche zu befriedigen. Berufs-Arbeiten ruften ihn davon ab. Da ich aber den Gedanken damit nicht fahren lassen wollte, so suchte ich immer noch vorzüglich am liebsten einen Berner selbst, weil ich glaubte, solche vaterländische Notizen könnte kein Ausländer so gut geben. Da ich lange herumgeforscht hatte, fand ich endlich einen für Geld und gute Worte; — ob ich aber mein Loos nicht zu bereuen gehabt habe, mag das Folgende erklären.

Voraus kamen wir überein, daß das Werkchen als ein Taschenbüchlein, nicht über 8, höchstens 10 oder 12 gedruckte Bogen geben sollte. Ich machte ihm selbst die Rubriken, die ich ausgefüllt zu sehen wünschte; ich verschafte ihm die Hülfsmittel mit großer Mühe, und lies über 50 bis 60 verschiedene Bücher über den Kanton für ihn zum conferiren binden; — ich gab ihm — weil er es haben wollte, auch Pränumeration. Er verlangte, daß man mit dem Druck anfange, und er werde immer hinlänglich Manuscript liefern: Aber kaum war die Arbeit im Werk, so sah ich mit wem ich es zu thun hatte: Er glaubte mich in Händen zu haben — und mir so viel oder so oft als es ihm beliebte, mir die Handschrift versagen zu können. Ganze Monate stund die Arbeit in der Druckerey still; 7 Bogen lagen beynahe ein halb Jahr abgedruckt; und die Beendigung sah kein Mensch voraus. Auch was nur ein Verzeichniß der Berner Merkwürdigkeiten seyn sollte, ward eine Abschrift aller Erzählungen der neuesten Reisebeschreibungen aus Meiners, Coox, etc. (Da wäre nun meine Sorge einen gebohrnen Berner zum Verfasser zu haben, eben nicht nöthig gewesen). Und er hat dabey den Ruhm seiner Landsleute nicht behauptet. Auch nahm er so viele Discußionen aus andern Büchern auf, welche wenige Berner für durchaus ächt erkennen, auch zum Theil schon in der Censur verworfen wurden. Bereits waren auf diese Art in Zeit von 14 Monaten 17 Bogen abgedruckt, ohne daß noch ein Wort vom Kanton geredet worden, der doch das Hauptinteresse für den Fremden hat: Und wenn nach Proportion der Gegenstände die Behandlung eben so weitläufig hätte ausfallen sollen, würde das Buch auf 4 Bände stark geworden und kaum zu erleben gewesen seyn, da die unaufhörlichen Einschiebsel und Unterbrechungen die Dauer dieser Arbeit incalkulabel machten; und das schon ohnehin nicht immer deutliche Manuscript die beschwerlichsten Korrekturen erforderte, Druckfehler und Versetzungen also auch bey aller Achtsamkeit des Setzers doch unvermeidlich blieben. — Bey solchen immer mehr und mehr wachsenden Beschwerden, haben endlich der Verfasser und der Verleger bey Seite 284 ihren Accord aufgehoben, und was also nach Seite 285 folgt, daran hat der erstere keinen Theil, und wurde bloß als Anhang noch beygefügt; weil das Buch schon seine Gränzen überschritten hatte. Und wirklich wird der Kanton Bern von einem Sachkundigen Manne neu und vollständig bearbeitet. Auch vielleicht Prospekte damit vereiniget werden.

Der Titel, so wie ich das Werk projektirt hatte,

war auch bereits gedruckt, und mußte abgeändert werden, er hieß: Wegweiser für Einheimische und Fremde. Oder Bern, die Stadt und der Kanton. Der erste Bogen hatte folgende kleine Vorrede von mir.

„Der Kanton Bern hat für den Reisenden so viele „Merkwürdigkeiten, daß es Einheimischen und Fremden „angenehm seyn muß, einen Wegweiser zu finden, der „sie gleichsam bey der Hand nimmt, und zu allen Gegen„ständen hinführt, die ihrer Aufmerksamkeit vorzüglich „würdig sind. Die Stadt Bern wird durch den Kanton, „und der Kanton durch die Stadt interessanter. Wer „dies Land kennen lernen will, muß also den Kanton „fleißig bereisen, und nur Ruhepunkte in der Stadt „machen. Auch Einheimische werden in dieser Schrift „manches finden, was sie noch nicht beobachtet haben, „oder nicht im Zusammenhang wußten."

Auch diese Note mußte wegfallen, weil sie nicht zu dem Buch paßte. Man siehet also, daß bey der Ausarbeitung der Plan — der doch die Basis unsrer Konvention war — ganz verfehlt und aus den Augen gesetzt worden; und bloß durch die nun möglich gemachte Berichtigungen des zweyten Theils, darf ich hoffen, daß das Publikum es nicht bereuen werde, weil es jetzt was ziemlich vollständiges über das Land erhält.

Bey diesem zweyten Theile habe ich mich nun selbst bemühet, die begangenen Irrthümer des 1ten Theils zu berichtigen, und mit Hülfe von wahren Patrioten die Sache in ihr gehöriges Licht zu stellen; ich habe schriftlich und mündlich die

Urtheile kluger Männer eingeholt; ich glaube auch darinn glücklich gewesen zu seyn. — Nicht aus gedruckten Quellen, am allerwenigsten aber aus Reisebeschreiber-Nachrichten — sondern aus wahren zuverläßigen Datis sind die Berichtigungen geschöpft; und in der weitern Ausführung — da das Werk einmal in einem andern und weitläuftigen Plan angefangen war — habe ich es möglich zu verbessern gesucht, so viel meine Zeit und meine Hülfsmittel erlaubten. Und wäre es mir auch nicht überall gelungen richtig zu sehen, so wird doch das Buch, wie es jetzt ist, viel nützen, und der Brauchbarkeit näher gebracht seyn.

Damit aber auch mein erster Plan nicht ganz vertilgt sey, so wird nächstens ein solches kleines Manual über die Hauptmerkwürdigkeiten zu Stadt und Land, für Reisende erscheinen.

Hier könnte ich schließen; aber ich habe noch einige Anmerkungen über die Menge von Reisebeschreibungen über die Schweiz, zu machen.

Es ist durchaus falsch und nichts als eine stolze Eigenliebe sagt es, daß kein Fremder über ein Land schreiben sollte. — Tout au contraire! Der Fremde siehet mit vorurtheilsfreyern Augen, ihm fällt eine ungewohnte Sache stärker auf als dem Einheimischen, er kann Vergleichungen mit andern Ländern anstellen, er dependirt nicht von der Gunst der Patrone, ihm ist Wahrheit — wo er sie findet, heilig, ohne Rücksicht ob er sich damit einen Patron mache; er hat weniger Furchtsamkeit; und wenn er eine geraume Zeit an einem solchen Orte gelebt hat, dabey einen freyen Kopf zum Beobachten mitbringt — ohne Animosität und Bitterkeit schreibt, sich zum Gesetze macht getreu zu seyn — so ist sein Urtheil und seine Meynung auch dem Einheimischen desto interessanter und neuer. Aber Notabene man muß nicht mit der Post durchs Land reisen; nicht in den vornehmen Cirkeln leben! man muß als ein Geschäftsmann seine eigene Empfindungen von vielen Jahren dabey walten lassen; und eben darum sind die Reisebeschreiber fast allgemein verachtet und unbrauchbar, weil sie nur einseitig, flüchtig, und mit Vorurtheilen sehen; die Data, so wie sie ihnen in die Hände geliefert werden, oder vom Zufall in die Hände fallen, begierig aufraffen, und daraus übereilte Schlüsse ziehen; genug wenn sie nur auffallend und neu seyn können. Kein Genie, kein hypochondrischer Rezensente; — kein Stubengelehrter der die wirkliche Welt mit seinen hohen Idealen verwechselt, ist dazu geschickt. Je mehr Bücherweisheit ein solcher Schreiber hat, je weniger praktische Klugheit und Verstand wird sein Urtheil auszeichnen. Daher hört man oft lieber das Raisonnement eines Handwerkspurschen, der das Herz am rechten Flecke sitzen hat, über ein Land, das er oft bereiset nnd aus Erfahrung kennt, als die trivialen wiederkäuenden Sarkasmen, oder die bald hochtönende bald absprechende Jeremiaden der Länderbeschreiber.

Unausstehlich ist es, wie die täglich noch sich vermehrenden Reisebeschreibungen über die Schweiz, auch den Kanton Bern in einem falschen Lichte vorstellen, oft schöner, oft häßlicher gemahlt haben, als er in der That ist; und wozu ihnen die bereitwilligen Hände dienstbarer Geister im Lande selbst den Stoff liefern, den sodann der Bücherfabrikant nach seinen individuellen Absichten entweder ins Schöne oder ins Häßliche bearbeitet; und gerade so, wie er und seine Gehülfen schon dafür gestimmt sind. Auch scheint die Reisebeschreiber Wahrheit mit der poetischen Wahrheit synonym zu seyn. — Genug, wenn nur das Bild in allen seinen Theilen gleicht, eine Wahrscheinlichkeit davon existirt; so ist es schon genug sie für Wirklichkeit und Allgemeinheit auszugeben. Und so schreibt einer den andern aus, ohne lange Komplimente zu machen; denn es ist leichter zu vergnügen und zu unterhalten, als zu belehren und zu beweisen; und eben darum schreiben sie auch am liebsten anonym. Zu keiner Zeit war das Uebel so allgemein wie es jetzt ist, und die Menge solcher zudringlichen Reisebeschreiber gehört ganz zu dem Charakteristischen unsrer heutigen Schriftstellerwelt; sie machen gegen die so gerühmte Aufklärung einen seltsamen Kontrast, und sie sind auch das nächste Mittel, sie gänzlich wieder auszulöschen und alle Preßfreyheit odiös zu machen.

So sehr ich ein Feind alles Preßzwanges bin, und die in einigen Fürstenstaaten angelegte Inquisitionsanstalten bemitleide; so unwillig werde ich doch, wenn freye Schriftsteller dieses goldene edelste Vorrecht muthwillig herabwürdigen und gegen die Privatsicherheit mißbrauchen. Denn diese Völkermahler verursachen nach Proportion ihrer Menge und ihres Anhangs eben so großes Unheil — als die Libellisten in der Streitsache der Franzosen. Da streichen sie, die Reisebeobachter, durch die Städte und Länder wie die Scheermäuse wenn sie nach Brod gehen; sie schnuffeln an allen Thüren, halten sich aber nirgends lang auf; und wo sie nichts finden, da schaffen sie selbst etwas scheermäuseartiges, sie wühlen gern den alten Schutt auf, und bey solchen umgewühlten Haufen lassen sie ihre Spuren zurück, daß sie einmal da waren.

Solche Leute wissen auch durch die heillosesten Kunstgriffe da und dort unter guten Menschen Mißtrauen und Feindschaft zu erregen; und sie dienen vorzüglich gern zu Spionen. Was in jedem Lande in Absicht auf Religion, Erziehung, Staatsverfassung u. dergl. geschiehet, wissen sie zu ihren Absichten zu benutzen. Sie schreiben alles auf, machen Anmerkungen, Untersuchungen und Beschreibungen von Sachen, die sie nicht verstehen, die sie nur halb gesehen, oder mit Vorurtheil gesehen, und da entstehen Bücher von so superfizieller Art, daß oft in den allbewunderten Schriften, unter vielen hundert Behauptungen nicht eine einzige wahr ist. (Hierüber klagte ich schon in meinem Bürger-Journal, und gab Proben in meinem neuen Werke Appel an meine Nation.)

Wie lächerlich die Reisebeschreiber ihr Lob oder Tadel austheilen, mag man auch nur aus einem kleinen Beyspiel sehen: Ich weiß nicht in welcher Reisebeschreibung gesagt wird, daß in Bern das beste Brod gebacken wird. Der Reisebeschreiber fügt hinzu, daß er in den Hauptstädten Deutschlands kein solches gutes Brod gegessen habe; — ja selbst in Wien, wo bekanntlich ein recht schmackhaftes Kernbrod gegessen wird, sey es nie so gut. Oh! Herr Reisebeschreiber, die Sache ist ein wenig übertrieben. Wir haben auch wie aller Orten unsre Zeiten, wo gutes und schlechtes Brod gebacken wird: So wie es auch auf die Meister und Gesellen ankommt. Aber nach der löblichen Gewohnheit — muß alles übertrieben, alles allgemein im Lob wie im Tadel seyn.

Herr Norrmann nennt mich immer als Verfasser der Beschreibung von Bern. In dem ersten Theile ist aber nichts von mir *) als die Betrachtungen über den Kanton, von Seite 347 bis 357. Ich werde mich nie scheuen zu allem was ich schreibe, meinen Namen zu setzen, daher nannte

*) Ausser daß ich der Schreibart und der Orthographie des Herausgebers wo er selbst reden wollte, hie und dort nachhelfen mußte, der Styl also durch mich verbessert worden; wobey einige kleine Zusätze mit einflossen.

ich mich auch im Schweizer-Museum zu diesem Aufsatz; und ich bekenne mich eben so ohne Furcht als Herausgeber dieses zweyten Theils. Denn da ich seit 18 Jahren im Lande lebe, so konnte ich diese Arbeit um so zuversichtlicher wagen, als ich die Blüthe und Kraft meiner Jahre da zurücklasse, wenn ich einst von hinnen ziehe. Bern muß mir wichtig bleiben, denn die Erinnerung des Vergangenen ist dem menschlichen Geiste allemal angenehm, wenn auch Mühseligkeiten die Menge diese verschwundenen Tage umschattet haben.

Bern, geschrieben am letzten Tag
Jenners 1796.

Johann Georg Heinzmann.

Orts- und Sachregister.

Die römische Zahl I. bedeutet erster Theil; II. zweyter Theil; und die andere die Seiten des Buchs.

Zu dieser Beschreibung von Bern ist auch als Anhang erschienen, und könnte dem ersten Theil welcher an Bogenzahl schwächer ist; beygebunden werden: „Berner Addreß-Handbuch der „Handelshäuser, Fabrikanten, wie auch der „Künstler, ansehnlichen Gewerbtreibenden „Personen und Professionisten im Kanton." 1795. (Preiß 6 Batzen.)

Nachricht wegen dem Kupferblatt.

Die Abbildung eines der merkwürdigsten Gletscher in unserm Kanton, hatten die Verleger noch in Menge vorräthig; sie machen damit den Käufern zur Verzierung des Werkes, ein Geschenk.

Der Buchbinder heftet das Kupfer hinten an.

Verzeichniß

einiger Hauptwerke, welche die Berner Typographische Societäts-Buchhandlung gröstentheils selbst gedruckt hat, und bey derselben nebst vielen andern Büchern zu verkaufen sind.

(Die Preise sind in Schweizergeld, L. 3 machen 2 Gulden.)

Encyclopédie, ou Dictionnaire raisonné des Sciences, des Arts & des Métiers; par une Societé de Gens de Lettres, mis en ordre & publié par M. M. Diderot & d'Alembert, gr. 8. 72 Vol. ou 36 Tom. de texte & 3 Vol. de Planches & Cartes géographiques, contenant plus de 1000 figures sur 293 Cuivres. Preis 150 Gulden oder L. 225.

Buffon, Oeuvres d'Histoire naturelle, 40 vol. complet, 8. édition de Berne, où les additions se trouvent jointes à leur endroit, avec 520 Planches, qui contiennent. 640 figures. l'Impression à été finie en mars 1792. Preiß per Vol. L. 2. 10 L. 100 oder fl. 66. 40 kr.

Héptaméron français, ou Nouvelles de Marguerite, Reine de Navarre, avec 144 vignettes, culs de lampe, & 74 grandes planches; nouvelle édit. 1791. Preiß 2 Louisd'or. netto.

D'Alembert, Melanges de Litterature, d'Histoire & de Philosophie, 5 Vol. très belle Edition de 1783. L. 9 oder fl. 6.

Archenholz, les Anglois aux Indes, ou déscription des Indes orientales par Orme, traduit avec beaucoup de changemens, 3 Vol. 12. 1791. à L. 7. oder fl. 4. 40 kr.

Beaufort, la République romaine, ou de l'ancien gouvernement de Rome; format in-4. divisé en 2 Tom. très-belle édition. 1766. L. 13. 10s. oder fl. 9.

Bibliothéque de la Campagne, ou choix des meilleurs Romans à l'amusement. 12 Vol. 12. 1782. L. 21. oder fl. 14.

Bibliothéque Orientale, ou Dictionnaire universel qui comprend tout ce qui regarde les peuples de l'Orient, avec Supplement de M. Herbelot, 6 Vol. 8. edit. originale de Paris 1789. L. 24 oder fl. 16.

Bonnet, Oeuvres complettes 10 Volumes, belle édition en grand format in Quarto; avec Planches & Vignettes en taille douce 1779-1783. à L. 75 oder fl. 60.

——— le méme ouvrage format in 8. divisé en 18 Volumes, aussi complet & avec les mémes figures. L. 54 oder fl. 36.

Boyve (Chancellier de Neufchatel) recherches sur l'Histoire Helvétique, & de l'indigenat. 8. 1795. L. 2 oder fl. 1. 20 kr.

Bruce, Voyages en Nubie & Abyssinie, traduit de l'anglois, 14 Volumes, 8. 1791-1793. L. 36. oder fl. 24.

——— ditto, avec les Gravures & Cartes géographiques. L. 60 oder fl. 40.

Cérémonies & coutumes religieuses de tous les peuples du monde. Réprésentées par des Figures dessinées & gravées par Bernard Piccard & autres habiles artistes.

Nouvelle édition, enrichie de toutes les figures comprises dans l'ancienne édition en sept Volumes, & dans les quatre publiés par forme de supplément, par une Société de gens de lettres. 4 Volumes, avec 263 grandes planches. Folio, Paris 1789. à L. 120. oder fl. 80.

Condillac, Cours d'études, contenant: la Grammaire, la Logique, la Physique, la Géographie & l'Histoire, &c. 16 Volumes, nouvelle édition in 12. avec fig. 1781. L. 24 oder fl. 16.

Corneille (deux fréres Pierre & Thomas) Oeuvres de Théatre, nouvelle, édition, y joint leurs autres ouvrages; avec fig. 13 Volumes, 12. Hollande. L. 18 oder fl. 12.

—— idem, édition in-4to par Voltaire, avec de belles fig 8 Volumes, 1774. L. 90. oder fl. 60.

Crébillon le jeune. Oeuvres badines & agrèables, édition en 12 Vol. 1779. L. 15 oder fl. 10.

Dictionnaire historique, politique & geographique de la Suisse, par Mr. de Tscharner, augmenté & rectifié par MM. de Haller, Wyttenbach & Mallet. 3 Vol. avec une grande Carte de la Suisse. 8. 1788. L. 6. 15 f. oder fl. 4. 30 kr.

Durand (Professeur à Lausanne) année evangelique ou sermons pour toutes les fêtes & dimanches. 9 Vol. gr. 8. 1780-1793. L. 15. oder fl. 10.

Encyclopédie ou Dictionnaire universel des Connoissances humaines, par M. Felice. 42 Vol. A-Z. & 6 Volumes de Supplements, avec 10 Volumes de Figures & Cartes; en tout 58 Volumes, gr. 4to. Yverdon 1770-1778. der Subscriptionspreiß war L. 544. jezt L. 300 oder fl. 200 netto.

Filangieri, la Science de la legislation; traduit de l'Italien, avec des notes du traducteur, 7 Vol. 8vo 1787. L. 16. oder fl. 10. 40 kr.

Fragmens de tous les Voyages faits par la Russie,

2 Volumes in 4to. avec Cartes, Figures & Portraits 1792. L. 18 oder fl. 12.

Genlis, (Mad. de) Oeuvres complettes; Adèle & Théodore, Annales de la Vertu; Veillées du Chateau; Théatre d'Education, & Théatre de Société; Leçons d'une Gouvernante à ſes éleves, & autres pieces d'Education; 21 Volumes, belle Edition 1792. L. 24 oder fl. 16.

Herrenſchwand, (medecin à Berne) Traité des maladies, ou médecine domeſtique, les moyens de ſe conſerver en ſanté, de guerir & de prevenir les maladies, par le regime & les remedes ſimples. Ouvrage utile aux perſonnes de tout état, gr. 4to, Berne. wird noch à L. 4 oder fl. 2. 40 kr. netto erlaſſen.

Hiſtoire des Decouvertes dans l'Empire Ruſſe, faites par divers ſavans Voyageurs, 2 Vol. 8. 1778. avec Fig. à L. 7. 10 ſ. oder fl. 5.

Howard, (anglois) Etat des priſons, des hôpitaux & des maiſons de force; avec 22 planches, 2 Vol. gr. 8. 1788. L. 12; — oder fl. 8.

May (de Romainmotiers) Hiſtoire militaire de la Suiſſe, & les traités d'alliance avec les puiſſances étrangeres, 8 Vol. 8. 1788. L. 12 oder fl. 8.

Mercier, Tableau de Paris; Nouvelle Edition complette en 6 Volumes 8. 1783. L. 9 oder fl. 6.

Millot, Elemens de l'Hiſtoire d'Angleterre, 3 Vol. 12. belle édit. 1779. L. 4. 10. ſ. oder fl. 3.

Montesquieu, Oeuvres complettes; contenant: l'Eſprit des loix, lettres perſannes, temple de Gnide, conſidérations ſur la décadence des romains, lettres à ſes amis, &c. &c. 7 Vol. 12. 1788. L. 9; — oder fl. 6

Oeuvres complettes de Frédéric II, roi de Pruſſe, diviſées en 24 Vol. avec la vie du roi, gr 8. 1791. L. 45 oder fl. 30.

Portefeuille politique, ou 19 tableaux, repréſentant l'état actuel des différens états de l'Europe, par M. Beaufort, fol. Paris. L. 16 oder fl. 10. 40 kr.

Les priviléges des Suiſſes dans l'Etranger, avec des obſervations ſur la juſtice des Suiſſes, 4. 1770. L. 3 oder fl. 2.

Riccoboni Oeuvres de Romans, 9 Volumes, 12. 1783. L. 16 oder fl. 10. 40 kr.

Rouſſeau (Jean Jâques) Oeuvres complettes en 29 Volumes, belle édition imprimée à Berne ſous le nom de Genéve, gr. 12. 1782-1792. L. 30 oder fl. 20.

Rouſſeau (J. J.) Oeuvres compl. édition originale de Genéve, 4to 17 Volumes 1782-1791. L. 120 oder fl. 80.

Smith, Recherches ſur la richeſſe des nations, trad. de l'anglois par M. Roucher, 5 Vol. 12. 1792. L. 9 oder fl. 6.

Tiſſot (Medecin de Lauſanne) Oeuvres complettes, 15 Volumes 12. 1791. L. 24 oder fl. 16.

Vies des hommes illuſtres de Plutarque; traduites en françois, par M. Dacier; avec portraits, 14 Vol. 12. Hollande 1778. L. 30 oder fl. 20.

Voyages du jeune Anacharſis en Grèce, dans le IVe ſiècle, par l'Abbé Barthelemi; nouvelle édition, augmentée & enrichie d'un Atlas plus ample que celui de Paris, 9 Vol. 12. L. 15 oder fl. 10.

Voyages de Pallas chez les peuples Kalmoucs &

les Tartares, avec 23 figures & 2 cartes, 8. 1792. L. 5 oder fl. 3. 20 kr.

Voyages de Pallas en Sibérie & extraits des journaux de divers savans voyageurs, 2 Vol. avec cartes & planch. gr. 8. 1791. L. 8 oder fl. 5. 20 kr.

Alberti von Haller Icones Plantarum helveticæ, ex ipsius historia stirpium Helveticarum denuo recusæ, cum descriptionibus clarissimi auctoris, ejusque præfatione de rebus historiam naturalem Alpium Helveticarum illustrantibus. Additis notis Editoris (J. S. Wyttenbach). complectens 52 Tabb. æn. Bernæ sumptibus Societatis Typographicæ. 1795. L. 22. 10 s. oder fl. 15.

Alb. von Haller Physiologia, seu de partium corporis humani præcipuarum fabrica & functionibus, 8. Tomi, 8. maj. cum figuris, Editio novissima, 1777-78. L. 18 oder fl. 12.

Gottlieb Em. von Hallers Münz- und Medaillen-Kabinet, oder Beschreibung der Eidgenößischen Schau- und Denkmünzen aller Kantons und zugewandten Orten, mit 12 Kupferblättern, 2 Bände, gr. 8. L. 4 oder fl. 2. 40 kr. netto.

Abbildungen der Gemälde und römischen Alterthümer, welche aus der Stadt Herkulaneum, als auch in Pompeij und in den umliegenden Gegenden an das Licht gebracht worden, nebst ihrer Erklärung von C. G. von Murr, in Umrißen herausgegeben von G. C. Kilian, 7 Thle. Mit 534 Kupfertafeln. Preiß 3 Louisd'or.